Inhalt

MATVEI YANKELEVICH **BORIS STAND AM MEER**
Aus dem amerikanischen Englisch von Josepha Conrad und Uljana Wolf **S. 3**

ERGRIFFENES BABELN
Amelia Rosselli, Dichterin zwischen den Sprachen
Zusammengestellt von Maximilian Gilleßen

Mit Beiträgen und Übersetzungen von John Ashbery, Maximilian Gilleßen, Giovanni Giudici, Pier Paolo Pasolini, Theresia Prammer, Stefan Ripplinger, Amelia Rosselli, Giacinto Spagnoletti und Andrea Zanzotto **S. 15**

ISTVÁN KEMÉNY
50 + 1 LITERARISCHE PFEILER
Eine Autobiographie
Aus dem Ungarischen von Timea Tankó
S. 87

WÖRTER IM RAUM
Larry Eigner
Zusammengestellt von Jürgen Brôcan und Lena Dahlbüdding

Mit Beiträgen und Übersetzungen von Peter Bates, Charles Bernstein, Jürgen Brôcan, Lena Dahlbüdding, Robert Duncan, Larry Eigner und Charles Olson **S. 133**

AUTOREN S. 177

Je inkommensurabler und für den Verstand unfaßlicher eine poetische Produktion, desto besser.

Johann Wolfgang von Goethe, *Gespräche mit Eckermann*, 6. Mai 1827

Aber über all der Furchtbarkeit des Gedankens schwebte noch furchtbarer die zweite Bedeutung der Welt, kaum mehr zu begreifen, weder mit mathematischen Formeln noch mit irgendeinem Wort ausdrückbar, dennoch über alle Furchtbarkeit emporgehoben, eine auffallende Kühle und Freibeweglichkeit des Gehirns, eine erregende Transposition in eine Wirklichkeit zweiter Ordnung, die sich mit nichts mehr deckte und trotzdem die Evidenz vollkommener Wahrheit in sich trug. Es war wie ein schönes Schauen.

Hermann Broch, *Die Unbekannte Größe*, 1933

Impressum

Schreibheft, Zeitschrift für Literatur, Nr. 101, August 2023
Herausgegeben von Norbert Wehr

Schreibheft erscheint zweimal jährlich
im Rigodon-Verlag, Nieberdingstr. 18, D – 45147 Essen
ISBN 978-3-924071-58-5 / ISSN 0174-2132

Internet: www.schreibheft.de / E-Mail: schreibheft@netcologne.de
Tel.: 0221-3602192

Bankverbindungen:
Santander Bank
IBAN: DE14 5003 3300 1206 3097 00 / BIC: SCFBDE33XXX
Postbank NL Essen, Norbert Wehr, Schreibheft
IBAN: DE30 3601 0043 0330 3124 35 / BIC: PBNKDEFFXXX

Redaktion: Norbert Wehr (V.i.S.d.P.)
mit Gerd Schäfer und Hermann Wallmann (em.)
Lektorat: Petra Biederbeck
Umschlag: Barbara Thoben und Norbert Wehr
Druck: Beltz Bad Langensalza GmbH

Einzelverkaufspreis: 16,50 €
Abonnement (4 Hefte): 46,00 € zzgl. Versandspesen
(Inland 7,50 €; Ausland 15,00 €)

Inspiration, Rat und Tat: Regina Barunke, Annette Brockhoff, Eliza und Friederike Dobisch, Esther Kinsky, Norbert Lange, Barbara Moeller, Katharina Narbutovič, Tatjana Pawlowski, Theresia Prammer, Stefan Ripplinger, Barbara Thoben, Barbara Wehr, Frank Witzel und Andrea Zeidler

Gefördert von der **Kunststiftung NRW**

Kunststiftung
NRW

Auf dem Umschlag: Amelia Rosselli (Screenshots)

Gewidmet Annette Brockhoff
und in Erinnerung an Arno Risken

Matvei Yankelevich
Boris stand am Meer
Übersetzt von Josepha Conrad und Uljana Wolf

Boris was thirsty so he watered his plants. When the plants died from being over watered Boris was still thirsty. Boris had no more plants to water so he watered the sand that was left. The water sat in the sand and went nowhere.

Boris was still thirsty.

Boris went outside and watered the sea while no one was looking. The sea waved and nodded and waved again. But Boris was even thirstier. And the sea was no different for it.

Boris had no water left. He rolled in the sand and became dirty.

* * *

Boris hatte Durst, also goss er seine Pflanzen. Als die Pflanzen von zu viel Wasser starben, hatte Boris immer noch Durst. Boris hatte keine Pflanzen mehr zum Gießen, also goss er den Sand, der übrig war. Das Wasser stand im Sand und floss nirgendwo hin.

Boris hatte immer noch Durst.

Boris ging hinaus und goss, als keiner hinsah, das Meer. Das Meer winkte und nickte und winkte erneut mit seinen Wellen. Aber Boris war noch durstiger. Und das Meer war unverändert.

Boris hatte kein Wasser mehr übrig. Er wälzte sich im Sand und wurde schmutzig.

Boris lay flat on the ground and began to watch things happen. It started slow. But things were definitely afoot. Boris got a crazy idea in his head to build something and he began with himself. He said to his right foot, Build yourself. And it did. The left foot followed suit. It got boring.

He thought he might build something else but what.

A chair.

He started by thinking about what it should look like, what is a chair, what makes it a chair. When he opened his eyes he saw it there before him. And when he closed his eyes again he fell asleep and dreamed of things he could never build in his room, things he would never see before him once he opened his eyes.

* * *

Boris lag flach auf dem Boden. Er sah zu, wie Dinge passierten. Es begann langsam, doch die Dinge waren offensichtlich im Gang. Boris kam auf die verrückte Idee, etwas zu bauen, und er fing mit sich selbst an. Er sagte zu seinem rechten Fuß: Erbaue Dich. Und der Fuß tat es. Der linke Fuß folgte seinem Beispiel. Das wurde bald langweilig.

Er dachte, er würde etwas anders bauen, doch was.

Einen Stuhl.

Er begann, indem er darüber nachdachte, wie der Stuhl aussehen sollte. Was ist ein Stuhl, was macht ihn aus. Als er die Augen öffnete, sah er ihn vor sich. Und als er die Augen schloss, schlief er ein und träumte von Dingen, die er nie in seinem Zimmer erbauen könnte, Dinge, die er nie sehen würde mit geöffneten Augen.

Boris lived in his room and thought about why people need each other. People need each other, thought Boris, to check each other for ticks. People need each other for solving the problem of what is inside.

Boris looked himself over and realized there were many parts of him that he could not see. And only a small part of these parts was on the surface. The urge to rip out one's own heart arises from this, he thought.

Boris dreamt of men who disattached their thoughts from the government of their own organisms. These men could, if they happened to notice their own body, consider it to be somebody else's body and open it up to see what was inside. The surface is never enough for such men.

But people need each other to open each other up and see what is inside. And to scratch their backs.

Boris reached around and touched his shoulder blade. He wondered what it looked like. He got a good hold on it. He pulled hard. And he pulled harder. But he could not bring it around to the front.

* * *

Boris lebte in seinem Zimmer. Er machte sich Gedanken: Warum brauchen Menschen einander? Menschen brauchen einander, dachte Boris, um sich nach Zecken abzusuchen. Menschen brauchen einander, um herauszufinden, was im Inneren ist.

Boris ließ den Blick über sich selbst gleiten. Er stellte fest, dass es viele Teile von ihm gab, die er nicht sehen konnte. Nur ein kleiner Teil der Teile war an der Oberfläche. So entsteht das Verlangen, Herzen rauszureißen, dachte er.

Boris träumte von Männern, die ihre Gedanken abtrennten von der Hoheit über ihre eigenen Organismen. Wenn diese Männer ihren eigenen Körper bemerkten, würden sie ihn für den Körper eines anderen halten. Sie würden ihn öffnen, um zu sehen, was im Inneren ist. Für solche Männer ist Oberfläche nie genug.

Aber Menschen brauchen einander, um sich gegenseitig zu öffnen und zu sehen, was im Inneren ist. Und um sich den Buckel zu kratzen.

Boris griff hinter sich. Er berührte sein Schulterblatt. Er fragte sich, wie es aussah. Er erfasste es. Zog heftig dran. Dann noch heftiger. Er konnte es nicht vor sich bringen.

Boris went to the sea. The water was dirty.

He put his hands in the white sand and brushed them clean.

He put his hands in the water now. They disappeared into the green.

He rubbed them together, pushing the water this way and that.

He thought he might try a washboard.

A man's voice called for him from the bungalow apartment. Who was calling him. Was he calling himself. Where. Home.

But he was busy. He was washing the water.

The voice was like a saw. It jiggled. It cut.

Perhaps it was the wind, I thought, as I kicked the pebbles and the sand.
Perhaps there is a draft, thought I, and lifted up my hand.

But there was no draft — because there was no door. Unless the author wandering the beach took Boris for the door.

But he was washing the water. Nothing came of it.

The water frothed between his hands and a white foam rose to the surface.

The white foam was white. But it was not clean.

Boris gave up washing the water. One should never give up. So he tried again.

* * *

Boris ging ans Meer. Das Wasser war schmutzig.

Er steckte die Hände in den weißen Sand und rieb sie sauber.

Er tauchte die Hände ins Wasser. Sie verschwanden im Grün.

Er rieb sie aneinander, schob das Wasser mal hierhin, mal dorthin.

Er dachte, ein Waschbrett könnte von Nutzen sein.

Eine Männerstimme rief ihn aus dem Bungalow. Wer rief ihn. Rief er sich selbst. Wohin. Nach Haus.

Aber er war beschäftigt. Er wusch das Wasser.

Die Stimme war wie eine Säge. Sie federte. Sie schnitt.

Vielleicht wars der Wind, dachte ich, als ich die Kiesel kickte und den Sand.
Vielleicht zieht es irgendwo, dachte ich, und hob die Hand.

Aber es zog nicht — da war keine Tür. Höchstens verwechselte der am Strand spazierende Autor Boris mit einer Tür.

Aber er wusch das Wasser. Nichts weiter geschah.

Das Wasser schäumte zwischen den Händen, weißer Schaum stieg empor.

Der weiße Schaum war weiß. Sauber war er nicht.

Boris gab es auf, das Wasser zu waschen. Man soll nie aufgeben. Also begann er von vorn.

If people were to see Boris out on the street, they might bump up next to him or come up close against his pockets. And they would see the tiny cockroaches crawling over his ears and cuff links.

* * *

Wenn Menschen Boris auf der Straße sähen, liefen sie vielleicht direkt neben ihm, oder ganz nah an seinen Hosentaschen. Dann sähen sie die winzigen Kakerlaken, die über seine Ohren und Manschetten krabbeln.

Boris had an itch.

He scratched at the itch, and around the itch, and through the itch, and into the itch. He scratched until it went away. He scratched at the itch all day.

The next day it was still there. Itchier than ever. Boris determined that the itch was part of him, just like the thought of the itch was part of him. He scratched away at the thought of the itch, took away the better part of the day and another day was scratched away in this way.

In vain! cried the walls and the moldings.
In vain! cried the doors to the doormats.
In vain! cried the ceilings and the fixtures.
In vain! cried the rain.
In vain! cried Ivan, wherever Ivan went.

And so the story goes out with Ivan's container and into a taxonomy of reverberations. Wave upon wave hit the itchy shore. Scratching at the sand.

So everything scratches, In vain, in vain. And the weather scratches the weather vein.

Once you start scratching, you just can't stop. The author reflected upon this thought.

* * *

Boris und der Juckreiz.

Er kratzte das Jucken, und um das Jucken herum, und durch das Jucken hindurch, und in das Jucken hinein. Er kratzte, bis es verschwand. Er kratzte den ganzen Tag lang das Jucken.

Am nächsten Tag war es noch da. Schlimmer denn je. Boris beschloss, dass das Jucken ein Teil von ihm war, genau so wie der Gedanke an das Jucken Teil von ihm war. Er kratzte weiter an dem Gedanken, und bald war der halbe Tag vertan, und bald war der ganze Tag, verkratzt auf diese Art, vertan.

Vergebens! schrien die Wände und der Stuck.
Vergebens! schrien die Türen zu den Fußmatten.
Vergebens! schrien die Decken und die Einbauschränke.
Vergebens! schrie der Regen.
Vergebens! schrie Ivan in Bergen und Seen.

Und so verläuft die Geschichte mit Ivans Wegen und hin zu einer Klassifikation von Echos. Eine Welle nach der anderen traf auf das juckende Ufer. Kratzte Sand.

So kratzt alles vergebens, vergebens. Und die Berge kratzt fernes Beben.

Und hat man erst mal angefangen mit dem Kratzen, gibt es kein zurück. Über diesen Gedanken dachte der Autor lange nach.

Boris wasn't sure where he was going. For a moment he thought that he was in the middle of a sentence. The next minute he found himself walking down an empty street. Just then he was not trampled (barely) by a harnessed mare pulling along a crumbling carriage. Suddenly Boris became very old. And wise too.

But then, as it happens some of the time with old and wise men, Boris fell over dead. At this point the story comes to a point, and that point is too narrow for the story to pass through.

* * *

Boris wusste nicht genau, wo er hinging. Kurz glaubte er sich mitten in einem Satz. Im nächsten Moment lief er eine leere Straße entlang. Genau dann überrannte ihn haarscharf nicht eine Stute, die zog wie eine klappernde Kutsche. Boris wurde plötzlich sehr alt. Auch weise.

Aber dann fiel Boris, wie es zuweilen geschieht mit alten weisen Männern, tot um. An diesem Punkt macht die Geschichte einen Punkt. Und dieser Punkt ist zu schmal, als dass die Geschichte hindurchschlüpfen könnte.

One of his guests brought Boris a plant. Boris decided that he would watch it grow. He sat in front of it for a long time but nothing seemed to happen. He sat for even longer, and still nothing happened. The guest came to visit Boris again. Boris came to the door, but said that he was busy.

With what, said the guest.

With the plant, said Boris.

Oh, said the guest, and left.

Boris came back to the plant. Miraculously, it had grown a new sprout, and that sprout had grown the beginnings of a bud. Boris knew that something had happend. His faith was restored. He sat down to watch the plant again. Again nothing happened. Boris got older and the plant got older, too. But neither grew. Instead, Boris fell asleep. He was awakened by the plant. The bud had blossomed and the flower now stroked Boris's brow in a tickling way. But Boris wasn't at all tickled, he was angry at himself. Then he got angry at the plant, too.

He showed the plant the door and closed it behind the plant.

The guest came over again and knocked on the door.

Boris came to the door.

Are you busy, said the guest's voice.

Oh, it's you, said Boris. Come in, he said, and opened the door.

There stood the guest. He was holding the plant.

You forgot this outside, said the guest, extending the plant to Boris.

I hadn't forgot it, said Boris.

* * *

Einmal brachte ein Gast Boris eine Pflanze. Boris beschloss, ihr beim Wachsen zuzusehen. Lange saß er vor ihr, aber wenig geschah. So saß er noch länger da und noch immer geschah nichts. Wieder kam der Gast zu Besuch. Boris ging zur Tür, sagte aber, dass er beschäftigt sei.

Womit, fragte der Gast.

Mit der Pflanze, sagte Boris.

Oh, sagte der Gast, und ging fort.

Boris ging zur Pflanze zurück. Wie durch ein Wunder war ihr ein neuer Spross gewachsen. Der Spross zeigte den Ansatz einer Knospe. Boris wusste, dass etwas geschehen war. Sein Glaube war gefestigt. Er setzte sich vor die Pflanze. Wieder geschah nichts. Boris wurde älter und die Pflanze wurde auch älter. Keiner von beiden wuchs. Stattdessen schlief Boris ein. Er wurde von der Pflanze geweckt. Die Knospe war aufgeblüht und die Blume kitzelte seine Augenbraue. Aber Boris war nicht kitzelig zumute, er war wütend auf sich. Dann wurde er wütend auf die Pflanze.

Er schickte die Pflanze hinaus und verschloss hinter ihr die Tür.

Der Gast kam wieder vorbei und klopfte an die Tür.

Boris ging zur Tür.

Bist du beschäftigt, sagte die Stimme des Gasts.

Oh, du bist's, sagte Boris. Komm rein, sagte er und öffnete die Tür.

Da stand der Gast. Er hielt die Pflanze in der Hand.

Das hast du draußen vergessen, sagte der Gast, und reichte Boris die Planze.

Ich hatte sie nicht vergessen, sagte Boris.

FOREWORD

Who am I.

Recently this question did not worry me in the least.

It didn't even come up.

I thought that it wasn't even worth thinking about.

But when I lie awake at night under the blanket it is so dark

that I can't see myself. I begin to touch myself —

I haven't disappeared. Yes, that's for sure. I haven't disappeared.

But who is that.

* * *

VORWORT

Wer bin ich.

Bis vor kurzem hat mich diese Frage nicht besorgt.

Sie stand gar nicht im Raum.

Ich dachte, darüber muss man nicht nachdenken.

Aber wenn ich nachts wachliege unter der Decke, ist es so dunkel,

dass ich mich nicht sehen kann. Ich berühre mich zögerlich —

ich bin nicht verschwunden. Ja, das ist sicher. Ich bin nicht verschwunden.

Aber wer ist das.

Out of Dorsten durch die Fußgängerzone, an die Niagarafälle, nach Disney World, Toronto – und immer unterwegs zu sich selbst: Dieses Best-of-Marc-Degens ist eine unter witziger Oberfläche sehr ernsthafte Art der Heimatsuche.
BERENBERG
www.berenberg-verlag.de
Marc Degens
Auf Sendung
144 Seiten · Abbildungen
flexibler Leinenband
fadengeheftet · 125 x 188 mm
ISBN 978-3-949203-72-5
EUR 20
BERENBERG
Marc Degens
AUF SENDUNG

Ergriffenes Babeln
Amelia Rosselli, Dichterin zwischen den Sprachen

Amelia Rosselli. Screenshot

Zusammengestellt von Maximilian Gilleßen

Mit Beiträgen und Übersetzungen
von John Ashbery, Maximilian Gilleßen, Giovanni Giudici,
Pier Paolo Pasolini, Theresia Prammer,
Stefan Ripplinger, Amelia Rosselli, Giacinto Spagnoletti
und Andrea Zanzotto

Oft aber wie ein Brand / Entstehet Sprachverwirrung
Friedrich Hölderlin

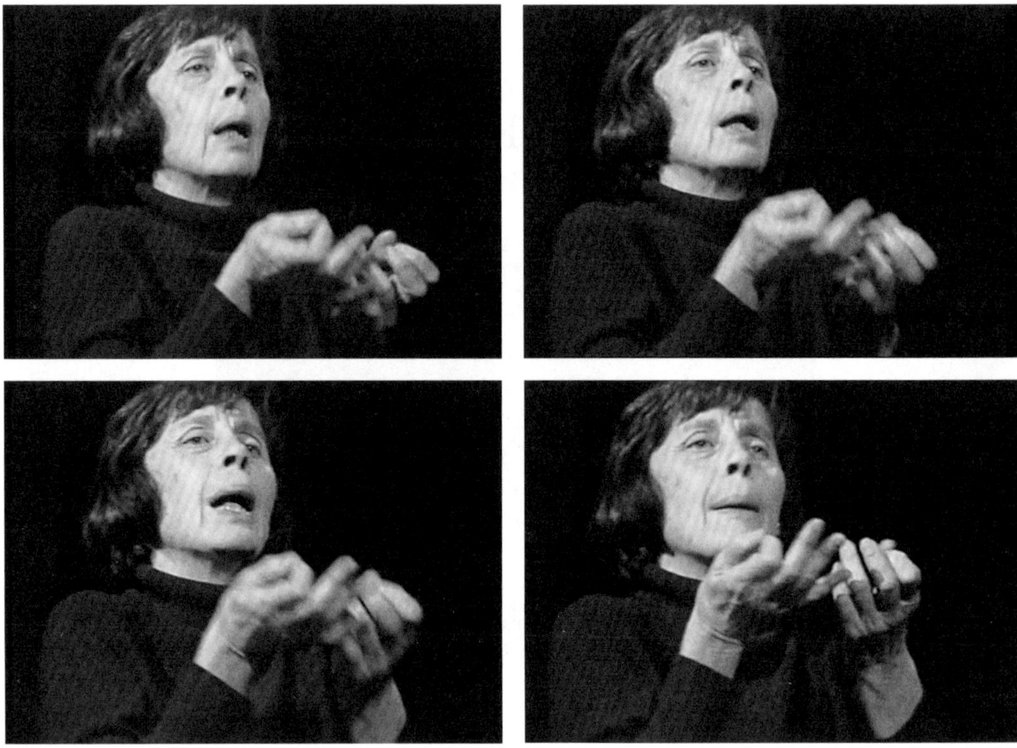

Amelia Rosselli während eines Gesprächs.
Screenshots aus der Dokumentation „Amelia Rosselli e l'assilo è rima", 2005, von Stella Savino

Als Musikologin einer Musik (Muse), die nicht gerne Kompromisse eingeht mit den semantischen und grammatikalischen Zwängen einer, das heißt „der" Sprache; verführt, aber auch alarmiert durch die zunehmend ausfransenden Möglichkeiten des Bezeichnens, durch jene Verkleidungseffekte, die die Musik im eigentlichen Sinn begleiten, suchte Amelia Rosselli [...] nach Anhaltspunkten, um jene Bereiche zu erkunden, in denen das Walten eines anderen Logos sichtbar wird, vergeblich herandrängt oder gewaltsam hervorbricht. Was daraus hervorging, war ein Reden ausschließlich im Zeichen von Verlust-Notwendigkeit, eingefasst von jenem wundersamen Silberblick, der „weiter" sieht, ein Reden, das man als eine unmittelbare Emanation wahrnahm oder als die Aureole, von „etwas", und das sich im Gleichgewicht befand zwischen sogenanntem Wahnsinn und sogenanntem Hellsehertum, ein allerdings unterdrücktes, sofort beseitigtes und in seinen möglichen Anmaßungen verbotenes Hellsehertum.

Andrea Zanzotto

Aus dem Italienischen von Theresia Prammer

Amelia Rosselli
Diario in tre lingue / Tagebuch in drei Sprachen und drei Übersetzungen
Auszug

Generalmente pratico la Ritirata. La Serietà.

les araignées sensibles

ha il tatto di una tartaruga

Esthétique pour le Futur réalisée par des Moyens que trop bien
trop modernes

imparar. Oroscopia
storia lingue
German (Grk. Latin texts): problem quantitative rhythm in
modern languages: Why not?
anche '600
see piedi term. irraz
study complexity construction of phrases (Latin, Proust, Dante,
Lautréamont; also beginning of)
↕
l'heure Chinoise (se forcer d'aller au lit)

……

Esthétique Jeune
Esthétique Féroce
Esthétique des Fendus
Estetica del Bidone
Esthétique hebdomadaire?

……

Für gewöhnlich übe ich den Rückzug. Die Strenge.

les araignées sensibles

eine Schildkröten-Schilderung

Esthétique pour le Futur réalisée par des Moyens que trop bien
trop modernes

Lernen. Horoskopkunde
Sprachgeschichte
German (Grk. Latin texts): problem quantitative rhythm in
modern languages: Why not?
auch 17. Jahrhundert
see Füße final. irrat.
study complexity construction of phrases (Latin, Proust, Dante,
Lautréamont; also beginning of)
↕
l'heure Chinoise (se forcer d'aller au lit)

....

Esthétique Jeune
Esthétique Feroce
Esthétique des Fendus
Wegwerf-Ästhetik
Esthétique hebdomadaire?

....

Generalmente pratico la Ritirata. La Serietà.

feinnervige Spinnen

ha il tatto di una tartaruga

Zukunftsfähige Ästhetik, verwirklicht mit allzu
modernen Mitteln

imparar. Oroscopia
storia lingue
German (Grk. Latin texts): problem quantitative rhythm in
modern languages: Why not?
Anche '600
see Füße final. irrat.
study complexity construction of phrases (Latin, Proust, Dante,
Lautréamont; also beginning of)
↕
die chinesische Stunde (sich zum Schlafengehen zwingen)

....

Junge Ästhetik
Wilde Ästhetik
Ästhetik der Gespaltenen
Estetica del Bidone
Allwöchentliche Ästhetik?

....

Generalmente pratico la Ritirata. La Serietà.

Les araignées sensibles

ha il tatto di una tartaruga

Esthétique pour le Futur réalisée par des Moyens que trop bien
trop modernes

imparar. Oroscopia
storia lingue
Deutsche (Griech. Lateinische Texte): das Problem des quantitativen Rhythmus in
modernen Sprachen: Warum nicht?
Anche '600
siehe piedi term. irraz
komplexe Satzbildungen studieren (Lateinisch, Proust, Dante,
Lautréamont; auch ansatzweise)
↕
l'heure Chinoise (se forcer d'aller au lit)

....

Esthétique Jeune
Esthétique Feroce
Esthétique des Fendus
Estetica del Bidone
Esthétique hebdomadaire?

....

(1955–1956)

Übersetzt von Theresia Prammer

Amelia Rosselli
Sleep / Englische Gedichte
Ausgewählt von John Ashbery

Erleuchtet hatten wir die Welt mit unserem Rufen doch
die wetterwendischen Szenen vor unsern Seelen-
fenstern durchschnitten von drei Baumriesen in Schwert-
gestalt pressten uns tiefe Seufzer ab.

Deine Liebe wars die mich so formte! Rief
die erste Jungfer ihrem Partner zu: Nein, die
deine wars die die Posse verschlimmerte bis
hin zu dieser wunden Stelle, sprach der Kriegerriese.

Allein der Posse wegen lieb ich dich!
rief die Riesenerbse und ließ ihre Blüte
huldvoll über feuchte Erde hängen. Es war dein Rufen
das die Welt entwickelt hat sagte Liebe
wieder zu ihren Kindern die stöberten in
Büchern Krähen Kanälen und das Hinaus
im Hinein suchten. Zwar vom Unglück bloß den Namen kennen wir doch
unsern heiteren Bach aus dem Krähenfach (die Riesen-
Bäume breiten ihr Leuchten sacht im Nacht-
Licht des abnehmenden Monds aus) die Riesenbäume
breiten nichts aus als unsre Liebesgeschichte
die der Bach ach der Krähe preist: – schwarzer Rabe
sinkt ein ins Wissen der Tag-für-Tag-
Begeisterung. Gelassen sitzen wir hier am Bächlein
flüchtig wie untergehende Sonne. Indem

die Erde ihr feuchtes Stöhnen auspresste fiel eine Träne
hernieder auf das Hand-in-Hand der
Zwillingsliebenden. Die Winde getrieben von ihrem
Zwillingsatem entwickelten einen Luftstrom

der in die Wolken seufzte.

Schlaf

Von allem Schrei leicht angewidert fiel ich
in verträumtes Spiel oh die zärtlich-unheilvollen
Jungfern hoch oben auf dem Berge wachen über einen Schlaf
der nicht der meine ist seitdem das leuchtende Bett
der Erde mich bedeckt wie Moos. Ich bin ein
zutiefst Gebrochener schrie der Fischhändler und
hakte sein wahres Wesen in die Öse. Ich bin der verträumte
Mann im Wipfel schrie der Erzherzog
entzückt mit der Göttlichkeit geschlafen zu haben. Ich bin
der Schrei in der Nacht rief der Verfasser
als sein Buch herniedersank. In eine Wolkendecke schlief
sich die Sonne als Sonnenuntergang ein die Erde
rundete die Sache ab. Gemetzel ist aller Schrei
wenn Schlaf die Unberührte ist; der Grund geht
verloren wird alle Ungeduld vernachlässigt.

Das Läppische aller Oberen ist eine Gefahr
für den Hausherrn. In den Unwägbarkeiten des Hof-
Lebens liegt diese Gefahr. Ich bin die Gefahr eines
höfischen Gemetzels rief die Unberührte
im Wipfel als der Baum fiel und kletterte
hinab in die Fäulnis. Schlaf befiel alles der Grund
ging ab und dem Hausherrn ging auf dass er vergaß
die Kraft und die Herrlichkeit.

*

Radioaktive Konfusion fraß sich in mein
Hirn leuchtend von Menschenscharen. Unerwartet
machen die Lichter einem Herzen warm das auszog
aus Lust an Trennung. Bei der Begegnung mit
dem Glockenblinken in den Augen des
Kämpfers für eine gerechte Sache zerbrach ich
unter Entschuldigungsversuchen:
mich hineinbluffend in die tränenerstickten Anrufungen
von Heiligen.

Da wir zu den Heiligen zählen ist das
Kind dieser langen Trennung die
wir selbst unseren Lüsten verordnen müssen
der Wind er drang in den aus zerbrochenen Knochen
geformten Herzenswinkel gefrierend unter des Winters
Griff.

Einzigartigkeitsversicherung brach
seine gierige Liebe zu sinnlosen
Spaßkumpanen. Der Unmöglichkeit ungeachtet
drehte der Erste ein aufgespießtes
Hühnchen das sich in Federn wand. Wider
das Läppische hing ein Banner am Spieß
gebohrt durch dein Herz bei der Begegnung mit
Flammen der Wollust. Durch das Schlüsselloch
des Schlafzimmers einer alten Dame erschien
dem verstörten Auge das Gewicht
allen Desasters.

*

Ganz wertlos wie ihr Weg zum Ruhm
so brach sie unerwartet in einem verspiegelten
Rahmen zusammen der die elende Geschichte war vom
Widerstand der Handvoll gegen das Gemetzel
der ganzen Welt. Versinke in die Arme meines Bruders
Schauer läuft mein makelloses Rückgrat des Kummers hinab! Also
zitterte in die Arme ihres Bruders ein müdes Mädchen ihre Kräfte
schlüpfrig wie ein Pferdeschrei ihre zitternden
Hoffnungen auf Gunst stürzten plötzlich in etwas ganz neu
Günstiges unaussprechlich.

*

Unverschämt vor Tränen und ohnmächtig
vor Kummer attackiert das Herz wogende
Wolken gewaltig am Horizont
der untergegangenen Welt. Geschwollene Dichtung
beansprucht die Furcht im Kummer während
Tränen durch die Straßen schwemmen. Unverschämt
vor Kummer und bekümmert vor Salztränen
die den Balkon überschwemmen wo der Junge saß
auf seinem Stuhl die Sonne genoss und seinen Kummer
ausbeutete. Da Zufall der König ist
des Kummers fegte Seligkeit die Wolken
weg.

(*1953–1966*)

Aus dem Englischen von Stefan Ripplinger

Amelia Rosselli
Les couleurs les couleurs
Französische Gedichte

Die Farben die Farben die Vokale die Vokale
ich fange an, das ganze Durcheinander zu durchdringen, denn
das Licht der Sonne ist elektrisch heute und
legt sämtliche Gedanken meines Kopfes offen und
enthüllt sogar die Nerven meines Herzens, transparent geworden,
die schreckliche Wunde, sie liegt nun blank.
Woher kommt nur diese Sonne, die mir widerleuchtet in den Ohren,
woher kommt nur dieser Wahn, der mich aufsucht von sich aus,
lächelnd, fern von den antiken Booten,
mußevoll gedankenschwer stets unterlegen
dem Tod, der ihn an seinen Flügeln packt. Denn stets
kehrst du zurück in das Depot deines Schluchzens,
dein schwarzes Haus, die Mauern deines Kerkers.

(*1956*)

Abschiede entwarf ich in Gedanken,
marterte mein jämmerliches Hirn,
weinte bittere Tränen,
und alles das für eine Hirne-Herde.
Ach, wäre ich nur ruhend wie das Meer
bei frischer Brise, dazu Palmen,
die sich öffnen im falschen Wind, den die Erde
besser noch erträgt als diese Fülle
von Farben, heftig, einer Sonne,
die mich verletzt, egal jetzt, ob ich wache oder schlafe.

(*1957*)

Aus dem Französischen von Theresia Prammer

Maximilian Gilleßen
Tochter des Krieges
Amelia Rosselli

Im Namen, den Amelia Rosselli trug, verband sich die Erinnerung an einen Vater, den sie kaum gekannt hat, mit der Politik und Geschichte Italiens: Keine sieben Jahre war sie alt, als Carlo Rosselli und sein Bruder Nello, zwei prominente sozialistische Widerstandskämpfer, im Auftrag Mussolinis in Frankreich ermordet wurden. Ihr Werk zeugt vom verlorenen Vater, aber nicht, indem es über ihn spräche, sondern indem es die Gewalt der Geschichte in die Sprache selbst einträgt. Die Erfahrung von Flucht und Exil wird lesbar im Riss, der die poetische Sprache Rossellis vom gewöhnlichen Wortstand des Italienischen, von seiner Syntax und Grammatik, trennt. Die Sprache eines Landes, in dem sie nie gänzlich zu Hause war, konfrontiert Rosselli mit der Fremdheit des Englischen und Französischen: Sprachen, die ihre zwischen den Staaten und Kulturen zerrissene Biographie prägten. Anders als es Pier Paolo Pasolini in einem gleichwohl verdienstvollen Essay, auf den noch genauer einzugehen sein wird, insinuierte, war sie keine „Bürgerin von Kosmopolis“, sondern, wie sie selbst stets betonte, eine Vertriebene, ja: „una figlia della guerra“, eine Tochter des Krieges.

International wird Amelia Rosselli seit ihrem Tod als eine der bedeutendsten Stimmen der italienischen Dichtung des zwanzigsten Jahrhunderts anerkannt, wovon zahlreiche Übersetzungen ihrer Gedichtbände ins Englische und Französische zeugen. Das vorliegende Dossier soll die Annäherung an ein Werk ermöglichen, das hierzulande – nicht zuletzt aufgrund der Parallelen zwischen Rosselli und Paul Celan – schon längst größere Aufmerksamkeit verdient hätte. Dabei zielt die Textauswahl auf einen möglichst umfassenden Einblick in die Genese und innere Logik von Rossellis Poetik.

Als Rosselli in den frühen Fünzigerjahren zu schreiben beginnt, wechselt sie ebenso schnell zwischen den Sprachen wie zwischen den literarischen Stilen und Referenzen. Das „Diario in tre lingue“ (Tagebuch in drei Sprachen), ein zwischen 1955 und 1956 verfasstes, in späteren Jahren revidiertes und erweitertes *work in progress*, das poetologische Spekulationen über die Prosodie und Natur der Sprachen mit Bezugnahmen auf Musikwissenschaft, fernöstliche Literatur, Psychoanalyse und Werke von T. S. Eliot, Joyce, Montale und Rimbaud verbindet, darf in dieser Hinsicht als Glutkern ihres frühen Schaffens gelten (S. 17). Die drei Sprachen Rossellis stehen sich hier gleichrangig gegenüber, berühren einander aber nur zaghaft, obgleich Sprünge zwischen ihnen innerhalb einer Zeile möglich sind. Im Vordergrund, so scheint es, steht die lautliche Substanz jeder einzelnen Sprache, und wie in einem Labor zertrümmert Rosselli die Silben einzelner Wörter durch lautliche Lockerungen in immer neue Bedeutungsvarianten.

Während die wenigen französischen Gedichte, die zur selben Zeit entstehen, im Modus des Pastiches Mittel und Motive des Symbolismus reinszenieren (S. 24), wächst das in einem archaisierenden Englisch verfasste, später unter dem Titel *Sleep* vereinte Werk zwischen 1953 und 1966 zu einem eigenständigen, nicht nur an Umfang bedeutsamen Korpus heran (S. 21). Wie viel Rosselli an ihm lag, beweisen ihre Bemühungen, es in der englischsprachigen Welt zu publizieren. Aber allein John Ashbery hatte ein Ohr für die Eigentümlichkeit dieser Gedichte, die geschickt mit der verbrauchten Bilderwelt der Romantik spielen, und veröffentlichte 1966 eine Reihe von ihnen in der von ihm in Paris herausgegebenen Zeitschrift *Art and Literature*.

Rossellis Hinwendung zum Italienischen als Sprache ihrer Dichtung geschah spät –

erst fünf Jahre, nachdem sie sich dauerhaft in Rom niedergelassen hatte. Und sie geschah bezeichnenderweise unter dem Eindruck des Schocks, den ihr der Tod ihres engen Freundes und Mentors Rocco Scotellaro im Jahr 1953 bereitete. Wieder wird Rosselli zur Statthalterin eines Toten, und Motive aus Scotellaros Schriften, besonders seine Studien über den Analphabetismus der Bauern des italienischen Südens, wirken tiefgreifend in ihre frühen Gedichte hinein. Einen ersten Höhepunkt erreicht diese Schaffensphase mit dem 1958 innerhalb weniger Wochen vollendeten, aber erst 1969 veröffentlichten Langgedicht *La libellula* (Die Libelle), das hier erstmals vollständig in deutscher Übersetzung erscheint (S. 35).

Im Umkreis von *La libellula* entstanden auch die beiden späteren Teile von Rossellis erstem Gedichtband, der 1963 erschienenen *Variazioni belliche* (Kriegerische Variationen), die schon durch die Homophonie ihres Titels auf den gemeinsamen Ursprung verweisen: Sind die vermutlich 1958 geschriebenen, aber auf 1959 datierten „Poesie" noch in freien Versen gehalten (S. 56), so folgen die „Variazioni" (S. 62) – wie auch *La Libellula* – einem von Rosselli erdachten metrischen System, das ebenso vom „projektiven Vers" eines Charles Olson wie von den damals neuesten Entwicklungen der seriellen Musik beeinflusst ist. Jahrelange Studien der Akustik und Phonetik verdichten sich in dem auf Anregung Pasolinis geschriebenen Essay „Spazi metrici" (Metrische Räume) zu einem Grundlagentext der modernen Dichtungstheorie (S. 65).

Pasolini war es auch, der mit seiner „Notizia su Amelia Rosselli" (Notiz über Amelia Rosselli), einer Einleitung zu einer 1963 von Elio Vittorini besorgten Auswahl von Gedichten aus den *Variazioni belliche* für die von demselben und Italo Calvino herausgegebene Zeitschrift *Il Menabò*, die Deutung Rossellis lange beherrschen sollte (S. 59). Indem er Rossellis linguistische Abweichungen von der Norm durch Freuds bekanntes Konzept der sprachlichen Fehlhandlung („lapsus linguae") erklärte und „Neurose" und „Mysterium" als Grundthemen ihres Werkes ausmachte, bekräftigte er, ob unbewusst oder nicht, lediglich eine gängige Pathologisierung weiblicher Autoren. Zudem neigte Pasolini dazu, Rossellis Werk auf einen bloßen Vorwand für eine Polemik gegen die avantgardistische Literaturbewegung Gruppo 63 zu reduzieren, deren von Joyce und Pound inspirierte Poetik er als Zerfallsprodukt des liberalistischen Kapitalismus begriff. Dennoch hat Rosselli, die unermüdlich die Rationalität ihres Vorgehens betonte und auch Pasolini eine Liste mit Erklärungen ihrer höchst bewusst eingesetzten sprachlichen Anomalien zugeschickt hatte, immer mit großer Anerkennung vom Schöpfer des *Accattone* gesprochen. Das zeigt auch ein unmittelbar nach seiner Ermordung entstandenes Gedicht, das seinen eingeklammerten Namen im Titel trägt (S. 85).

Die tiefen Verletzungen ihres Lebens forderten von Rosselli im Alter einen immer höheren Preis. Ängste peinigten sie, Aufenthalte in psychiatrischen Kliniken wurden nötig. Sie selbst lehnte die Diagnosen der Psychiater ab und sprach von Parkinson. Die in den Bänden *Serie ospedaliera* (1969; Krankenhaus-Serie) und *Documento* (1976; Dokument) versammelten Gedichte zeugen von zunehmender Verknappung und Verinnerlichung (S. 75 und 79). Der ekstatische Strom der einstigen Langzeilen war versiegt: „Ich bin / verbraucht, und da ist nichts / zu machen." Am 11. Februar 1996, dem dreiunddreißigsten Todestag von Sylvia Plath, deren Gedichte sie übersetzt hatte, stürzte sich Rosselli in Rom aus dem fünften Stock in den Innenhof des von ihr bewohnten Hauses in der Via del Corallo.

Vor welche Fragen und Probleme einen die Übersetzung der so persönlich-hermetischen wie formal ausbalancierten Sprachwelt Rossellis stellt, darüber erteilt Theresia Prammer, die wesentliche Texte zu diesem Dossier beisteuerte, detailliert Auskunft (S. 50). Es bleibt zu hoffen, dass die von ihr aufgezeigten Möglichkeitsräume, die sich zwischen Original und Übersetzung auftun, Anlass zu vielen weiteren Annäherungen an das Werk Rossellis geben werden.

Extreme Fakten
Amelia Rosselli
im Gespräch mit Giacinto Spagnoletti
Teil I

GIACINTO SPAGNOLETTI: Beginnen wir mit ein paar biographischen Fakten. Du wurdest 1930 als Kind von Carlo Rosselli und Marion Cave, einer Engländerin mit entfernt irischen Wurzeln, in Paris geboren. Was für Erinnerungen hast du an deine Kindheit?

AMELIA ROSSELLI: Mein Vater lebte seit 1929 im Pariser Exil, nachdem er zusammen mit Alessandro Pertini und Adriano Olivetti die Flucht Filippo Turatis organisiert hatte.[1] Rosselli war bereits als Antifaschist, Anhänger von Gaetano Salvemini[2] und Professor für Politikwissenschaft bekannt. Seit 1936 führte er die „Brigata Giustizia e Libertà" [Brigade für Gerechtigkeit und Freiheit], die sich für die Spanische Republik einsetzte; er leitete die gleichnamige Bewegung und ihre gegen den Faschismus gerichtete Zeitung, *Giustizia e Libertà*, und hatte Kontakte in Italien, nach England und anderswo. Nach seiner und seines Bruders Nello Ermordung in Frankreich, auf Befehl von Mussolini und Ciano, blieben wir noch zwei oder drei Jahre in der französischen Hauptstadt. Mir sind ein paar Bilder gegenwärtig. Ich erinnere mich an meinen Vater als einen heiteren, liebevollen Menschen und an meine Mutter, die etwas abwesend und gedankenverloren war. Die Beziehung zu unseren Eltern – ich spreche von mir und Andrea, dem jüngeren meiner beiden Brüder – war eher lose. Die Kinder sollten nicht beunruhigt werden durch Gespräche über die drohenden Gefahren. Wenn sie aber am Tisch miteinander sprachen, ahnten wir etwas. Von meinem Vater bleibt mir, abgesehen von der Zärtlichkeit, ein Eindruck körperlicher Abwesenheit. Als er 1936 nach Spanien aufbrach, war ich gerade sechs Jahre alt, ich erinnere mich also nicht an viel.

SPAGNOLETTI: Wie habt ihr von seinem Tod erfahren?

ROSSELLI: Meine Mutter rief nach Andrea und mir. Ich weiß nicht, ob sie bereits mit Giovanni Giacomo [John], unserem älteren Bruder, gesprochen hatte; ich denke, sie hat. Zwei Jahre älter als ich, war er schon sehr reif. Sie rief uns in ihr Zimmer. Sie lag im Bett, erinnere ich mich, mit der schwermütigen Miene einer vom Schicksal geprüften Frau. Aber innerlich war sie ganz ruhig. Sie fragte uns: „Wisst ihr, was das Wort Mord bedeutet?"

SPAGNOLETTI: Und ihr beide?

ROSSELLI: Wir sagten ja; alles, woran ich mich danach erinnere, ist, dass wir zusammen in unser Zimmer zurückgingen; wir waren fast wie Zwillinge, trotz unseres

---

[1] Alessandro Pertini (1896–1990) spielte eine wesentliche Rolle im Kampf gegen den Faschismus und war später der siebte Staatspräsident Italiens. Adriano Olivetti (1901–1960) war Unternehmer, Politiker und später Direktor der für ihre Schreib- und Rechenmaschinen bekannten gleichnamigen Firma. Filippo Turati (1857–1932) war Jurist, Soziologe, Dichter, Politiker und Mitbegründer der Sozialistischen Partei Italiens. (*Diese und die folgenden Anmerkungen im Gespräch vom Übersetzer.*)

[2] Gaetano Salvemini (1873–1957), Historiker, Publizist und Politiker, gab 1925 mit den Gebrüdern Rosselli in Florenz die erste antifaschistische Zeitung, *Non mollare* (Nicht nachgeben), heraus.

unterschiedlichen Charakters. Er war sechs Jahre alt, ich sieben. Danach erinnere ich mich nicht an viel. Eine Zeitlang konnten wir unsere Mutter nicht sehen, da sich ihr Zustand verschlimmert hatte. Sie litt seit ihrer Jugend an Herzproblemen.

SPAGNOLETTI: Bist du weiter zur Schule gegangen?

ROSSELLI: Ja, immer noch in Paris, zwischen meinem sechsten und zehnten Lebensjahr. Auch zu Hause wurde Französisch gesprochen, außer mit meinem Vater, der Italien treu blieb. Als Onkel Nello eintraf, sprachen wir immer Italienisch; Englisch musste ich erst später lernen.

SPAGNOLETTI: In den vierziger Jahren bist du nach England gegangen?

ROSSELLI: 1940, nach dem Einmarsch der Nazis in Frankreich. Um nach England fliehen zu können, wurden wir alle drei – Giovanni, Andrea und ich – auf den Ausweis meiner Mutter eingetragen und erhielten so die englische Staatsbürgerschaft. Wir verbrachten eine Zeitlang auf dem Land, London war nicht sehr sicher. In London erlebte ich einen Luftalarm, aber es war nur ein Test. Ich verirrte mich im Hotel; ich fand meine Mutter und meinen Bruder in der Metro wieder, nachdem ich lange nach dem Ausgang in den Hotelkorridoren gesucht hatte. Ich erinnere mich an die große Erleichterung meiner Mutter, als sie mich wiedersah. Dann kam der Entschluss, England zu verlassen. Im Winter gingen wir an Bord eines Schiffes mit Konvoi, uns folgten meine Großmutter – Amelia Rosselli, eine Venezianerin –, meine Tante Maria, Nellos Frau, und ihre vier kleinen Kinder, die zuvor in Florenz gelebt hatten. Wir mussten über Kanada nach New York. Die Reise war gefährlich und das Wetter stürmisch. Wir erreichten Montreal und zogen weiter nach New York. Danach ließen wir uns in einer Stadt eine Stunde entfernt von der Metropole nieder. Ich habe das Gymnasium besucht, bis ich fünfzehn war, und belegte zuletzt Sommerkurse, um meine Rückkehr nach Italien vorzubereiten, die 1946 möglich wurde. Im Sommer besuchte ich Vermont und lernte das Milieu der Quäker kennen, ein Ferien- und Ausbildungslager; ich arbeitete auch auf den Feldern. In Vermont lernte ich, wie man Bäume fällt, eine Brücke über einen Fluss baut, ein Pferd reitet, mit schwerster Ausrüstung Berge besteigt und in Schlafsäcken übernachtet. All dies im Alter von zwölf, dreizehn Jahren. An einem anderen Ort, in New York State, lernte ich, Heu zu ernten, Pferde zu putzen, Kühe zu melken und große Holzscheunen zu streichen, dunkelrot mit weißen Rahmen. Ich liebte die Arbeit auf den Feldern und habe mich in diesem von Quäkern geprägten Umfeld sehr gut geschlagen. Ich erinnere mich nicht, je ernsthaft krank gewesen zu sein, ich war stark, nur ziemlich mager und ein wenig anämisch.

SPAGNOLETTI: Du hast also in Amerika deine Ausbildung fortgesetzt – auf welchem Niveau?

ROSSELLI: Ich zog sie so schnell durch, wie ich konnte, so dass ich das Abitur mit fünfzehn Jahren machte. Leider erlitt meine Mutter eine Embolie, und die ganze Familie, meine Großmutter, meine Tante, die vier Cousins und wir drei Geschwister mussten abwarten, bis sie wieder gesund wäre, um nach Italien zurückzukönnen. Mit sechzehn ging ich also nach Florenz, und es kam zu einigen Komplikationen. Die Abschlüsse, die ich gemacht hatte, wurden in Europa nicht als gleichwertige Qualifikationen anerkannt. Das ist für mich eine große Enttäuschung gewesen. Ich sollte mit Dreizehnjährigen zur Schule gehen. Ich weigerte mich, ebenso mein Bruder Andrea. Für einige Monate lebte ich in Florenz, ging dann nach London, wo ich meine Schulausbildung wiederaufnahm, die in Italien nicht anerkannt worden war. Ich lebte bei Freunden und in möblierten Zimmern. Ein Jahr lang besuchte ich die Saint Paul's

Girls' School und wiederholte die Abiturprüfungen auf einem höheren Niveau. Ich lernte meinen Großvater mütterlicherseits kennen, der Engländer war, aber nicht reich, anders als die Familie meines Vaters.

Spagnoletti: Begann deine musikalische Ausbildung in dieser Zeit?

Rosselli: Genau, in London. In Amerika erhielt ich nur eine allgemeine Ausbildung in der Schule – Solfeggio und Gesang. Dann ließ unsere Mutter, die sich um mich so gut gekümmert hatte, wie es ihre Krankheit zuließ, uns jeden Abend eine Stunde klassische Musik hören. In London begann ich, Geige, Klavier und Komposition zu studieren. In diesen Jahren erlebte ich auch die englische Arbeiterbewegung, besuchte viele Konzerte und das Theater. Meine Leidenschaft galt ebenso der Literatur wie der Musik. In der Schule hatte ich eine außergewöhnliche Lehrerin, die Literatur unterrichtete. Leider ist mir ihr Name entfallen. Die Schulbibliothek war bemerkenswert; in der Klasse lasen und rezitierten wir Shakespeare.

Spagnoletti: Du hast in diesen Jahren keine intellektuellen Beziehungen geknüpft?

Rosselli: Nein, ich bin viel allein geblieben. Meine Mutter war sehr krank, aber ich war mir dessen kaum bewusst, denn so war es ja immer gewesen. Durch ihre Rückkehr ins englische Klima, von dem sie sich seit ihrer Jugend fernhalten sollte, erkrankte sie, so sagte man mir, an Wassersucht. Ich beendete meine Abschlussprüfungen mit durchschnittlichen Ergebnissen. Danach hätte ich mich für Politikwissenschaft einschreiben können, wie meine Mutter hoffte, aber ich bemerkte ein gewisses Nachlassen meines Gedächtnisses, und so entschloss ich mich, Musik und Komposition zu studieren. Sehr zum Missfallen meiner Mutter. Wir hatten zu Hause nicht viel zum Leben. Sie war in größter Sorge und wusste, dass sie dem Tod nahe war.

Spagnoletti: Dein Aufenthalt in England endete, wenn ich mich nicht täusche, im Jahr 1948.

Rosselli: Ja, im Frühling 1948 kehrte ich in den Ferien nach Florenz in das Haus meiner Großmutter zurück – die Casa Rosselli befand sich in der Via Giuseppe Giusti –, und ich schrieb meiner Mutter und fragte sie, ob ich eine Zeitlang in Italien bleiben dürfe. Auch ich litt am englischen Klima. Ich war noch in Florenz, als sie unglücklicherweise plötzlich starb. Es war Oktober. Ich war damals neunzehn. Also musste ich eine Arbeit finden. Ich glaube, es war meine Großmutter Amelia, die mich mit den Edizioni di Comunità[3] in Verbindung brachte. Ich fing an, Übersetzungen zu machen und arbeitete halbtags in Rom. Ich fand eine Unterkunft in einem Haus, das nicht weit entfernt war von demjenigen von Ernesto und Ada Rossi.[4] Ein neues Leben begann für mich. Doch ich erlitt bald einen Nervenzusammenbruch. Vielleicht, weil ich zu viel arbeitete. Neben den Übersetzungen nahm ich Kompositionsunterricht bei Guido Turchi, den mir Luigi Dallapiccola und Goffredo Petrassi empfohlen hatten.[5] Kurz, ich war intensiv beschäftigt. Ich erhielt Besuch vom Psychoanalytiker Perrotti, einem Anhänger der Freud'schen Schule. Alles in allem, so sagte er mir, sei ich wohlauf. Ich konnte nach Venedig fahren und am ersten Partisanenkongress teilnehmen.

Spagnoletti: Die Poesie hat dich damals nicht besonders interessiert?

---

[3] Ein 1947 von Adriano Olivetti gegründeter Verlag.

[4] Ernesto Rossi (1897–1967) war ein antifaschistischer Politiker und Mitbegründer des Partito Radicale.

[5] Guido Turchi (1916–2010) interessierte sich besonders für die dem neunzehnten Jahrhundert vorausgehenden musikalischen Formen. Luigi Dallapiccola (1904–1975) war einer der führenden Vertreter der seriellen Musik in Italien. Goffredo Petrassi (1904–2003) vereinte ein breites, von Wagner bis Webern reichendes Spektrum von Stilen in seinem Werk.

ROSSELLI: Die Musik hatte Vorrang. Im Selbststudium beschäftigte ich mich mit Sprachen, Philosophie, Literatur und auch mit Mathematik. Die privaten Kompositionsstudien mündeten dann in Studien der Musiktheorie [Musikethnologie]. In Darmstadt hatte ich meine Kompositionsstudien zudem durch die Sommerkurse 1959–1960 vertieft. Ich besuchte auch das Studio für elektronische Musik des RAI, obwohl ich von der Bartók'schen Tradition kam, und studierte zum Beispiel im Pariser Musée de l'Homme die nicht-temperierte Musik der Dritten Welt und des Orients. Ich lieferte eine Erklärung für das intuitiv erfahr- und analysierbare „System", das dem Spiel von Musikern zugrunde liegt, die nicht vom Leibniz'schen Rationalismus des siebzehnten und achtzehnten Jahrhunderts beeinflusst sind.

SPAGNOLETTI: Hattest du unter den italienischen Künstlern Freunde?

ROSSELLI: Selbstverständlich. Abgesehen von Guido Turchi, Roman Vlad und Dallapiccola, unter den Malern Afro Basaldella und Renato Guttuso.[6] Rocco Scotellaro machte mich mit Carlo Levi bekannt.

SPAGNOLETTI: Lass uns, wenn du gestattest, einen Moment bei deiner Beziehung zu Scotellaro bleiben.

ROSSELLI: Ich traf ihn auf diesem Partisanenkongress, den ich gerade erwähnt habe.[7] Ich saß in einer der letzten Reihen des Saales, als irgendwann ein überaus sympathischer junger Mann auf mich zukam. Als er erfuhr, dass ich die Tochter von Carlo Rosselli sei, war er überrascht und interessiert und hörte mir mit wachsender Aufmerksamkeit zu. Wir wurden Freunde, wirkliche Freunde, wie Geschwister. In *Diario ottuso*, einem von mir im Magazin *Braci* veröffentlichten Prosawerk, erzähle ich von unserer Begegnung und evoziere viele Augenblicke meiner Jugend. Als ich Rocco traf, war ich zwanzig, und er starb drei Jahre später. Wir führten eine intensive Freundschaft, eine reiche und natürliche, ohne Verrenkungen. Er lud mich in seine Stadt in Lucania, Tricarico, ein, wo ich eine Woche bei ihm zu Gast war und seine Mutter kennenlernte. Er war bereits zu Unrecht verurteilt worden – ein beliebiger Vorwand, um ihn davon abzuhalten, der sozialistische Bürgermeister zu werden. Er trat aus der Sozialistischen Partei aus und fand eine Stelle in Portici am Institut für die Agrarwirtschaft Süditaliens. Wenn Rocco gerade in Rom war, rief er mich immer an; kurz, er war mein bester Freund: Solche Dinge geschehen nur in der Jugend und wiederholen sich nicht. Er war ein sehr reifer Mann und beeinflusste mich, ohne sich dessen bewusst zu sein. Ich übertreibe nicht, wenn ich sage, dass er ein außergewöhnliches Wesen war. In ebendieser Zeit begann ich zu schreiben. Und natürlich sprachen wir auch über Poesie. Er diskutierte gerne seine Probleme, jene, denen er in seinem Buch *Contadini del Sud* [1954; Bauern des Südens] Ausdruck gab. Carlo Levi, der ein sehr guter Freund meines Vaters gewesen war, begleitete ihn oft.

SPAGNOLETTI: Was für einen Begriff machtest du dir von Scotellaros Dichtung?

ROSSELLI: Er zeigte mir selten, was er schrieb, aber er hat mir ein oder zwei Gedichte gewidmet. Mich interessierte jedoch, woran er gerade arbeitete, *Contadini del Sud*, ein Buch in Prosa, das mich gewiss sehr beeinflusst hat. Auch seine Gedichte

---

[6] Roman Vlad (1919–2013) war ein in Rumänien geborener italienischer Komponist und Musikwissenschaftler, Afro Basaldella (1912–1976) ein Vertreter der abstrakten Malerei und Renato Guttuso (1911–1987) ein sizilianischer Maler und Politiker der Kommunistischen Partei.

[7] Der Dichter Rocco Scotellaro (1923–1953) setzte sich für die Rechte der Bauern Süditaliens ein. 1946 wurde er Bürgermeister von Tricarico, 1950 von seinen politischen Gegnern wegen Machtmissbrauchs angezeigt. Nach fünfundvierzig Tagen im Gefängnis wurde er von allen Anklagepunkten freigesprochen und zog sich aus der Politik zurück.

lernte ich nach seinem Tod besser kennen, ich habe sie kürzlich gelesen. Mir scheinen sie eher schwach; seine Prosa hatte mehr Kraft. Nach der Freundschaft mit Scotellaro muss ich unbedingt Niccolò Gallos[8] Aufmerksamkeit, seine Anteilnahme und sein Interesse an einer Publikation meiner *Variazioni belliche* bei Mondadori erwähnen. Das Buch hätte gedruckt werden können, aber ich wurde um einen finanziellen Zuschuss gebeten und lehnte das aus Prinzip ab. Ich konnte es mir nicht leisten, den Dilettanten zu spielen.

SPAGNOLETTI: Die Tatsache, die *Variazioni belliche* nicht veröffentlichen zu können, hatte für dich keine Konsequenzen?

ROSSELLI: Es war mir völlig egal. Ich schickte das Manuskript an vier Verlage ohne biographische Notiz und ohne jemanden zu kennen. Ich muss zugeben, dass die vielen Begegnungen mit Bobi Bazlen – der das „Streben nach Ruhm“ skeptisch sah – mich nicht antrieben, weiterzukommen.[9] Letztlich konnte ich studieren, weil ich mich durch meine Arbeit als Übersetzerin finanzieren konnte. Ich arbeitete für viele Verlage, war auch zeitweise als Beraterin für Bompiani tätig; ich besuchte eine Schule für Übersetzer, während ich meine musikalischen Studien weiterführte. Aber ich bin immer wieder zur Literatur zurückgekehrt, weil ich ihr nicht ausweichen konnte. Als ich dann einige Gedichte aus den *Variazioni belliche* in *Menabò* mit Vittorini und der warmherzigen Präsentation Pasolinis veröffentlicht hatte, fand ich bei vielen, meistens linken Zeitungen Arbeit als Publizistin. Ich verfasste einige halb politische Essays, ich würde sagen: soziologischer Natur, und veröffentlichte, abgesehen von Gedichten, verschiedene andere Schriften in Prosa, darunter einige literaturkritische.

SPAGNOLETTI: Kommen wir also zu deiner Poesie. Was wolltest du tun?

ROSSELLI: Was ich mit meinen Gedichten erreichen wollte? Warum ich sie schreiben wollte? Selten weiß man, dass der Schreibende, und vor allem der Dichter, sehr präzise Ziele verfolgt, wenn er eher auf die eine oder die andere Weise schreibt; und dass dieser sein Stil, der nur Selbstausdruck oder „Natur“ zu sein scheint, die Frucht langen Nachdenkens und Forschens ist: die Frucht bisweilen über Jahre ausgebrüteter Ideale, die sich manchmal am Ende durch „Inspiration“, durch eine unerwartete Erleuchtung oder Synthese verwirklichen, aber auch weil der Autor auf sehr klare, bewusste und unbewusste Weise die Absicht und das Ziel festgesetzt hat.

SPAGNOLETTI: Und die Metrik?

ROSSELLI: Es sind Gedichte in sogenannten freien Versen, die jedoch zum gebundenen Vers tendieren, mit dem ich mich im zweiten, „Variazioni“ betitelten Teil [von *Variazioni belliche*] beschäftigt habe. Die auf 1960–1961 datierten „Variazioni“ weisen ein geschlossenes metrisches System auf, dessen Entstehung ich im Anhang des Buches, in dem „Spazi metrici“ betitelten Essay aus dem Jahr 1962, beschreibe. Die „Poesie ’59“, der erste Teil der *Variazioni belliche*, könnte als ein poetisches Programm betrachtet werden: Bei manchen von diesen Gedichten genügte es, dass ich ein Präludium von Bach oder Chopin spielte, um es danach quasi sofort in einer poetischen Form zu reinterpretieren. Andere Gedichte bleiben nur ein Programm, ein nahezu definitives. Auch sie spielen auf einen gebundenen Vers an, eine 1958 in vorangehenden Manuskripten (*La libellula*) verwendete Form, die in den „Variazioni“ an Dyna-

[8] Niccolò Gallo (1912–1971), Herausgeber, Übersetzer und Literaturkritiker, leitete mehrere Reihen bei Mondadori.

[9] Roberto Bazlen (1902–1965) war ein bedeutender Intellektueller und Mitbegründer des Verlages Adelphi. Er weigerte sich, seine Werke zu Lebzeiten zu veröffentlichen.

mik gewann, als hätte ich die Würfelform [la forma-cubo] nicht nur energetisch erreicht. Im ersten und vor allem im zweiten Teil sind die Gedichte jedenfalls in chronologischer Reihenfolge angeordnet; sie haben einen erzählenden Ton, besonders die im zweiten Teil. Das Buch schließt mit der linguistisch-formalen Aufhellung der letzten Gedichte, als hätte die gefährlich neue und zuweilen politische Thematik mehr Transparenz verlangt. Die heimliche Inspiration für die „Variazoni" ist Kafka, und die Intention ist zuweilen prosaisch.[10]

Spagnoletti: Bleiben wir noch etwas bei der Thematik.

Rosselli: Ich wollte die Geburt und den Tod einer von Anfang an gezügelten und verdrehten Leidenschaftlichkeit beschreiben, die zu Kampf und Denunziation führt; erst auf den letzten Seiten wird der Text ruhiger und die Gedichte sind weniger gewaltsam, transparenter. Der mittlere Teil ist von einer religiösen Problematik geprägt, die, im Augenblick der Enttäuschung, in die Freiheit der Leidenschaft mündet.

Spagnoletti: Und das Gedicht *La libellula*, welches das Datum 1958 trägt? Der Untertitel lautet „Panegirico della Libertà" [Lobpreis der Freiheit] …

Rosselli: Heute bin ich mir bewusst, dass der Untertitel dieses Langgedichts nicht die Ironie besitzt, die ich ihm verleihen wollte. Ich glaube jedoch, dass der Text in dieser Hinsicht klar ist: Ich weise darauf hin, dass an etwa zehn Stellen Verse von Arthur Rimbaud, Eugenio Montale, Scipione und vor allem Dino Campana sowie Anspielungen auf sie vorkommen; und dass ich trotz seiner Entwicklung in einer vielleicht barocken Form keinen Gebrauch vom „Lapsus" mache. In den *Variazoni belliche* gab es einfache zweisprachige (sogar dreisprachige) Inventionen. Pasolini war, wie du weißt, der Erste, der von „Lapsus" sprach. Meiner Ansicht nach wäre der Lapsus aber ein Aussetzen des Gedächtnisses, während die linguistische Invention für gewöhnlich bewusst stattfindet. Ich muss zudem hinzufügen, dass ich fünf Jahre lang über ein Gedicht dieser Art gegrübelt und mir ungefähr zehn Jahre lang den Kopf beim Ausprobieren verschiedener möglicher metrischer Formulierungen zerbrochen habe, die meiner Ansicht nach nie streng genug waren, um nicht bloß als metrische, sondern auch oder nahezu als philosophisch-wissenschaftliche und historisch „notwendige", unausweichliche „Systeme" gelten zu dürfen. Sobald ich dieses „System" erahnte, ergoss sich der Fluss der Worte in einen für mich ganz natürlichen Gesang, der Jahre mühevoller und nicht mühevoller Erfahrungen zur Synthese vereinte.

(…) *Fortsetzung auf Seite 70*

(*1987*)

Aus dem Italienischen von Maximilian Gilleßen

---

[10] Amelia Rosselli in einem Gespräch mit Ambrogio Dolce, 1988: „Kampflustig war Kafka nicht, aber er wirft in seiner rationalisierenden Prosa ein enormes Problem auf, ebenjenes vielleicht, das insgeheim auch ich aufwerfen wollte: Er suchte nach den Gründen für sein Unglück und das der anderen." (Amelia Rosselli: *È vostra la vita che ho perso*, Florenz: Le Lettere, 2010, S. 104.)

Amelia Rosselli in Paris, 1937

Amelia Rosselli, links, in Venedig, 1950,
während des ersten Partisanenkongresses

Amelia Rosselli
La libellula / Die Libelle
Lobpreis der Freiheit

Die Heiligkeit der heiligen Väter war ein so unbeständiges
Produkt, dass ich beschloss, mir jeden Zweifel aus dem Kopf
zu schlagen, zu klar, bedauerlicherweise, um den Sprung
zu wagen, einem schwierigeren Abschied zu. Damals war es,
dass der heilige Stuhl sich ein Herz fasste, die Gräben
zu übersetzen, wie, das weiß ich nicht, doch es war überwältigend.
Und damals war es, dass die kläglichen Überreste unserer Toten
sich auf der ganzen Länge reimten, in einem gewaltigen Echogebrüll,
oh singend streif ich durch die Straßen, doch der Heilige Vater allein
kann sagen, wo das alles hinführen wird. Und du wirst auf Knien
deine heiligen Streitigkeiten dem Beicht-Vater darbringen, und er
wird dir jenen gesegneten Segen spenden, von dem ich
wünschte, er möge aus Brot und Öl gemacht sein. Nun denn,
wie schon gesagt, ich, ausgestreckt auf dem fauligen Gras,
und Liebeslieder umschwirrten meinen liebeskranken
Kopf, und ich stammelte dabei Stürme und
Gebete, und sämtliche Lichter des Heiligen Vaters
brannten. In der Tat, auch der Heilige Stuhl stammelte
kindliche Lieder, und alle Automobile der allerreichsten
Künstler fanden Aufnahme in seinen Mauern;
oh Schmach, nicht einmal die größte Vor-Sicht vermag,
dass wir unsere erdfahlsten Fehler verbergen,
namentlich das Fabulieren in schwerfälligen
Versen, oder auch das Weinen auf die krummen Mauern unserer
Ambitionen: duftende Farben, aus Wachs, sich abhebend
im duftenden Stall des Feinschmeckertums. Kein Hass
braut sich zusammen in dieser meiner Küche, nur
das ermüdete, verborgene Untier. Und wenn das Meer,
dieses ferne verborgene Untier, mir sagte, was
dieses große Sehnen ausmacht, so antwortete ich,
ach, lass mich in Frieden, deine Umständlichkeit
macht mich ganz krank. Doch besser als ich kennst du
die Tugenden der Menschen. Ich sage, glücklicher
ist die Tarantel in ihrem Privatgarten, er antwortet,
aber du bist nicht hart im Nehmen. Die Zügel
lösen sich, wenn ich mich der Vernunftmacht widersetze
und ich weiß es und du weißt es, manche wissen es, gleichwohl
treibt das liebe Zelt der Unzufriedenen bisweilen
Löcher auch in meine Träume. Und du weißt es. Und ich
weiß es, doch die Avantgarde sitzt immer noch rittlings
auf meinen Schultern, lacht und spuckt wie eine alte

Hexe, und nicht einmal ich weiß mehr, wo ich die Tramway
nehmen muss, um deine Träume zu bereichern und auch
meine Sterne. So kannst du sehen, auch ich habe sie
eingebüßt, die liebreizenden und leuchtenden Gaben dessen,
der auf alles pfeift. Ich muss essen. Du musst laufen.
Ich muss aufstehn. Und du laufen, mit herabhängendem Schwanz.
Ich stehe auf, du streckst die Arme aus in einem ausgedehnten
peinvollen Adieu, das Lächeln hart und verkniffen auf
deinem nicht wirklich bewunderungswürdigen Mund. Und was soll
dieses ironisch gekleidete Wahrheitslicht? Nichts weiter
als das läppische Leid entlocktest du meinem zerrissenen Herzen.
Nie werde ich dir ins Antlitz blicken können, was
ich dir sagen wollte, ist zum Fenster fortgeflohen,
das, was du warst, war ein anderes Bataillon, das
ich nicht mehr bestreiten kann; welch eine neue Freiheit suchst du
zwischen müdgewordnen Worten auf? Nicht die sanfte Zartheit
dessen, der zuhause sitzt, gut eingefasst von hohen
Mauern, in Gedanken bei sich. Nicht das müde Vergessen
des Riesen, der weiß, dass er nicht reimen kann, es sei denn
im geschlossenen Kreis seiner trostlosen Bekannten.
Das Licht ist ein Gotteslohn, und lieber hätte er es veräußert,
als es angeschwärzt zu sehen von deinen vergesslichen Händen.
Ich weiß nicht, was ich sage, du weißt nicht, was du suchst, ich
weiß dich nicht zu suchen. Inmitten eines Lichts, das lauter
scheint, und eines andren, der Gemeinheit in Person,
suche ich nach dem Refrain. Inmitten eines schmalen Wegs,
gemacht aus Gräsern, frohlockend und verloren in
schmutziger Erde, suche ich, und du stirbst an der Seite
eines fruchtlosen Baums, hohl wie deine Hand.
Oh kurzes Leben, hast dich hingelegt an meine Seite, als ich
noch ein kleines Mädchen war, und bist geblieben, zuzuhören, dicht
an meiner Schulter, und du redest nicht in Reimen. Ich
strecke die Beine von mir und biete Kotflügel feil in den
kostbarsten Farben, du versickerst zufrieden in einem Geflimmer
aus schlechten Gewohnheiten. Ich beiße in den Apfel, um sie zu halten,
diese schwachen Adern auf dem Hals, der platzt vor
lauter Qual, und das Auto kreischt noch lauter als meine
besonnene Stimme. Ich weiß nicht, was ich will, du weißt nicht,
wer du bist, wir sind beinahe quitt. Doch wonach suche ich,
wenn das Lied des schwachen Erbarmens nichts weiter ist
als diese meine eingebildete Beschimpfung, die ich nicht
bekämpfen kann, in keines andren Namen als dem deinen,
dem meinen, unsere internen Laternen und kein starkes
Licht der Wahrheit, und die Welt, die wartet
mit ihren leuchtenden Augen, vielleicht voller Sand.
Und das weise Gänsefüßchen wird der Spielball
unseres Schicksals sein – ob es mir recht ist oder nicht, oh lass den
Zufall doch beiseite, und unsre bartlose Natur; du wirst mein

überaus schwacher König sein, ich deine Königin, nicht
so gefräßig, dass sie nicht entrinnen könnte, wenn ihr
danach ist, in einer Schlossumdrehung, einem Lichtschein
schwarzer Galle, doch die Welt ist schlüssellos, um nicht
zu sagen bar der notwendigen Organisation für ein
notwendiges Erbarmen, wie der Eiffelturm, der sich nicht
auf den Beinen hält, es sei denn aufgrund seiner eingestandenen
Hässlichkeit. Du wirst versuchen, diesen meinen Brunnen
zu bewachen, tiefer als der deine, doch das Wasser
ist bereits zu schlackig, und ich will nicht schmachten
kraft der Altersschwäche toskanischer Sprachen.
Nun strecke dich in deinen gut gefütterten Stiefeln,
ausgelegt mit den Fellen der erlesensten Lebewesen, und lausche
dem Schlag meines Herzens aus Gummi oder glühendem
Sand, wenn es noch schlagen will für einen Mann. Ich wasche meine
Hände in Unschuld und reime nach alter Manier, mit einer Modernität,
die ich in meiner Wirrsal nicht vermutet hätte. Doch ich
will meine Augen für niemanden ruinieren, ich,
in ihrer Knochen-Hecke. Sollen wir weggehen?
Uns necken? Soll ich die große Schwester
mimen, für all diese Unseligen? Soll ich mir
die Kehle räuspern zwischen diesen pittoresken vier
Wänden, zwischen einer Flasche mit verdorbener Milch,
und einer Eitelkeit, die es schon leid ist, die glitzernden
Perlen eines noch unverteilten Lächelns auszukörnen?
Und die Ästhetik wird nicht mehr zu unserer Freude sein,
wir gehen den Winden entgegen, mit eingezogenem Schwanz,
in einem verlängerten Feldversuch.

Und die rotierende Zunge der heiligen Gefallenen, mit
Streichhölzern begannen sie, den wahren Himmel in Brand zu stecken,
so zerrissen von den wohldosierten Predigten an eine bessere
Jugend. Nicht diese obstruierte Jugend weiß zu sagen,
wer ihr Vater ist, der verhasste, doch ihre Mutter
erkennt sie, von ihr gestillt. Ich werde mit der Vielheit
leben, doch meine Klarheit nicht verlieren, sagte der Haifisch, der
sein Leben ließ. In der Natur liegt das Die-Sterne-
Überflügeln, mein Wille sei die Königin der
Sterne und der Nächte. Ich habe keinen Appell
und kein Credo, um meinen langen Appell
zu beginnen, seid also still, ihr königlichen Nächte, wie
die verblühende Blume.

Er spricht von sich, in einem finsteren Monoton-Ton,
ich beblüte die Verse mit anderen Höhen, die auswendigen
Sorgfalten, Automobile, Überdrüsse; was packt mich
heute, im Feinstaub eines regnerischen Nachmittags?
Unterm Zelt der Fisch singt vor sich hin, unter dem Herzen,

rein, singt er die freie Litanei des Hasses. Die
gesalzene Rache, der schlummernde Verstand, die verräterischen
Reime werden meine unbeirrbarsten Leser sein,
Schöpfer unter aufmüpfiger Hoffnung; aus ungleichmäßigen
Bezauberungen wird dein Klagen hervorgehen, mir zuliebe, das
schon bereitsteht, um dich zu empfangen, mit allen Vorsichts-Maßnahmen
dem Feind gegenüber – wie die Maschine, die zu leicht ist
für alle Gewalttaten. Dann wird die Zeit kommen, du und
ich, wir ziehen uns in unsere Zelte zurück, und rhythmisch
wirst du deinen Fuß dann stemmen gegen meinen
Vorderarm, und ich, ganz schwach, werd' dich vielleicht
mit meinem kaum merklichen Lächeln bestreichen, weißt du es
zu erhaschen. Wenn du jedoch nur schlemmen kannst, dem Wein
nur nach der Pfeife tanzt, oder dem Ehrgeizigeren, Ernsthafteren
sogar als diesem meinem Mich-Verzehren nach deinem
ernsthaftesten Teil, nun, so räkle dich alleine, im Kreis all
deiner Planeten. Ich weiß nicht, ob ich sterbe, ja oder nein,
vor Hunger, Angst, die Augen zu weit aufgerissen, um noch wundersam
zu essen; die Erde, die das Wasser einhüllt und hält,
zu schwarz für den Leichtsinn des Himmels. Wie
seltsam, dieses mein Fledermäuse-Lachen, wie seltsam,
dies mein ohrenloses Fabulieren, wie seltsam,
dies mein vogelloses Zwitschern. Wie seltsam,
dieses Lieben-Müssen dieser Lebens-Müßiggänge.

Und wenn die Soldaten, die in Gottes Zelt
eindrangen, jener verzweifelte Zwist waren, der Hass heißt;
nun, dann zücke ich den Dolch und mit festem Griff
ersteche ich dich. Doch es ist alles eins, das Weltall,
und du weißt es! Die Luft, die reine Luft, die Krankheit und der schläfrige
Abschied. Die Luft, die reine Luft, das faulige Steak,
und das letzte Sommergrün. Und der Samen der letzten
Sommergewalt.

Das Jackett aller Fertigkeiten packte mich stark
auf seiner schwachen Seite: Ach, inniger vielleicht lieb ich
die Hügel und die frischen Brisen und den gründunklen
Pinienhain als die gewaltigen Schritte der Menschen: Ich träume
von der Wintersonne und schon kommen die frischen Brisen
sommers, mich zu wecken! Es liegt nicht an dir! Wenn ich nun schreie
aus vollem Halse, und mein kurzer Atem sich stemmt
gegen den heimlichen und leichten der Sterne, es liegt
an keiner irdischen Hand. Wer also hat mich dann
so blind gemacht? Wenn es an mir nicht liegt, dann wohl an dir!
Ich halte die Zeit nicht in den Händen: Lichter und irdische
Gesichter, erbarmungslose Mengen, Gesichter
dem Tode nah, die ihr euch ins Helle vorwagt,
mondblickartig.

Ich weiß nicht, ob dein Antlitz einen Riss
im Innern wiederholt oder ob meine Sinne besser wissen,
dass es wahr ist, als dieser mein viriler Kopf, oder ob
falsch ist, wer schön ist, schön, weil er ähnlich ist.
Oder schön, weil er gut ist? Ich suche und suche, du läufst
und läufst. Und ich laufe! Und du lachst zur aufgestörten Menge!
Ich weiß nicht, welche Größe uns bereitet war: Gott
verzeiht nicht dem, der auf seinen Lippen allein
seinen schwierigen Namen führt, sein Blut-Geschenk,
seinen gelben Wald. Ich ebnete ein Feld, um ihn
zu empfangen, doch floh ich, eh die Trommeln schlugen.
So wirst du wissen, wer ich bin, die dumme Biene, die surrt
um einen starren Punkt herum, um Ihn zu suchen, diesen Dschungel
aus schmiedeeisernen Bäumen.

Und die Redekunst des Gecken, den ich
sehe ohne Bitterkeit, und der mich mit Magie
und Wollust in seine wacker geöffneten Arme schließt.
Weißbraune Engel umschwirren uns, und die Zeit
und die Erlösung der Alten und die Erlösung der Musik
und die Entfaltung aller Schönheit. Wenn ich das leichte Joch
meines hinfälligen Geistes an dich verkaufe, zwischen
den beiden Gardinen der unmöglichen Kreise, die sich
zwischen unseren Seelen spannten, in der Luft, die pulsiert
zwischen deinem Aufbegehren und dem meinen, die drängt
und ächzt vor dem Tor, auf dem Fußboden, offen
für die tiefe Traurigkeit, die mich an deine Träume band,
dann erinnere dich an die Wörter, eingemeißelt in die Mauern
der größten Ägyptischen Festungen. Ich bin eine, die sich
auf Experimente einlässt mit dem Leben, die nicht zulässt, dass
ein Gegenspieler ihr ans Herz fasst, unersättlich ihre Glieder.
Ich bin eine, die den Ruhm mit Freuden andren
überlässt, doch die es grämt, gebremst zu werden von
den unseligen Knoten ihrer Kehle. Ich bin eine von vielen
wie ich Gefräßigen, doch dem Gott zuliebe will ich, wenn ich kann,
meinem Bedürfnis andere Kanäle schmieden, und die Lüste
werden von anderem Schlage sein! Und wenn, gefestigt,
ich über Nöte triumphiere, voller Reue und Triumph,
so strebe ich nach völliger Vergebung, und dass Gott gewähre
dieses mein vermessenes Abdriften von den Richtlinien
des Perlenhimmels. Erinnere dich, ich war unter den Müdesten
der Ritter unserer Unzulänglichkeiten. Erinnere dich,
wir alle wurden geboren, um das ganze Maß unserer Müdigkeiten
auszukosten. Erinnere an dieses mein Leben, klebend
am unbekannten Nippen deiner Augen. Ruh aus
in aller Härte bis zum Ende – und lauter seien
deine rastlosen Tage.

Ich weiß nicht, ob zwischen dem Lächeln eines grünen Sommers
und deinem grünen Anderssein ein Unterschied besteht,
ich weiß nicht, reime ich aus Zauberkraft oder aus quälerischem
Drang. Ich weiß nicht, reime ich aus Zauber oder aus Verstand,
und ich weiß nicht, ob du weißt, dass ich für dich reime, für dich
alleine. Zu viel Sonne hat das Meer getränkt in seiner heimlichen
Gefangenschaft, wo seine sich rankenden Meer-
Blumen nicht Hand anlegen wollen an die gesunkenen Schiffe.
Das Frühlicht regt sich gräulich in der Weite. Ich weiß nicht,
ob zwischen blassen Felsen ich auf einen Blick noch träfe,
weiß nicht, ob zwischen monotonen Schreien ich auf deinen Blick
noch träfe, weiß nicht, ob zwischen den Bergen
und dem Meer noch Flüsse sind. Ich weiß nicht, ob
zwischen der Küste und der Wüste nicht ein Fluss hervortritt,
ich weiß nicht, ob im Nebel du hervortrittst. Ich weiß nicht,
ob du zitterst oder fällst, du weißt nicht, ob ich weine
oder verzweifle. Verzweifeln, verzweifeln, verzweifeln, ein
einziges Ereifern. Du weißt nicht, weine ich oder
verzweifle ich, du weißt nicht, lache ich oder verzweifle ich. Ich
weiß nicht, ob dein Lächeln zwischen blassen Felsen.

Ich weiß nicht, ob dein Lächeln zwischen blassen Felsen
mir erschien, oh Deus der lohenden Mähne,
oh Zypresse in der Sonne, ich weiß nicht, ob zwischen den blassen
Felsen deines Blicks der Zauber sich verbarg oder
die Jugend. Ich weiß nicht, ob zwischen den rauen Wangen
deines Blicks sich Abschiede verbargen oder das Erbarmen.
Ich weiß dir nicht zu danken, und ich weiß nicht, wo du weilst,
ich weiß nicht, ob dich dieser Schrei erreicht. Ich weiß nicht,
ist das Kind, das nach dir sucht, die Alte, die dich in ihrer
Gewalt hat. Ich weiß nicht, ob das Ufer breit ist,
ob das Kindlein tot, ich weiß nicht, sehe nicht, bin nicht
da für dich, der du da bist, lebendig bist, bebend bist, jenseits
jeder Süße. Ich würde nicht die Schellen schlagen,
wüsste ich, dass du mit Leichtigkeit in das Herz eindringst.
Ich würde diesen Tanz nicht anstimmen, wüsste ich, ich bin
nicht allein. Ich würde keinen Tanz anstimmen, wenn du
dabei singst. Man weint nicht, wenn die Jugend irregeht,
man lacht nicht, wenn der Vater ein adeliger Arbeitsloser ist,
man lacht nicht, wenn der Jubel ein arbeitsloses Karussell ist.
Man lacht nicht, man bereut nicht und man weiß nicht, soll man
lachen oder weinen, man sollte nicht Pedell der Großen sein,
nicht den Kleinen im Wege stehen, besser man belässt
alles so, wie es sein könnte. Nicht fallen.
Nicht gewinnen! Nicht verlieren – nicht ermüden. Nicht
ausbrechen in feierliches Gelächter, nicht sich aufrührerisch ausbreiten!
Schmerzlich schmilzt du dahin, machtverliebt verhärtest du dich.

Und wieder packt mich das Delirium, verwandelt mich
müde und stumpf in einen breiten Brunnen aus Angst,
ruft mich zu sich mit seinen weißen, ungestümen Fahnen,
treibt mich zu auf das Tor des Wahnsinns. Erledigt mich
für die volle Dauer eines ganzen Tags.
Streckt mich trotzig zu Boden: zu keiner Bewegung fähig,
müde am Morgen, unfähig abends: und mit immer
lebendigerer Agonie.

Der Bauer mit den langen Händen war im Bilde über all
meine Angst, doch seinen wahren Zauber-Namen
wollte er nicht verraten. Ich floh vor ihm, durch Täler
und dunkle Gründe, aber er kannte meinen Namen.

Ich weiß nicht, ob dein Lächeln zwischen blassen Nebeln
in einem lauen und zerdehnten Nebel mir erschien, doch
ich starb an dem Übel, das aus deinem Mund emporstieg und
an deinem lauen, verzauberten Lächeln. Ich weiß nicht, ob
zwischen dem Bösen, das hinter mir her ist, und deinem Lächeln
der spitze Stein der Unterscheidung sitzt: ob unsere Seelen
verschwistert sind. Ich weiß, sie nicht zu stimmen
auf deinen klagenden Klang, ich sehe nicht den Mond aufgehn
zwischen den abgestumpften Felsen meiner Gewohnheiten.
Ich weiß nicht, ob dein Lächeln zwischen blassen Felsen
mir erschien, oder das Lächeln unbekannter Fernen, ob
sich zwischen deinen blassen Schläfen der Refrain zurückzog,
den der Sturm auf dem gebrochnen Schädel brach. Ich weiß nicht,
ob sich zwischen blassen Felsen mir ein Lächeln auftat
unbekannter Fernen, weiß nicht, ob zwischen den blassen
Mündern, zwischen den blassen Grimassen der Lebenden
ich weiterhin bleibe: weiß nicht, ob zwischen den üppigen
blassen Finsternissen der Misere du feierlich eintrittst.
Ich weiß nicht, ob zwischen den blassen Quellen deiner Lieder
das Licht über den Denkmälern aufsteigt: Ich weiß nicht,
ob zwischen dem blassen Gras und der Blume, ich weiß nicht, ob
zwischen der blassen Sonne und dem Jubel, ob zwischen
Jubel und Schmerz, ich weiß nicht, ob du die Gräber
der Christen besuchen wirst, die gehängt wurden in meiner
vom Übel versengten Kehle. Ich weiß die lange Zukunftsstrecke nicht,
da wo kein Licht ist und kein Beten, ich weiß nicht,
ob das Gebet zugrunde geht.

Und die Vögel flogen leise vor sich hin.
Und der Mangel leuchtete ironisch einsam in der Ferne.
Und das eine war eine Frau, das andere kein Mann.
Und die eine schmachtete und weinte, und der andere war Mann.
Und die eine schmachtete und weinte, und der andere war Mann,
und Frau das andere! Die grünen, nachgiebigen Blätter!

Und auf ihren Lippen wie aus Kindern lachen
der Hohn und der Überdruss und die Angst. Der Überdruss, der Hohn!
Die grässliche Getreidemühle zwischen toten Ähren. Und
die Kerker, die nun immer leiser werden:
Das Meer ist Insektenbeschuss und der Mond die Tagwache
der Morgenkanonen. Der Groll, der wacht über deinen
Schlaf, in bitteren Träumen. Deine Träume
sind Rauch! Sind Rauch! Und wenn du Stolz und
Traum zerstörst mit einem Körperdreh: Schrei nicht mehr
des Nachts: schrei nicht mehr am Tage oder am
frühen Morgen – schrei im Schlaf, schrei in die Bresche,
die dein Aufbruch schlägt! Schrei in die ganze Tragweite
der Herrlichkeit.

Ich hatte sie zertrampelt. In deinem Boot, dem einzigen,
das deines war. In deinem Herzen, im olivfarbenen Blut bereits
liebesbefleckt! Umarmt hatte ich sie! Ich
sie umarmt! Deine heiter-müde Stimme
eines raffgierigen Menschen: Ich suche dich und du weißt es!
Ich suche dich und du weißt und rührst kein Lüftchen, um
mich zu erreichen! Ich höre das Kreischen der Engel,
die mich verfolgen, höre das Kreischen der
Engel, die meine Rettung wollen, doch das Blut
ist süße Sünde und will meine Rettung; das
Kreischen der Engel, die meine Rettung wollen, will
meine Sünde! Will, dass ich falle,
bartlos in dein Blut: Engelsgekreisch.
Ich höre das Kreischen der Engel zum Abschied,
ich habe es entjungfert, kehre heute Nachmittag zurück.
Ich hör die Nachmittage ausbleichen vor Liebe und vor
Sinn, ich hör die Nachmittage protestieren. Ich höre,
wie schändliche Engel mich zu Erbarmen rufen, ich höre, wie
die Lymphe den Rückzug antritt zu den müden Vätern,
ich höre Mitleid mich und alles Mitleid mit sich reißen,
der ganze Tisch ist bereitet, den Abgründen des Erbarmens,
der gefallenen Nationalhymne, dem Abgrund des
Willens. Ich höre die Schnecke ihr Blut teilen
mit den unschuldigsten Krümeln der niedrigen, gründlichen,
tiefgründigen Erde, ich höre die Unschuld sich in Krankheit
verwandeln, ich höre die Hölle, die sich der Besten bemächtigt.
Niemand weiß, wer uns das Zaumzeug angelegt hat
oder wer die Polsterung aus unsrem Wagen entfernte,
aus dem Saal, für alle Phänomene offen, sofern
nur du eintrittst, verschlossen mit den Zügeln in der Hand.
So geht alles gleichmäßig vonstatten, gleich dem
freundlichen und leichten Regen, gleich dem Sturm,
leicht und schwer, gleich der Sonne, die da schlägt,
triumphierend vor Qual, ach Dickhäuter gewaltiger Qual,

Sonne, die du läufst, als gäb's mich nicht einmal.
Oh gespannter Baum. Oh unermessliche Partikel. Oh Luftschloss
letzter Ordnung. Oh leichter, oh schwerer Freund,
oh Kanonenstadt, oh triumphierender Kittel des besten
Freundes, der zum Verkauf steht, wenn du nicht die Treppe hinabsteigst.
Oh unbekannter Baum, oh Zerstörung des Blicks, oh die
Zerstörten ringsum, oh die ringsum zerstörten Blicke.
Oh Liebe, die du blau und glühend mich von der Erde
entfernst, die du nicht standhältst dem Geklimper der Waren,
die der Händler verwarf. Oh Hure mit herrlichen
Ohren, oh Teer, der sich so bald der Erde nicht
entwand, oh Palazzo der Barmherzigkeit. Eher tot
als lebendig, eher lebendig als verständig. Eher tot als verständig.
Wirklicher als dein plötzliches Licht.

Und ich habe keine Ahnung, was ich suche. Eine Seeschlacht
vielleicht. Einen offenmundigen Fisch. Ein allzu schweres
Bündel. Einen roten Mond, der Federn lässt. Ich hör
die Engel, die mich zu Erbarmen rufen, zu seiner
Rechten, süß, gebrochen und müd. Ich höre das Kreischen
der Engel, die mich um Erbarmen bitten, dort, wo keiner
darauf achtet oder es erkennt. Jesus, der du schreist. Jesus,
der du schreibst. Jesus, der du verdammst. Meine Lepra – meine
Schreib-Geschwüre. Ich höre das Kreischen der
Engel, ihr Verlangen, ich fühle, wie mich das Erbarmen packt.

Oh Menschenfeindlichkeit, die du dich hinsetzt, erhitzt nach
deinem Mahl meiner selbst, mit dir tanzte ich mich müde. Mit dir
wütete ich, weit entfernt von den Pinienhainen und
Seen, von der Sonne, vom Stich der wohlgetakteten Blitze.

Und du saßest sicher auf deiner Tischlerbrücke,
sicher, dich im Unermesslichen wiederzufinden. Ich habe
seine Spur verloren. Du schlägst weiter um dich: Ich kann mich
nicht erinnern, ob es mich gibt. Die Mischung ist zu
fein: die Erinnerung zu schneidend: der Einschnitt
zu leibhaftig. Der Mond (nun wage ich, ihn anzublicken)
ist zu traurig. Der Mond hängt da. Ich sterbe. Die Vögel
schlagen um sich. Die Krankheit hat kein Recht
zu sein. Der schräge Vogel verfolgt dich. Ich kotze.
Ich – nicht du. Und gewaltige Wälder warten, am Ufer,
und gewaltige Meeres-Fluten, und gewaltige Sand-
Aufschüttungen, ermüdet und aufgedeckt, hinabgesenkt außerhalb
der Stadt, die an sie erinnert. Maus der Hölle, Maus
der Tropen, Maus der unstillbaren Verführung, Maus
der Horizontale, aufgehellt von der Erinnerung, Maus, die mich
meiner Kräfte beraubt. Maus, grimmig und erbarmungslos. Maus
voll Weisheit, Mäusemarkt. Lange Mäusenacht. Markt

aus Mäusen und Eisenwaren. Ich bin groß und klein zugleich: Euer Furor trifft mich und dann wieder nicht. Meine Krankheit nimmt sich anders aus als eure, mein Wallfahrtsort ist nicht der von Christus und ist es doch, vielleicht, wenn allzu mächtig über mir das Schwert droht.

Mir auf den Fersen wird er milde sein und rein, den Erzengeln gleich.

In seinen strahlend weißen Augen, seinen glasklaren Gliedern suche ich nach dem Ruhm! In seinen sanften Gliedern, seinen flinken Augen suche ich nach Menschen, die im Dickicht Waffen verstecken. In seinen strahlend weißen Augen, seiner luftigen Haut, in seinen blitzgescheiten Augen suche ich nach Menschen, die verstecken. In seinen federleichten Augen und auf seinem starken Mund suche ich nach starken Menschen, die mich und ihn ernähren können, nachts zwischen den weißen Flügeln der Engel, schrecklich stark und sanft und leicht.

Findet Hortensie: Ihr Antrieb ist die Einsamkeit der Ejakulation. Ihre Einsamkeit ist der Antrieb der Ejakulation. Findet die monströsen Gesten von Hortensie: Ihre Einsamkeit ist bevölkert von Gespenstern, und die Gespenster bevölkern sie mit Einsamkeit. Und ihre Liebe käut wieder und verlässt nicht das Haus. Und ihr Licht vibriert zwischen den Mauern, mitsamt dem Licht, den Gespenstern, mitsamt der Liebe, die das Haus nicht verlässt. Mit dem alleinigen Gespenst der Liebe, mit der Liebes-Widerspiegelung, mit der Entzauberung, dem Zauber und der Frenesie. Sucht Hortensie: Sucht ihre vibrierende Demut, die sich keinen Frieden gönnt, und für niemanden den Abschied findet, und die stets Adieu sagt und zu jedem, und die vor jedem zückt ihren Sommerhut, mit der vergessenen Geste des Erbarmens. Findet Hortensie, die in ihrer Einsamkeit die geordnete Welt mit Wildem überfällt. Und das Lied der Gitarre genügt ihr nicht mehr. Und die Vergebung aus der Gitarre genügt ihr nicht mehr! Findet Hortensie, die stirbt zwischen den Fliedern, vergessen und fragil. Lächelnd und fragil zwischen den Fliedern des Tals, steinerweichend, steingeworden. Findet Hortensie, die lächelnd stirbt zwischen den Fliedern des Tals; findet sie, die stirbt und die lächelt und die sonderbar selig ist, zwischen den Fliedern der Villa, des Tals, das sie nicht kennt. Ihre Einsamkeit ist bevölkert mit

Märchen und Gespenstern, ihre Freude ist bevölkert mit
seltsamem Gras und seltsamer Blüte – niemals verduftend.

Es drängte ihn nach einem neuen Lustverhältnis,
er warf sich an die Brust der Angebeteten. Ich wiederhole
Lektionen von Vorfahren und Vorvätern, so alt wie die Schächte
der Treppenhäuser! Wozu dient mein Strohsein, wenn du nicht
mit der Heugabel kommst, um mich umzubetten? Wenn
du nicht mit der Pinzette kommst, mich umzubetten? Mit den
Pinzetten der Gewalt, um mich zu bitten, umzubetten, mich
um meine Hand zu bitten? In allem Licht der Sonne, in all dem
schiefen Licht der Sonne, in aller Barmherzigkeit, im
ganzen Leben der Nation, in all den schwierigen
Randbezirken, in dem ganzen Verwesen der Welt gibt es
nur ein einziges Ich, nur ein einziges Du – gibt es Barmherzigkeit.

Es fließt von dir zu mir im Unterwasser etwas Helles,
das entstellt, etwas Helles, das entstellt jede vergangene
Erfahrung, und sie verzerrt zu einem wendigen Phrasieren,
verzerrtes, zerfahrenes, unerfahrenes Sprechen
der Jugend! Schwierige Sprache des Armen!
Glühende Mauer des Einsamen! Reißerisches Menschen-
fressertum, oh diese Abfolge von Teilungen außerhalb
der Zeit. Lösch aus, wenn du willst, dieses schwache
Leben, das niemals klagt. Das uns bleibt. Lösch aus
die Scham meiner Jungfräulichkeit;
die Körper-Übergabe an den Feind. Lösch aus mein Abbild,
lösche das Ruder, das schlägt gegen den abgelegenen Zweig.
Lösch, wenn du möchtest, dieses gelöschte Leben,
meine launischen Vernünfte, lösch aus die zu hohe
Zahl an Bitten, die mich dem Tode näherrücken:
Lösch das Entsetzen, ersetze das Entsetzen durch das Gute. Lösch,
wenn du willst, dieses schwache Leben, das sich beklagt,
aber ich finde dich nicht und wage nicht, mich auszulöschen. Lösch,
wenn du kannst, wenn du weißt, wenn du Zeit und Lust
hast, wenn es passt, wenn es möglich ist, wenn nicht
auch du dich schwach beklagst, dieses mein Leben, das
niemals klagt. Lösch den Berg, der mir verbietet,
dich zu sehen, zu dir vorzugehen; nichts lässt sich löschen,
das nicht bereits verblichen wäre. Lösch, wenn du willst,
dieses mein schwaches Leben, das verzaubert ist
vor jedem Auftauchen schwacher Schönheit, lösch,
wenn du willst, dieses mein Verzaubertsein, lösch,
wenn du willst, meine ewige Suche nach dem Schönen und
dem Guten und den Parasiten. Lösch, wenn du kannst,
mein kindliches Gemüt, lösch, wenn du willst,
oder kannst, mein Von-dir-Verzaubertsein, das nicht zu Ende ist:
meinen Traum von dir, den du notgedrungen mitträgst, um ihn

zu mindern. Lösch, wenn du kannst, die Kraft, die mich mit dir
verbindet: Lösch das Entsetzen, das mich zurücktreibt
zu dir. Lass zu, dass aus Glut Erbarmen werde,
lass zu, dass der Mut zerfällt in lauter winzig kleine
Teilchen, lass den Winter sich ausstrecken in seinen
Zellen, lass, dass der Frühling den Keim der Trägheit
mit sich fortträgt, dass der Sommer durchbrennt,
überstürzt und unvorsichtig; dass der Winter wiederkehrt,
ermattet und grell – lass alles, komm
zu mir zurück; lass den Winter Ruhe finden auf seinem
trockenen Flussbett; lass alles, komm zurück
in die zarte Nacht meiner Hände. Überlass den Geschmack
des Ruhms den anderen, lass den Hurrikan doch toben.
Lass die Unschuld, kehr ins Dunkel zurück, lass
die Begegnung und kehr heim ins Licht. Lass die Klinken,
die das Sakrament verdecken, lass die Verspätung,
die den Nachmittag verdirbt. Lass, kehr heim, bezahle,
trenn auf das Licht, die Nacht und die Begegnung, lass ein paar
Nester Hoffnung und kehr ins Dunkel zurück, lass glauben,
dass das Licht ein ewiges Vergleichen sei.

Die alten Engel von ihren Pietäts-Piedestalen
herunterholen, die alten Engel von ihrem
Piedestal aus Stolz holen und sie allesamt
ins Meer befördern. Die alten Engel entfernen, die sich
mit ihrem Vorurteil an meinen Rocksaum heften;
jede Art von Feigheit entfernen; jedes
Bereuen: den Stolz und das Erbarmen entfernen:
entfernen sogar den Wind, der sich an deine
Fülle heftet. Essen, schlafen, träumen: keine
Schlafmittel nehmen. Essen, schlafen, träumen
und es wagen: die alte Feigheit entfernen, entfernen
die Augenbinden der Soldaten von den gekrönten
Statuen der Gärten: das Erbarmen entfernen, das Blut
und die Wildheit. September hat seine sonoren Pforten
geschlossen, und Demut entströmt einer gefrorenen Sonne.

Wenn aus dem Lächeln deiner äußersten Lippen,
wenn aus der Falte deiner Lippen weich, zerflossen
eine Wahrheit entwiche, würde ich dich rufen aus
der Ferne, und aus der Ferne zu dir lächeln, gleich
dem Mutterschaf, dem toten Lamm zur Seite. Wenn
aus deinen Lippen Wahrheit träte, riefe ich, Wahrhaftige,
dich zu mir, entfernte ich, Wahrhaftige, mich aus deinem
mäandernden Andenken, und lichtete den Anker
für eine neue Ferne; wenn von deinen mäandernd krummen Lippen
eine andere Wahrheit Antwort gäbe, ich läge ganz ruhig
in deinen Armen. Umarmt hatte ich sie: Und wenn die weichen

Fransen ihrer Jugend unter der Umarmung nicht
zerbarsten, überlebte ich es. Doch wenn ich sie umarmte,
umarmt also hätte in einem lebendigen
Todeskampf, der abnimmt mit jedem Lied der zu engen
Wege. Und wenn ich sie umarmt,
gedrückt gegen die Wände meiner Lügen, dann
umarmt also hätte ich sie ohne jegliches Liebesgeschluchz.
Und nun, da umarmt ich sie habe, steigt mir von neuem
ein Geschluchz aus verlorenem Leben zu Kopf, Leichnam
einer Jugend. Umarmt also hatte ich sie
ganz ohne Liebe, die Dankbarkeit verloren im gestohlenen
Felsgeröll. Die Hölle folgte dicht, denn ich umarmte sie
gespannt wie ein Strohhalm, und leider zufrieden
mit einem elenden Stall. Und dass die Nacht herabsinkt
liebend über sie, und trotzig mein Alter umarmte
ohne Liebe. Doch wenn aus deiner Hohlheit
keine Liebe dringt, kann ich nicht bleiben, die Arme
zur Sonne geweitet, die Arme ausgebreitet
ohne Liebe. Umarmt hatte ich sie, in einer Umarmung
ohne Liebe, in einer Nacht ohne Boden, ohne
Boden der Liebe. Und ich rufe dich rufe dich ruf dich
Sirene, hier bin ich allein. Und du tönst und tönst wieder
und wieder und wieder, oh Schimäre. Und darum ruf ich dich
ruf ich dich ruf ich dich ruf dich: Schimäre. Und rufe dich
ruf dich: Sirene.

Doch kein Quell der Schönheit quoll aus deinen ausgestreckten
Armen, die ich nicht zu spielen wüsste mit
Emsigkeit und Sorgfalt. Die ich nicht zu spielen wüsste! Nicht
zu erbitten! Nicht zu finden! Standarten, so hoch
und lodernd, hissen wir zur Feier der Begegnung des Frühlings
mit dem Untier, des Aeroplanflugs mit dem
Fahrer, des Siegels mit dem Schleifpapier,
auf dem es hält: Standarten möcht' ich hissen, zum Zeichen
grauenvoller Reibung zwischen Schönheit und Groll, zum Zeichen
später Sommerpyramiden oder starrköpfiger Macht-
Kundgebungen: in simpler, starrköpfiger Liebe: in schwerem
Gebet, in gewendeter Not. In hellichtem Groll,
aus zarter Zukunftsschicht, ohne jede Aussicht
auf die Gegenwart. An einem müden Nachmittag,
in wahrhaftiger Schlacht – für eine Bande junger Freunde,
Banditen, gekleidet wie in jener verheerenden Nacht, als man
die Projektile zerfetzte, die Leichname noch einmal
tötete, und die Gutherzigkeiten ablegte.

Wenn dir die zwanzig Jahre drohen, Esterina, so nimm
den einen oder andren Grashalm, um auch mich zu drehen, und
so ernst und prompt will ich mich deinen Röcken

eines weisen Mädchens beugen, zu eng ist der Weg
für deinen heiteren Körper. Hinter deiner Theke
die Wucherer, akribisch und absurd (die Armen mit
der klugen Fratze, in ihrer unästhetischen Verschiedenheit),
hinter jeder Reue um die Schönheit, hinter jeder
Türe, die nicht aufgeht, hinter dem trockenen Brunnen
in der Sonne, Laternen, grün und trüb und vergilbt, die führen
bis auf den Berg der Barmherzigkeit, bis zu dem Schloss, so wundersam
errichtet für gemeine Priester. Meine zwanzig Jahre
bedrohen mich, Esterina, mit ihrer grünen Verheerung,
mit ihrem violetten und hellgrünen Licht, durchwirkt
von Agonien; Lichter, Wolken, aufgetrennt und angekettet,
angekettet von der Lauterkeit Gottes, saugen Farbe aus
der Luft, die keine Grenzen hat, aus dem kleinen Bach,
der klaffenden Spalte. Doch du bist nicht von denen,
die dem Zauber der Landschaft erliegen. Kehr heim zu deinen Liedern
des Pferdes, das ein Lied zu singen wusste
vom Geblüt seiner Urgroßmutter. Esterina, deine zwanzig Jahre
vermessen Augen- und Ohrenhöhlen, Esterina,
dein hängender Mund beweist, dass du zu den müdesten
Mädchen gehörst, die da hinter den Theken
stehen. Du hast dir die Hacke um den Hals gelegt,
Halbmonde in sie eingeprägt. Ich suche dich auf einem
anderen Gleis: Ich suche dich in der verlassenen Landschaft.
Das grüne Unrecht eines Wunders ist für mich die
erste, weißglühende Herzenslinie, mein
unfehlbarer Rücken. Der tote Hügel, Wüste, riesenmäßig
angewachsen nach deinem Aufbruch – das Licht, das mich
hart wie ein Blitz im trockenen Auge trifft! Der Gedanke
an dich übermannte mich, der harte Gedanke an dich als wirklich
verdarb mir die Freude an deiner Unwirklichkeit, wahrer
als deine wahrhaft gelebte Anschauung, glänzender als
deine lebhafte Darbietung, glänzender als dein
glänzend wahres Leben, das ich nicht sehe. Von der Einsamkeit
das Treppenhaus! Das düstre Getändel der
Barmherzigkeit, das schwindsüchtige Sehnen, der kurze Pfeil,
der vergiftet.

Wohlgestärkt gegen den Regen, wohlergeben
dem Schmerz, wohl zugestellt durch die unzähligen Filter
der Erfahrungen – und wissen, dass das Licht dir Mutter ist,
und die Sonne fast dein Vater, und deine Glieder
deine Kinder. Wissen und schweigen und sprechen und beben
und vergessen und den Schatten Jesu wiederfinden, dem es gelang,
sich aus dem Elend herauszuwinden, rechtzeitig
für das Fleisch Gottes, für den Geist Gottes, für
seine Schlagfertigkeit, seine Antworten
halsstarrig vollkommen, seinen vazierenden Geist.

Wissen, dass der wahrheitsgetreue Gipfel mit einer Hingabe singt,
die für dich nicht immer fassbar ist: wissen, dass jede
Faser deines Fleisches für die Hunde ein gefundenes Fressen ist, hinter
der Plane der Abschiede, hinter der Träne des Einsamen,
hinter der Wichtigkeit der neuen Sonne, die dir kaum einmal
Gesellschaft leistet, wenn du einsam bist. Zerschlag
das Haus, das dir die Wache bringt, zerschlag den Vogel,
dem nicht einfällt, sich in dein gemachtes Nest zu setzen,
zerschlag die Tinte, die sich über deinen Undank
lustig macht, zerschlag die Erzengel, die nicht
wissen, wo du die Engel versteckt hältst, die nicht
fürchten können.

(*1958*)

Aus dem Italienischen von Theresia Prammer

Amelia Rosselli

Notiz zu *La libellula* / Die Libelle

[...] Der Titel des Gedichts *La libellula* soll die beinahe rotierende Bewegung der Libellenflügel heraufbeschwören, und zwar in Hinblick auf den volatilen Ton des ganzen Gedichts. *La libellula* verweist darüber hinaus auf die Wörter „libello" [lat. libellus] und „libertà" [Freiheit]. In der Tat ist das zentrale Thema des Gedichts die Freiheit sowie unser, mein „Sie-Libellieren". Das Gedicht ist konzipiert wie ein Drache, der sich in den eigenen Schwanz beißt. Anfang und Ende berühren einander bei fließender, intuitiver Lektüre. Im Essay „Spazi metrici", der meinem ersten Buch, *Variazioni belliche*, beigegeben ist, habe ich davon gesprochen, „dem chinesischen Ideogramm einen Platz zwischen Satz und Wort" einzuräumen und „die chinesische Schriftrolle in einen wahnwitzigen westlichen Gedankengang" zu übersetzen. In der Tat ist das Gedicht von 1958 sowohl sprachlich als auch formal eine Exemplifikation dieser Art zu schreiben, die ich in den Folgejahren überwand und nicht weiterführte. Das Gedicht *La libellula* ist somit auch eine „Schriftrolle", jedoch keine chinesische, sondern ausgesprochen christlich, inspiriert vom Thema der jüdischen Gerechtigkeit.

Theresia Prammer

Eine Rose ist eine Rose ist eine Rose ist keine „rosé“

Amelia Rossellis dreisprachige Vokation

Ein Flügelschlagen, / das Sprache ist
Amelia Rosselli

Darf ich also hoffen, dass bei der Honorierung meiner Arbeit nicht nur die Zeilen, sondern auch die Ruderschläge gezählt werden?
Paul Celan

Ausufernde Zitatflächen, Multilinguales, „kabbalistische Sprachmagie“ (Lea Ritter-Santini), bewusst gehandhabte *écriture automatique*: Im vielgestaltigen Werk der Amelia Rosselli finden sich sowohl historisierende Formexperimente (die Pseudosonette „October Elizabethans“) als auch spielerische Etüden sprachbewegter Empfindsamkeit. Zum Zeitpunkt der großen Stildebatten, da Eugenio Montale, Pier Paolo Pasolini und Andrea Zanzotto im Windschatten des Hermetismus einige ihrer wichtigsten Werke verfassten, begibt sich Rosselli auf ein Terrain, in dem die Gesetze der einen Sprache zugunsten der jeweils anderen auch schon einmal verletzt werden dürfen, und strebt nach versatilen poetischen Form, die den Materialaspekt stärker ins Zentrum rückt.

Mit den drei genannten Dichtern – und von ihnen unisono wertgeschätzt – teilt sie außerdem die umfassende Liebe zur Tradition: von Montale bald in Richtung eines diskursiven Understatements ironisch untergraben, von Pasolini im Sinne einer universalen Ausdrucksskepsis (die ihn dem Film zutreibt) umgekrempelt, von Zanzotto in einem poetischen Gesamtkunstwerk gegen sich selbst gewendet. Rosselli blieb mit all diesen Entwicklungen und Errungenschaften im Zwiegespräch und eröffnet doch einen vierten Weg, mit dem sie in Italien bis heute als Pionierin eines plurilingualen, transkulturellen Schreibens einzigartig dasteht.

In ihrem poetologischen Essay „Spazi metrici“ beschreibt sie, wie sie dem Lautmaterial aus verschiedenen Idiomen methodisch begegnet, wobei typographische Aspekte, oder solche Zäsuren und Leerstellen betreffend, stets mitzubedenken sind.[11] Als Musikerin schenkt sie der Kompositionstechnik und der klanglichen Gestaltung ihrer Lyrik große Aufmerksamkeit, im Zusammenspiel von Buchstaben-Notation, Silben-Tonsatz

[11] Wenn Rossellis Obsessionen darauf gerichtet sind, die „physische Kraft und den signifikativen Anlass des Schreibens“ aufeinander abzustimmen, dabei die zeitlichen und räumlichen Kontexte zu den „Ideen“ in ein Verhältnis zu setzen; wenn sie ferner diese Ideen, in rhythmische, metrische und kinetische Systeme eingebunden, aus den begrifflichen Einhegungen befreit und mit Buchstaben und Silben konvergieren lässt, so scheint etwas davon bereits in Charles Olsons „Manifest zum *Projective Verse*“ (1950) auf, das im Dialog mit Ezra Pound dazu auffordert, „in der Zeitfolge der musikalischen Phrase und nicht nach dem Metronom“ zu dichten. Olson erweitert das Pound'sche Konzept um die Einheit des Atems sowie die Idee der „composition by field“, die den traditionellen Stellenwert von Form und Metrum nach Maßgabe der Silbe neu definiert. Stützt der Modernist sich dabei vornehmlich auf den Fluss der Rede und befährt, wenn es sein muss, auch somatisch-ozeanische Gebiete („Vom Kopf über das Ohr zur Silbe / Vom Herzen über den Atem zur Zeile“), schlägt Rosselli, stupende Kennerin in Sachen musikalischer Theorie, Artikulatorik und plurilingualer Phonetik, etwas nüchterner vor, „die Silbe nicht nur als eine orthographische Verbindung, sondern auch als einen Ton“ zu betrachten „und den Satz nicht nur als ein grammatisches Konstrukt, sondern auch als ein System.“ (In: „Metrische Räume“, S. 65)

und Prosodie einem neuen, sprachüberschreitenden Logos auf der Spur. Dabei sind es nicht selten die Assoziationen, die das Thema vorgeben, in Form eines vielstimmig gewirkten rhythmischen Sprechens, das zu „gemeinsamem Rezitieren" (Andrea Zanzotto) ermuntert. Indem Rosselli „die Silbe als Ton", bzw. „rhythmische Einheit" betrachtet, dabei noch die kleinsten Worteinheiten mit begrifflicher Bedeutung auflädt, verwischt sie die Grenzen zwischen Schreiben und Komponieren. Auch Präpositionen, Artikel, pronominale Partikel und Konjunktionen erhebt sie zu „Ideen", die durch kleine grammatische Verschiebungen bisweilen von ihren Bezugswörtern getrennt sind.

Rossellis Poesie erhebe, so Pier Paolo Pasolini in einem vielbeachteten Kommentar, den Lapsus zur generativen Instanz, wobei mit Lapsus ein ganz bestimmter zwischensprachlicher Interferenzbereich gemeint ist. Weil er eben an jenen „Schaltstellen" (Ritter-Santini) auftritt, an denen die Sprachmutationen sich vollziehen, wohnt Rossellis Lapsus eine unmittelbar illuminierende Kraft inne. Nur am Rande angetan, Aufschluss über Unbewusstes, Unterdrücktes, Ungesagtes zu geben, gemahnen ihre „vagierenden Lautbilder" (Sigmund Freud) an bewusste Vertauschungen im direkten Lautkontakt: als Kontaminationen, Verschmelzungen, Umstellungen, Bildvermischungen oder Kompromissbildungen sind sie für Pasolini von ideologischen Beweggründen nicht zu trennen.

In einem so charakterisierten, kulturell changierenden Echoraum sind die meisten von Rossellis frühen Texten angesiedelt, allen voran das Projekt eines „Diario in tre lingue" (1955–1956), das Lektürereminiszenzen, poetologische Notate, Rausch- oder Tranceerfahrungen in sich vereinigt und mit sprachübergreifenden Homonymen arbeitet. So werden, in einer schier endlosen Progression des Kompilierens und wieder Aus-den-Augen-Verlierens von Idiomen und poetischen Möglichkeiten, geläufige Wörter durchlässig für neue Lesarten, oder Sprachen zu regelrechten Sprach-Erscheinungen personifiziert: „Le Chinois / (qui se force solitaire d'aller au lit) / il n'a pas d'amis." Ein Spiel der ironischen Verballhornungen, der Versatzstücke und Entstellungen nimmt seinen Lauf, halb Kauderwelsch, halb Sprech-Ekstase, wobei die Spannweite der assoziativen Logik stets mehrere lexikalische Systeme und ihre sinnlich-affektiven Dimensionen abtastet: „fleurs are not flowers". Eine Rose ist *keine* „rosé".

Die nicht nur biografisch motivierte Unentschiedenheit zwischen drei potentiellen Schrift- oder Gedichtsprachen verlängert sich später auch in die italienischen Schöpfungen hinein, wodurch dem „Diario in tre lingue", im Aufriss des Gesamtwerks gesehen, eine Art Scharnierfunktion zukommt. Einzelnen Schaffensphasen entsprechen bei Rosselli bestimmte Sprachlandschaften: Der Weg führt von der Imitation (in den frühen französischen Gedichten liebäugelt Rosselli mit Rimbauds *poème en prose*) über das explizite Mehrsprachigkeits-Experiment bis hin zur komplexen, multilingualen Aufladung innerhalb *einer* Sprache.

Als seit früher Jugend mehrsprachige Dichterin macht Rosselli die Erfahrung, dass unterschiedliche Sprachen auch aus unterschiedlichen Ressourcen gespeist sind. Andererseits ist auch ihren anscheinend einsprachigen Texten anzusehen, dass sie in einer Sprache auf die andere zugeschrieben sind und so durchlässig bleiben für ein Textgedächtnis, das jeder einseitigen Bevormundung widersteht. So treibt Rosselli, etwa mit Schachtelwortbildungen – „Ô le lourd / porte manteau!" –, die sie vielsprachig auflädt, die eigene Sprache einer Fremdsprache entgegen, ist jedoch bereit, den Schwerpunkt ihrer Gedichte neu zu justieren, wenn die innere Dynamik des Idioms diese Anpassung verlangt. Einem artikulierten Ausdruckswillen, der das Wort beim Wort nimmt und auf lexikalische Genauigkeit bedacht ist, entspricht dabei ein ebenso manifester Hang zur wuchernden und suchenden Selbstaussprache: *Io decidevo di esprimermi con maestà e furore anche se le parole assumevano a volte un contegno più che irrispettoso.* – „Ich habe versucht, mich energisch und leidenschaftlich auszudrücken, auch da, wo die Wörter sich alles andere als respektvoll unterordneten."

Das Phänomen der Übersetzung ist in Rossellis Werken auch in Mikroformen präsent: als minimale Verschiebung des Lautbilds hin zu neuen Sinnkonfigurationen, als anagrammatisch oder akustisch gesteuerter Selbstlauf der Silben, als plötzliches Aufblühen zwischensprachlicher Neologismen. Variationsketten ziehen sich vertikal durch die Gedichte; Wortbestandteile werden invertiert und „ganglienartig“ neu zusammengesetzt, um jenen Bereich auszuloten, den Michel Foucault einmal als „tropologischen Raum des Vokabulars“ bezeichnet hat[12]. Auf der Suche nach einer nicht rein semantisch konnotierten Dringlichkeit des Ausdrucks lässt Rossellis literarischer Code eine Ästhetik der Destruktion hinter sich, die eine zersplitterte Wirklichkeit spiegelbildlich in der Sprache aufgehoben sehen will. Nicht umsonst steht die Dichterin auch in ihrer ambivalenten Haltung gegenüber der avantgardistischen Künstlerverbindung „Gruppo 63“ im Wesentlichen an der Seite von Zanzotto und Pasolini.

Zwischen diesem ungetrübten Festhalten am Lyrischen und Bekenntnishaften und einer höchst eigenwilligen, musikalisch motivierten Interpretation von „Dichtung als Erkenntnis“ verliert Rossellis Procedere nie die Bodenhaftung im Bewusstsein. Hinter dem Corpus des zu schreibenden Textes steht der schreibende Körper. Das ist die sogenannte „Komponente gelebten Lebens“, auf die ihr Dichterfreund Giovanni Giudici verweist (S. 69), im Anspruch, Töne (Wörter) und Empfindungen zur Deckung zu bringen bzw. Formeln zu finden für einen inneren Zustand: Wie artikuliert sich das Denken rhythmisch? Wo ruht es und wo stockt es? Von welchen Lautaktivitäten sind die Aktivitäten des Alltags begleitet? Rosselli geht davon aus, dass es Gefühle gibt, die Rhythmen zuordenbar sind und dass umgekehrt die Aufzeichnung dieser sprachlichen Rhythmen in die Denk- und Gemütsbewegung eingreift. Zugleich ist diese Komponente mit mystischen Akzenten ausgestattet, einem delirant-erotischen Vibrato, das zwischen „Mythos und Offenbarung“ (Matteo Marchesini) einer noch unklaren Verheißung entgegenfiebert. Babylonischer Wildwuchs oder surrealistische Mystik?

Dass das Versprechen „ansteckend“ sei, konstatiert Sigmund Freud in seiner *Psychopathologie des Alltagslebens*. Welche Einsicht, abgesehen von der Notwendigkeit, ihre intra- und interlingualen Gedichte eben nicht in eine einsprachige Setzung zu überführen, wäre daraus in Hinblick auf die Anverwandlung der Texte Amelia Rossellis im Deutschen zu gewinnen?

Schon das „Diario in tre lingue“ zeigt die grundsätzliche Problematik auf. Wären die einzelnen Sprach-Stränge gesondert zu berücksichtigen oder bilden sie ein Ganzes, das auch zur Gänze übertragen werden muss? Und in welche Sprache? Oder empfiehlt es sich, gerade durch Nicht-Übersetzung auf die dem Text inhärente Sprachbewegung aufmerksam zu machen? Kämen doch, als Rezipienten für eine solche Publikation ohnedies nur polyglotte, sprachverrückte Menschen in Frage, was die pragmatische Annahme einer kommunikationsrelevanten Zielsprache a priori aushebelt.

„Posso-passarti; altare-patria; danza-pranza; Vaticano-Faticavo; via-viola; tace-pace“: In einem der frühesten italienischen Gedichte von Rosselli, dem Langgedicht *La libellula*, das noch ganz in die Phase des Ringens um die geeignete Gedichtsprache eingeschrieben ist, hat fast jedes Wort ein anderes, in dem es sich spiegeln kann. Daher läuft auch jede rein semantische Orientierung ins Leere, während die Suche nach dem Gleichlaut in der Zielsprache jenes Nährbodens entbehrte, der das organisch gewachsene Gebilde eigentlich zu dem gemacht hat, was es ist. Anders gesagt: Das Gedicht, laut Rosselli eine ihrer glücklichsten Schreiberfahrungen, gäbe es nicht, wenn es das Staunen über die Sprache nicht gäbe, in der es geschrieben ist. „Nach Ihnen, liebste Sprache“ – das Diktum André Bretons hat hier in jedem Fall seine Gültigkeit.

Schon die Hürde des Titels stellt vor ungeahnte Herausforderungen. *La libellula. Panegirico della Libertà* schafft es nicht nur, das Rotier-Tier zum Wappenvogel für ein originelles poetisches Procedere zu machen, sondern lässt auch das lateinische Wort „libellus“ anklingen, evoziert die Libido, spielt auf die Erfahrung des Krieges

---

[12] In Anlehnung an den Grammatiker Dumarsais. Michel Foucault. *Raymond Roussel*. Aus dem Französischen von Renate Hörisch-Helligrath. Frankfurt: Suhrkamp, 1989, S. 21 f.

(„bellum“) an und schließt die „libellula“ im Untertitel mit der „libertà“ („Freiheit“) kurz, in einer Panegyrik („panegirico“), die, gemäß dem Hinweis der Autorin, auch als „giro del pane“ gelesen werden will, also als „Verteilen oder Wenden des Brotes“.

Hier ist guter Rat teuer: „Ein Freiheits-Lobgekreisch“? Ein „Lobkreis der Freiheit“? Ein „Befreiungs-Brotverteilen“? Ein „Lob der Libellei“? Letzteres wäre immerhin kohärent im Sinne des Bienengleichnisses (Petrarca, nach Seneca), denn aus einer Vielzahl von Vortexten klaubt Rosselli sich ihre Blütenpollen zusammen und amalgamiert sie zu einem vielstimmigen Ganzen, wobei der enge Traditionsbezug sich gleichsam als kreative Fessel erweist: Lesend durchmisst man einen Montale-Bezirk, tritt ein in einen Campana-Bereich, durchquert ein räuberisches Rimbaud-Revier …

Übersetzen könnte in diesem Fall nur bedeuten, die Sprache „auftrennen“ (Gilles Deleuze), um auch das mitschwingende Textgut, das weite Passagen dieser Dichtung lexikalisch-atmosphärisch einfärbt, hörbar zu machen; das Rezitativische, Rhythmisch-Prosodische, das doch ganz „erlebte“ Rede ist. Schon der Ausgangstext erscheint als Resultat eines stille-post-artigen, mehrstufigen Anverwandlungsprozesses, der noch dazu die Richtung wechseln kann: Denn *La libellula*, ursprünglich 1958 konzipiert, ist ebenso das „Muttergedicht“ eines zum Teil daraus hervorgehenden Gedichtbandes, der *Variazioni belliche* (1964), die, wie schon im Titel ausgewiesen, auch „(li)bellische Variationen“ von *La libellula* sind. So wirkt das Langgedicht wie eine aus dem Ruder gelaufene Gedichtmaschine, die eine Reihe von Satellitengedichten generiert.

Wenn in *La libellula* ein überbordender Zitatenschatz in einen Mechanismus der variierenden Wortwiederholung eingespeist wird, so geschieht dies im Zeichen einer zyklisch oder strophisch organisierten Serialität, die gleichermaßen kompromisslos wie aleatorisch anmutet: aleatorisch, weil die Autorin Umgangssprachliches, Irreführendes, Diffus-Metaphorisches im Gedicht zulässt; kompromisslos, weil das Wuchern der Wortungetüme auch den ganzen Ballast der menschlichen, historischen Erfahrung mittransportiert.[13] Das Tauziehen und Kräftemessen umfasst jedoch auch die Übergänge vom Maskulinum zum Femininum, vom lyrischen Ich zum lyrischen Du sowie von spräthermetischer Verklausulierung zu Sehnsucht nach unmittelbarer Kommunikation. Im „Widerstreit zwischen Vernunft und Obsession“ (Matteo Marchesini) erscheint neuerlich der Lapsus als Abbild eines inneren Konflikts, passend zu dem Treibhausklima von Alarmbereitschaft, Ausbruchswillen, Erwartungshaltung und Beschleunigung, das für *La libellula* auch sonst bezeichnend ist. Jedem Sprechen steht hier eine Ent-sprechung gegenüber, was den „leidenschaftlichen Ausdruck“, dem entgegengefiebert wird, fortwährend aufhebt oder verschiebt. Anstatt einer Erinnerung oder Behauptung auf den Grund zu gehen, tastet Rosselli kognitive Vorgänge lautlich und semantisch ab oder inkorporiert ihr eigenes Echo in den entstehenden Text.

Im Band *Documento* (1976) lassen sich vergleichbare Konstellationen finden: „La saggezza è una bara … e nel barare (…)“, heißt es da. Also wörtlich: „Die Weisheit ist ein Sarg ... und im Falschspiel (Schwindel)?“ Oder methodisch: „Die Weisheit ist ein Sarg ... und im Versagen?“ (S. 83) Wie kommt das Wort „barare“ in das Gedicht? Doch nur, um dem Wort „bara“ die Hand zu reichen, das in ihm enthalten ist; durch das Weitertragen eines Wortes also, das, im Ausklingen begriffen, im Gedicht mit einer neuen Existenzmöglichkeit belehnt wird. Die Wiederholung ist zugleich eine Umdeutung vom Substantiv zum infiniten Verb. Und die Übersetzung wird auf das „Falschspiel“ verzichten müssen, wenn sie das Wortspiel retten will.

Ein Fragment aus dem Gedicht „Cos'ha il mio cuore che batte sì soavemente“ in den *Variazioni belliche* konfrontiert die Übersetzerin mit einem vergleichbaren Reichtum babelischer Zwischensprachlichkeit. In seiner umwälzenden, epochenüberschreitenden Amalgamierungskunst ist ein derart pfingstwunderlicher Text natürlich nicht in ein

[13] Eine Haltung, in der Matteo Marchesini die Zutaten für einen „desaströsen bürgerlichen Bildungsroman“ erkennt. https://claudiogiunta.it/2020/02/matteo-marchesini-sulla-poesia-di-amelia-rosselli/

einsprachiges Pendant übersetzbar. Vielleicht ließe sich ihm mit einem Pasticcio aus Deutsch, Englisch, Latein und Italienisch am ehesten gerecht werden: ein Entgrenzungs-Experiment. (S. 56)

Nicht immer ist der Einsatz mehrsprachiger Verfahren so flächendeckend: in „Roberto“ aus demselben Zyklus stößt man unvermittelt auf das in keinem italienischen Wörterbuch verzeichnete Wort „car“, das sich wie ein Spion in den Gedichtkörper einschleicht, um alsgleich wieder abzutauchen, als handelte es sich um eine flüchtige Halluzination. (S. 57) „Roberto“ gehört zu jenen schwer einzordnenden Gedichten, bei denen die semantischen Vorgaben einerseits als verbindlich erscheinen, sich andererseits verfahrensanaloge Momente aufdrängen: da stärkere Akzentuierung, dort eigene phonetische Phrasierung. Dem gegenüber steht das schon erwähnte *La libellula*: Der ausgangssprachlichen Verve im Modus der freien radikalen Assoziation entspricht hier in der Zielsprache eine synoptisch sich absichernde, innerhalb des Thematisch-Vorgegebenen voranschreitende Kombinatorik. Ebenso legitim wäre freilich – und die musikalische Organisation dieses Textraums gäbe einem solchen Schritt vielleicht recht –, durchgreifender vorzugehen, also eine auch lexikalisch „emanzipierte“ Neuschrift unter Manipulierung des Lautmaterials zu versuchen.

Unter diesen Umständen wird man sich der Bewegung und Beweglichkeit dieser Sprache nicht entziehen können, wird versuchen, nicht nur das zu übersetzen, was „dasteht“, sondern ebenso das, was schreibend entsteht, sich entwickelt. Die Herausforderungen, die sich dabei ergeben, erinnern an die Schwierigkeiten bei Ghérasim Luca (auch wenn Rossellis Gedichte nicht die lautliche Eigendynamik von dessen Wort-Pattern erreichen), Raymond Roussel (der vielleicht systematischer vorgeht) oder Gertrude Stein (die ihre Operationen am offenen Sprachkörper mit sublimer Gelassenheit vornimmt).

Erscheint das sanft kompensatorische Übersetzen also zu Recht als Halbheit oder sogar Albernheit, so mutet das andere Extrem, das Schreiben „wie Rosselli“, wie eine Harlekinade an, ein exhibitionistischer Willkürakt. Vielleicht wäre dem Original hier mit einer mündlichen und spontanen Herangehensweise sogar mehr gedient, die zunächst darauf abzielt, inneren Zensurmechanismen durch „überstürztes Denken“ zu entgehen, um erst dann zu einer stilistisch elaborierteren Version vorzustoßen.

Denn das Versprechen übersetzen ist das eine, das andere wäre: sich übersetzend versprechen, um jenes Zufällige und Unterschwellige, das im Grunde bei jedem Redeakt mitschwingt, bewusst zu mobilisieren. Jedoch, kann das „misreading“ und Falschübersetzen ein Äquivalent des vorgefundenen Lapsus' sein? Muss man beim Übersetzen Fehler machen, um „richtig“ zu übersetzen, ihnen vielleicht sogar auflauern, um sie unverzüglich aufzuzeichnen? Kann ein Lapsus auch „abgerufen“ werden oder muss er ebenso in der Zweitschrift „passieren“? Ein Beispiel aus *Documento*:

La mia unica erba è questo fumo per
i palazzi separati dai vetri delle alte
finestre ed è fumando che io vedo meglio
di quale stoffa era stata la nostra credenza ...

Mein einziges Gras ist dieser Rauch über
den Bauten, von den Scheiben alter
Fenster zweigeteilt, und rauchend seh'
ich klarer
aus welchem Stoff denn dieser unser
Glaube war ...

Erst bei neuerlicher Durchsicht des Manuskripts entdeckte ich hier den Lapsus (als unfreiwillige Oberflächenübersetzung) in meiner Übersetzung. Denn es sind eben nicht alte, sondern hohe (italienisch „alte“) Fensterscheiben, die diese Gebäude von außen strukturieren, also habe ich den Lapsus getilgt:

Mein einziges Gras ist dieser Rauch über
den Bauten, geteilt durch Gläser hoher
Fensterscheiben ...

Das Übersetzer-Über-Ich hatte sich durchgesetzt. Doch war diese korrekturbedingte Korrektheit ein Gewinn für das Gedicht? Hätte man es nicht bei dem unwillkürlichen Lapsus belassen sollen, anstatt beim Übersetzen nach dem gewollten Lapsus, der gezielten Abschweifung, dem ausgedachten Ausrutscher zu suchen? Andererseits fällt auch hier ins Gewicht, dass Rossellis Gebrauch des Lapsus kein eigentliches Sich-Versprechen mehr bezeichnet, sondern ganz einfach die Lust, eigene Sprechabsichten oder festgefahrene Logiken zu konterkarieren. Gleichviel: Aus solchen Entgleisungen, aus solchen Konzentrationsengpässen, aus solchen Umspringmomenten sind Rossellis Gedichte gemacht. Und warum sollte, was dort Verfahren ist, hier Fehler sein? Wie wäre das ästhetisch zu bewerten, wie poetologisch zu vertreten?

Amelia Rosselli war, so die Dichterin Sara Zanghì einmal in einem Gespräch, eine begnadete Fabuliererin und mitreißende Erzählerin; sie war eine große Liebende, zerrissen zwischen stammelnder Hingabe und stolzem Verzicht: „Dieses mein Sätzeschmieden, eine Impfung / wo von Angesicht zu Angesicht kein Sprechen möglich war" (S. 80). Mit ihrem Schreiben rebellierte sie gegen das, was ihr am Leben als Zumutung erschien, ohne die beiden Sphären wirklich voneinander trennen zu können oder zu wollen: Es gibt keine experimentelle Dichtung, nur ein experimentelles Leben. Wie Pasolini, dem sie einen Teil ihres Nachruhms verdankt, beanspruchte sie für jede ihrer dichterischen Vokationen, für jede ihrer zum Ausdruck drängenden Stimmlagen auch eine ganze Seinsweise; wie Pasolini machte sie keinen Hehl daraus, dass sie aus dem Leben, um ihr Leben schrieb, und dieses doppelte, um nicht zu sagen bipolare Auf-der-Welt-Sein war zeitlebens bedroht. Nach außen hatten diese wechselnden und mit zunehmendem Alter wachsenden Bedrohungen schnell einen Namen: *Psychose*. Doch mit ein wenig Phantasie lässt sich auch dieses Wort wie eine Übersetzung lesen, wie eine gefährdete Schwester der *poiesis*, wie eine ultimative Spielart der Poesie.

Amelia Rosselli
Kriegerische Variationen
Gedichte / 1959

Cos'ha il mio cuore che batte sì soavemente
ed egli fa disperato, ei
più duri sondaggi? tu Quelle
scolanze che vi imprissi pr'ia ch'eo
si turmintussi sì
fieramente, tutti gli sono dispariti! O sei miei
conigli correnti peri nervu ei per
brimosi canali dei la mia linfa (o vita!)
non stoppano, allora sì, c'io, my
ivvicyno allae mortae! In tutta schiellezze mia anima
tu ponigli rimedio, t'imbraccio, tu, –
trova queia Parola Soave, tu ritorna
alla compresa favella che fa sì che l'amore resta

*

Was hat mein Herz, das schlägt so sanft
und macht auf Angst, bey
tief greifenderem Graben? du und Die
Schulzungen, die ich euch aufdrückte eh'ich'si
e abschlusste, die
Stolzungen, allezamt versprengt! Oh wenn alle
sechs laufenden Ich-Häschen durch nervlichte rau
reifende Kanäle mainer Lymphe (oh Leben!)
nicht klein beigäben, dann, ja dann whyne
ich mych des Todaes! Bring ihn zur Strecke, Seele
finde ein Antidot, und ich umarme dir,
such jeynes Sanfte Wort und kehre heim zu der
gemeinten Rede, so dass Liebe leben bleibt

Übersetzt von Theresia Prammer

Roberto, ruft Mama, sich amüsiert räkelnd im weißen
Sofa. Ich weiß nicht,
was will Gott von mir, ernste
Absichten, die die Ewigkeit zerreißen, oder das aufrichtige Lachen
der Puppe, baumelnd am
Geländer, Geländer ja, Geländer nein, oh
verschiebe deine überzeugte Rede für
ein ergriffenes Babeln; car die trockenen gelben Blätter entführen
den Wind, der sie treibt. Schwarze Vision, Baum, der du dich streckst
zu jener höchsten Gewalt (Gehöft), die ich tatsächlich
innehabe, bleiche lieber den Boden unter unseren Füßen, du bist
meine Geliebte, wenn sich der Himmel verdunkelt, und der Schauder
ist dein im ewigen Wald. Leere Stadt, volle Stadt, Stadt,
die du die Schmerzen der Sinne,
die zumeist phantastischen, linderst, da sitzt du,
aufgewärmt nach dem aus mir bereiteten Mahl, Spielzeug des Windes, den die
Küsten glätten, die ich nicht länger anzublicken
wage, ich fürchte die rote Welle
des wahren Lebens und die Pflanzen, die Adieu sagen. Wage-
hals, ich überquere deine Brücken, so werden sie
meine
Natur.
Ich weiß nicht mehr,
wer kommt und wer geht, lass
dich vom Delirium in einen bewusstlosen Spieltisch
verwandeln und den Ginster (Fenster) hervortreiben,
derweil du deine Sonne über die spiegelnden Scheiben streichst.

*

aus deiner oh Null ist die Welt und nichts
zu sagen ist dein Wort, es hält sie auf ihrer diagonalen
Achse der Analphabeten Schritt. Und jenseits aller Rede liegt die wahre
Fibel. Es lächelt der Sommer in einem süßen Gestöber klammer
grüner Blätter, aber vom Dunkel seiner Ränke spreche ich nicht.
Und meine Halskette aus Idealen (die Küste bebte, während die Menschen
die Blume zertraten, die nur der Boden kannte) ist ein Traum,
realer als dein kandiertes Licht, gespannt in die Maschine des Heute.

*

Null
ist die Wüste, in der du mich bewegst, und die falschen Seiten
dieser Kathedrale, die du nennst die Glut
Gottes,
krönen sich mit tödlichen Dornen. Und wenn die sichere
Vertäuung deiner nächtlichen Kerze
reißt, klage das Schicksal an, die dunkle Nacht und
deine armen,
verrückten Gründe.

*

Ich war, ich flog, ich stürzte zitternd in Gottes
Arme, möge dieser letzte Seufzer
mein ganzes Wesen sein, möge die Welle,
in heikler Vereinigung, mein Blut belohnen,
möge mir aus diesem letzten Betrug der zinnoberrot
gewordene Tod zurückgegeben werden, und ich,
die ich aus den leidenschaftlichen Schlägereien meiner Kameraden
jene Sehnsucht zu sterben zupfte,
genieße endlich das Zeitalter der Vernunft;
mögen alle weißen Blumen entlang der Küste und
Gottes ganzes Gewicht
auf meine Gefängnisse schlagen.

Aus dem Italienischen von Maximilian Gilleßen

Pier Paolo Pasolini
Der Lapsus
Notiz über Amelia Rosselli

Einer der erstaunlichsten Fälle von Amelia Rossellis sprachlichen Verbindungen ist der *Lapsus* oder Versprecher. Mal ist er vorgetäuscht, mal echt: Ist er aber vorgetäuscht, dann wohl in dem Sinne, dass er nach seiner spontanen Entstehung sofort von der Autorin unter dem ästhetischen Gesichtspunkt einer „sich selbst hervorbringenden Erfindung" akzeptiert, adoptiert, fixiert wird. Auf diese Weise wird er in eine Reihe von Verankerungen eingefügt, die diese Sprache – die wie die physische Projektion einer rational unaussprechlichen geistigen Hülle gleichsam außerhalb des Kopfes entspringt – in eine Konstellation bringen muss, um als erkennbares, lesbares Kulturprodukt zu erscheinen.

In Wirklichkeit wird diese Sprache – ich wiederhole es – von etwas Mechanischem beherrscht: Emulsion, die, ungemeistert,[14] von selbst Gestalt annimmt, als ginge sie aus den schrecklichsten Laborexperimenten, Tumoren und Atomexplosionen hervor, die nur auf der Ebene der Wissenschaft, aber nicht hinsichtlich der Symptome ihrer Schrecklichkeit, in ihrem nunmehr objektiven Geschehen kontrollierbar sind. So dass das Magma – das Schreckliche – in ebenso gebundenen und absoluten wie willkürlichen Strophenformen fixiert wird.

Der Lapsus ist – seltsamerweise – am Ende die einzige Tatsache, die dieser Sprache eine historische oder zumindest aktuelle Bestimmung verleiht. Die einzige Tatsache, die – bei vernünftiger Analyse – in irgendeiner Weise mit den großen Texten, die sie voraussetzt, übereinstimmt (es sei angemerkt, dass Rosselli diese Texte in der Schule und im Elternhaus in ihren Originalsprachen gelesen hat). Vorgetäuschte Versprecher sind charakteristisch für die Sprache linguistischer Dichter (eine Kategorie, auf die Rosselli jedoch nicht reduziert werden kann), und sie sind zudem eines der geläufigsten Elemente der surrealistischen Poesie (mit der Rosselli jedoch nichts zu tun hat). Rosselli, so meine ich, weiß sicherlich, dass sie sprachliche Experimente vor aller Augen, in einem öffentlichen Laboratorium durchführt – und dass der öffentliche Charakter dieser Experimente in der Tat ein formaler Bestandteil ihrer Poesie ist. Rosselli weiß sicherlich auch, dass Analogien zwischen ihren sprachlichen Verknüpfungen und denen der Surrealisten, der Wandermystiker bestehen – alliterierende, etymologische, anaphorische Verknüpfungen, Erzeuger von *reminders*. Und sie weiß, dass es gewisse Ähnlichkeiten mit Pound gibt. Jenem Pound, der in den Mailänder Transkriptionen so literarisch und provinziell ist.

Auf jeden Fall würde ich behaupten, dass Rossellis Versprecher, weit davon entfernt, nur kultureller Natur zu sein (und das sind sie), auch ideologischer Art sind.

Mittels dieser Verankerungen – die die Geschichtlichkeit, Kontinuität und Stabilität von Texten garantieren, die in Wirklichkeit spirituelle, ja epileptische Atemstöße sind, Ideogramme, in denen sich eine Seele auf nicht unliterarische Weise auf den Buchstaben projiziert – präsentiert sich die Welt als typisch liberal und irrational.

[14] Inspiriert von seiner Rosselli-Lektüre prägt Pasolini hier den Neologismus *imposseduta*. (*Anm. d. Übers.*)

Man könnte sagen, dass die Selbstkritik der Dichterin – ähnlich wie ihre Beziehung zur Realität – fast ausschließlich durch den Lapsus erfolgt: das heißt durch eine Fabulation ... eine deformierte Fabulation … der eigenen institutionellen Abstammungen, die aufgrund sozialer Verbindlichkeit und Weihe als unversehrt vorausgesetzt werden.

Rosselli zertrümmert also ihre eigene Sprache. Sie tut dies jedoch nicht mit der Gewalt einer anderen, rivalisierenden Sprache – einer ideologisch und historisch „anderen" –, sondern mit der Gewalt ihrer eigenen Sprache, die sich durch einen Auflösungsprozess (den die Autorin musikalisch nennen würde) von sich selbst entfremdet hat. Diesen Prozess stellt sie zwar gewiss als abnormal, aber dennoch mit sich selbst identisch dar.

Versprecher in Form lexikalischer und grammatikalischer Fehler, wie es hier der Fall ist, lassen das Wort so, wie es ist: Sie offenbaren es einfach unter einem entsetzlichen Aspekt von verfaulter oder lächerlicher Objektivität. Agonie oder Tod verändern nicht die Welt.

Der ganze „Geist" der liberalen Gesellschaft beruht in der Tat auf dem Lapsus als sprachlicher Deformation. Die Komödie der vom Kapitalismus geschaffenen Literaturepoche, jener der großen Bourgeoisie, beruht auf einer reinen und schlichten Deformation der Institution, die jede reale Möglichkeit einer Reform oder sprachlichen (und institutionellen) Revolution ausschließt. Ich würde sogar sagen, dass ein deformiertes Wort widerstandsfähiger gegen die ätzenden Einflüsse einer revolutionären Ideologie ist als ein gewöhnliches. Die Entstellung birgt ein größeres Widerstandsvermögen, wenn sie eine unbezwingbare Sphäre des Todes und des Sakralen um sich herum schafft. Der ganze liberale Geist lebt von Witzeleien, die die Institutionen verhöhnen, ohne sie anzugreifen, und begnügt sich damit, sie in einer unbewussten Verdinglichung mit der Krankheit des Mysteriums zu impfen. (Vor mir habe ich gerade ein in Frankreich sehr erfolgreiches Buch, *La foire aux cancres* [1962; von Jean-Charles], eine Sammlung von Irrtümern dümmlicher Schüler: „Wer sind die Propheten? Die Bewohner von Prophetestan, ein kleines, sehr fleißiges Volk", „Er tötete seine Feinde mit allen Raffinerien der Grausamkeit". Ebenso könnte ich all die geistreichen Sprüche zitieren, die hauptsächlich in einer kollektiven Werkstatt produziert werden: in der Welt des Jargons der Laienelite der Via Veneto).

Der Lapsus bietet eine tiefgreifende Befreiung: Er erlaubt es, sich endlich von der Last der Institutionen zu befreien – die jeden Millimeter der Seele belasten –, und sie im selben Augenblick zu respektieren. Es gibt keinen Ausspruch in Form eines Lapsus, der so zynisch, bösartig, ironisch, verächtlich ist, dass er nicht einen grundlegenden Respekt gegenüber der Sprache und der in Gebrauch befindlichen Institution beinhaltet. Wenn es je eine gab, so ist dies die typische Negativität, die affirmiert. Die Grundlage von Rossellis *Variazioni belliche* – trotz seiner totalen Verweigerung, trotz seiner irrwitzigen Kohärenz, die es von allen Seiten wie eine fragile Festung zusammenschweißt, habe ich es zu sagen geschafft – ist die große liberale europäische Kultur des zwanzigsten Jahrhunderts. Und das mit einer ganz außergewöhnlichen Pracht. Ich würde sagen, dass ich in all den Jahren noch nie ein Produkt dieser Art gesehen habe, das so kraftvoll amorph und in objektiver Hinsicht so großartig ist.

Der MYTHOS DER IRRATIONALITÄT (schreiben wir ihn groß) hat in den 1960er Jahren in der Poesie von Rosselli sein bestes Produkt gefunden: eine üppige, blumenreiche Oase am Rande der Herrschaft, der die ebenso verblüffende wie zufällige Gewalt der vollendeten Tatsachen eignet. Und das *revival* der Avantgarde – die in den Werken der ewigen Lehrlinge von Mailand und Turin so trostlos anmutet – hat in dieser Art Staatenloser, die den großen Familientraditionen von Cosmopolis entstammt, einen Boden gefunden, auf dem sie mit der fatalen und wunderbaren Fruchtbarkeit von Atompilzen, die gerade Gestalt annehmen, explodieren kann usw. usw. Ich werde die Grenzen des Vorsatzblattes nicht überschreiten. Und ich füge hinzu, dass das Thema des Lapsus geringfügig, zweitrangig und unbedeutend ist im Vergleich zu den großen Themen der NEUROSE und des MYSTERIUMS, die den Korpus dieser Gedichte durchziehen: Ich bin lediglich einem Faden gefolgt, um so etwas wie eine Ansprache für diesen großartigen Text zu entwickeln, der sich selbst als unauszusprechender darbietet.[15]

(*1963*)

Aus dem Italienischen von Maximilian Gilleßen

---

[15] Der Satz spielt mit zwei Ableitungen des lateinischen Verbs *effari* (aussprechen). *Effato*, hier als „Ansprache" übersetzt, bezeichnet die Rede eines Priesters zur Weihung eines heiligen Ortes; *ineffando*, das letzte Wort des Artikels im italienischen Original, ist ein Gerundium, in dem das Adjektiv *ineffabile* (unsagbar, unaussprechlich) anklingt. (*Anm. d. Übers.*)

Amelia Rosselli
Kriegerische Variationen
Variationen / 1960–1961

Wenn die Schuld bei den Menschen liegt, nun, so möge Gott
mich aus seinen groben Ringmauern rufen, grünlich
wie das Alphabet, das ich nicht finde. Wenn die Mauer
eine traurige Geschichte missglückter Vereinigungen ist, nun,
so möge ich die fastenden Hasen meiner Tyrannei jagen
und selber zu fasten wissen bis zum Tag der großen Glorie.
Wenn die Hölle gefräßig ist, nun, so fürchte ich die,
in deren Mündern Flammen züngeln und sich nicht nähren
von der Luft! Aber der rasche Wind, der über die Grenzen
schweift, weiß auch, wie er meine Träume krönt mit
glücklichen Morgenröten.

*

Die vier Bauern bewegten das Netz, legten ihre Habseligkeiten
in den Tresor. Ich schrieb: – in seiner Werkstatt weinte
der Tischler. Das Gespräch mit der Natur war von
heterodoxer Natur. Ziviler Unfug machte den Aufbruch
unmöglich. Indem man die Formen vernachlässigte,
trocknete man sich die Stirn. Wenn im Paradies der Bänkelsänger
eine andere hohe Persönlichkeit galt, so geschah's, weil mein Geist
zu sehr abwich von aller Niedertracht.

*

Der Liebeswahn ist nur eine Sternschnuppe inmitten der Wüste.
Mein Korsett schnürt mich zu stark.
Das Wasser ist ein gegen das Ertrinken kämpfender Frosch.
Deine Sonette klingen falsch, gewollt!
Das Natürliche ist mir verwehrt. Oh Menschheit, die du dir die Füße verkrüppelst
um der üblichen Essenszeiten willen, wenn dein Mahl die Luft ist,
warum zerstörst du? Sterben werden wir in allerlei Arten von Luft, aber sie ist
nicht *leer* –

Ich suche bleibende Sicherheiten, aber Uhr und Zahl
haben meine Schönheit erstickt, die Harmonie der Zahlen hat
mir die Gehäuse der Toleranz zerbrochen – zu eng beieinander
liegen für mein Ruhen die Zahlen der Uhr. Es siegt das Metall des Tresors
über die unveränderliche Luft. Sie ist nicht das Eine! Ist das Unendliche! Schrei,
der in die Straße mit ihren Ziegelsteinen wie Geldkassetten fällt.

Ich kann die Zeit nicht vergessen. Die Luft ist eitel.
Die Regeln des Lebens sind erstickender als meine Schönheit.
Ich will nicht essen, will nicht leben – Schrei,
der in deinen Hunger fällt.
Ich kann nicht rauchen vor lauter Warten auf eine Schönheit.
Auf deine Schönheit. Aber das Meine gehört ohnehin dir …

Mein Schirm aus Plattitüden. Sich waschen, kleiden, essen
ohne Zuversicht. Derbes Publikum. Notwendiger Tod,
notwendiges Vehikel unserer Passionen. Die glühende
Unruhe der Liebe. Tat der Schönheit, die die Notwendigkeiten
überlebt: Spiegel der Eitelkeit. Arrivismus der jungen
Mädchenblüte.

*

Dein zweideutiges Lächeln krümmte alle meine Hoffnung.
Einer Gewissensprüfung unterworfen, streckte ich die Glieder
in einem heiteren Genuss des Nichts. Das Gute war in die Ferne
gerückt.

Für hausfrauliche Reflexe umgab sich mein Körper
mit neuen Dingen: mit Lichtern und Niedergängen, Abgesängen und
unter Mühe rosa angemalten Schlössern.

Morgenlicht kalkulierte die Rose, der Nebel verschwand
in einem Zusammenprall von Märchen, der Riese biss sich
in die Hände.

*

Für das Mark deines Schädels, das die Leidenschaften drillt,
ohne sie zu hüten, ergreife ich die Rede.

*

Meines Weges Lauf war eine delikate Silber-
flamme, oh Mädchenjahre, die nach der Schiffe
Ankerlichten neu erwachen! Der Lauf
meiner Mädchenjahre war der Fluss, der einen stillen Berg
vor scharlachrotem Himmel durchstieß. So
hob der Totentanz an: Stunden der Gebete
und des Pomps, ganze Stunden, die nun zergehen
über dem klammen Strand und Pfaden voller Stacheln, das Eis
in Bewegung.

*

Die ganze Welt ist verwaist, wenn's wahr ist, dass du noch gehst,
die ganze Welt ist verwaist, wenn's wahr ist! Die ganze Welt
ist wahr, wenn's wahr ist, dass du noch gehst, die ganze
Welt ist verwaist, wenn du nicht stirbst! Die ganze Welt
ist mein, wenn's wahr ist, dass du nicht am Leben bist, sondern nur
meinen schielenden Augen eine Laterne. Blind hinterließ mich
deine Geburt, und die Bedeutung des anbrechenden Tages
ist nur Nacht für dein Abseitsstehen. Blind bin ich,
weil du noch gehst! Blind bin ich, weil du gehst,
und die Welt ist verwaist und die Welt ist blind, wenn du noch
gehst, geklammert an meine himmlischen Augen.

Aus dem Italienischen von Maximilian Gilleßen

Amelia Rosselli
Metrische Räume

Die Problematik der poetischen Form ist für mich stets mit einer im engeren Sinn musikalischen Problematik verbunden gewesen, und tatsächlich habe ich die beiden Disziplinen nie voneinander getrennt, da ich die Silbe nicht nur als eine orthographische Verbindung, sondern auch als einen Ton betrachte, und den Satz nicht nur als ein grammatisches Konstrukt, sondern auch als ein System.

Die Definition der Silbe als Ton ist jedoch ungenau: In den Sprachen gibt es keine „Töne": Der Vokal oder der Konsonant werden in den Klassifikationen der musikalischen Akustik als „Geräusch" definiert, und das entspricht der Sache in Anbetracht der Komplexität unseres phonetisch-physiologischen Apparates und der von Mensch zu Mensch unterschiedlichen Größe der Stimmbänder und der Mundhöhle. Deshalb beruhen alle bislang aufgestellten phonetischen Klassifikationen allein auf Statistik.

Wenn wir jedoch von Vokalen sprechen, so meinen wir in der Regel Klänge oder sogar Farben, da wir ihnen oft eine „Klangfarbe" zuschreiben; und wenn wir von Konsonanten oder Konsonantengruppen sprechen, so meinen wir nicht nur ihr graphisches Erscheinungsbild, sondern auch Muskelbewegungen und geistige „Formen".

Wenn aber von den in der Musik und in der Malerei einzeln bestimmbaren Elementen beim Verstimmlichen nur Rhythmen (Dauer oder Tempo) und Farben (Timbres oder Formen) hervorstechen, so sieht es beim Schreiben und Lesen etwas anders aus: Wir denken gleichzeitig. In diesem Fall hat das Wort nicht nur einen Ton (ein Geräusch); tatsächlich hat es bisweilen überhaupt keinen und *erklingt* im Geist lediglich als eine Idee. Vokal und Konsonant sind dann nicht notwendigerweise phonetische, sondern schlicht graphische Werte oder Bestandteile der geschriebenen Idee oder des Wortes. Nicht einmal die Klangfarbe hören wir, wenn wir denken oder still für uns lesen, und die Dauern (die Silben) sind elastisch und ungenau, abhängig von der Abtastung der Seite durch den Leser und gemäß der individuellen Dynamik, Rhythmik und Geschwindigkeit des Denkens. Tatsächlich verschwinden beim stimmlosen Lesen zuweilen alle klanglichen Elemente, und selbst vom poetischen Satz bleibt allein der logische oder assoziative Sinn, der mittels eines subtilen Empfindungsvermögens für die graphische Gestalt und den Raum erfasst wird (Räume und Formen sind das Schweigen und die Anhaltspunkte des Geistes).

Und so kommt es, dass man mir, wenn ich beim Schreiben mit einem klanglichen oder logischen oder assoziativen Material konfrontiert bin, das bislang auf abstrakte oder phantasievolle, aber niemals systematische Weise klassifiziert worden ist, von „Füßen" und Sätzen erzählt, ohne mir zu sagen, was eigentlich ein Vokal ist. Mehr noch: Die Sprache, in der ich von Zeit zu Zeit schreibe, ist eine einzige, während meine klangliche, logische und assoziative Erfahrung die vieler Menschen und in allen Sprachen reflektierbar ist.

Mit diesen Sorgen begann ich an einem bestimmten Punkt meiner Jugend mit der Suche nach universellen Formen. Um diese zu finden, hielt ich zunächst Ausschau nach dem minimalen (abendländischen und rationalen) organisierenden Element des Schreibens. Und als dieses erwies sich eindeutig der „Buchstabe", egal, ob tönend oder stumm, über ein Timbre verfügend oder nicht, graphisch oder formal, jedenfalls symbolisch und funktional in einem. Dieser Buchstabe, der ein Ton, aber gleichermaßen ein „Geräusch" ist, erzeugte phonetische Verbindungen (chl, str, sta, biv), die nicht notwendigerweise Silben entsprachen und eigentlich nur funktionale oder graphische Formen und Geräusche waren. Für eine Klassifikation, die keinen graphischen oder formalen Kriterien folgte, war es hingegen notwendig, bei der Suche nach den Grundlagen der poetischen Form von der Silbe zu sprechen – nicht allzu scholastisch aufgefasst, sondern als rhythmische Partikel. Aufsteigend aus dieser noch bedeutungslosen Materie, gelangte ich zum Wort als einem Ganzen, verstanden als Definition und Sinn, als Idee und Quelle der Kommunikation. Für gewöhnlich gilt das Wort als Definition einer bestimmten Realität, aber man betrachtet es eher als ein in Kategorien und Unterkategorien einzuordnendes „Objekt" und nicht als Idee. Ich hingegen (und hier sollte ich vielleicht darauf hinweisen, dass aufgrund des sehr persönlichen und teils nicht-mitteilbaren Charakters meiner Experimente und Deduktionen jede Schlussfolgerung, die ich daraus gezogen habe, cum grano salis zu verstehen ist) hatte diesbezüglich ganz andere Vorstellungen und ging sogar so weit, „il" (der), „la" (die) und „come" (als, wie) als „Ideen" aufzufassen und nicht bloß als Konjunktionen und Präzisierungen einer Rede, die eine Idee zum Ausdruck bringt. Zunächst nahm ich an, dass die vollständige Rede den Gedanken selbst anzeigt, dass also der Satz (mit all seinen funktionalen Farben) eine etwas komplexer und handhabbarer gewordene Idee ist und dass die Periode auf logische Weise eine Idee darstellt, die nicht statisch wie die im Wort materialisierte Idee ist, sondern vielmehr dynamisch, „im Werden" und oft sogar unbewusst. Da ich meine nicht allzu wissenschaftliche Klassifikation erweitern wollte, räumte ich dem chinesischen Ideogramm einen Platz zwischen Satz und Wort ein und übersetzte die chinesische Schriftrolle in einen wahnwitzigen westlichen Gedankengang.

Später begann ich zu beobachten, wie sich dieser Wahn in meinem Denken veränderte, je nach Situation, der mein Gehirn in jedem Moment des Lebens, bei jeder räumlichen oder zeitlichen Verschiebung meiner täglichen praktischen Erfahrung ausgesetzt war. Ich bemerkte seltsame Zusammenballungen in der Rhythmik meines Denkens, seltsame Stillstände, seltsame Gerinnungen und Tempowechsel, seltsame Intervalle der Ruhe oder Untätigkeit, neue Fusionen von Klängen und Ideen je nach Veränderung der praktischen Zeit, der graphischen sowie der mich kontinuierlich und materiell umgebenden Räume. Im Gespräch mit anderen geistigen oder psychologischen Präsenzen, die sich mit mir im selben Raum befanden, wurde das Denken angespannter oder müder, es ergänzte fast dasjenige des Gesprächspartners, um sich in dieser Begegnung mit ihm zu erneuern oder darin unterzugehen.

Ich versuchte, jede äußere Materialität mit der größtmöglichen Genauigkeit innerhalb eines unmittelbaren experimentellen Zeit-Raums zu beobachten. Jeder Bewegung meines Körpers versuchte ich einen vollständigen „Rahmen" der mich umgebenden Existenz hinzuzufügen; der Geist musste die gesamte Bedeutung des Rahmens innerhalb der Zeitspanne, die er darin verweilte, assimilieren und in seiner eigenen inneren Dynamik damit verschmelzen.

Bis zu diesem Zeitpunkt war die Komplexität oder Vollständigkeit meines Schreibens im Hinblick auf die Realität subjektiv begrenzt: Die Realität war meine eigene, nicht zugleich die der anderen: Ich schrieb freie Verse.

Selbst wenn ich einen langen Vers an einem Satzende oder einem abgetrennten Wort unterbrach, isolierte ich den Satz, indem ich ihn bedeutsam und stark machte, und ich isolierte das Wort, indem ich ihm seine Idealität zurückgab, aber ich spaltete dabei den Strom meiner Gedanken in ungleiche Schichten und disparate Bedeutungen. Die Idee war nicht mehr im ganzen Gedicht gegenwärtig, wie ein Moment der Realität in meinem Geist oder eine Teilhabe meines Geistes an der Realität, sondern zerfiel in langsamen Abstufungen; nachvollzierbar war sie nur am Ende oder an überhaupt keiner Stelle. Das graphische Erscheinungsbild des Gedichts beeinflusste den logischen Eindruck stärker als die Mittel oder Vehikel meines Denkens, also das Wort, der Satz oder die Periode.

Was die Metrik anbelangt, so war sie frei und variierte gefälligerweise je nach Assoziation oder nach meinem Vergnügen. Unduldsam gegen alle im Voraus getroffenen Pläne, sie vereitelnd, passte sie sich einem streng psychologischen, musikalischen und instinktiven Zeitmaß an.

Zufälligerweise entschloss ich mich, die Sonette der frühen italienischen Schulen wiederzulesen; fasziniert von ihrer Regelmäßigkeit wollte ich noch einmal das Unmögliche versuchen.

Ich nahm meine fünf Klassifikationen wieder zur Hand: Buchstabe, Silbe, Wort, Satz und Periode. Ich rahmte sie mittels einer absoluten Raum-Zeit. Meine poetischen Verse konnten sich der Universalität des einen, einzigen Raums nicht mehr entziehen: Die Längen und Tempi der Verse waren zuvor festgesetzt, meine organisierende Einheit war definierbar, meine Rhythmen passten sich nicht nur meinem Willen, sondern auch dem bereits umrissenen Raum an, und dieser Raum war vollständig mit Erfahrungen, Realitäten, Objekten und Empfindungen erfüllt. Indem ich die rhythmische Komplexität der gesprochenen und gedachten, aber nicht skandierten Sprache mittels zahlreicher Variationen klanglicher oder rhythmischer Partikel in einen einzigen, begrenzten typischen Raum transponierte, war meine Metrik, wenn schon nicht regelmäßig, so doch zumindest allumfassend: Alle nur denkbaren Rhythmen erfüllten meinen Rahmen minutiös mit ihren Klangfarben, meine Rhythmen waren musikalisch selbst im Sinn der letzten Experimente des Postwebernismus, meine Regelmäßigkeit, sofern vorhanden, stand im Kontrast zu einem Gewimmel von Rhythmen, die nicht in Füße und lange oder kurze Takte, sondern höchstens in mikroskopisch kleine Dauern übertragbar waren, die, falls gewünscht, mit einem Bleistift auf Millimeterpapier verzeichnet werden können. Die Grundeinheit des Verses war weder der zerfallende, bedeutungslose Buchstabe noch die rhythmische, einschneidende Silbe, der es indessen an Idealität mangelt, sondern vielmehr das ganze Wort, gleich welcher Art. Denn alle Wörter werden als gleichwertig und gleichgewichtig betrachtet und wie konkrete oder abstrakte Ideen gehandhabt.

Bei der Entwicklung der ersten Zeile des Gedichts legte ich die Breite des räumlichen und zeitlichen Rahmens endgültig fest; die folgenden Verse mussten sich einem gleichen Maß, einer identischen Formulierung anpassen. Beim Schreiben schritt ich von Vers zu Vers, ohne den Wörtern, die zufällig am Ende der Zeile standen, irgendeine Priorität zuzumessen.

In Wirklichkeit gab es, um mir beim Abwägen oder Beenden meines Verses zu helfen, stets jenen verborgenen Punkt am rechten Rand meines Rahmens, auf den er fallen konnte und der folglich den Vers abschloss, oder das ganze Wort, oder irgendeine orthographische Verbindung, die insofern bedeutungsvoll war, als sie tatsächlich im Sprechen oder im Denken als Zeit des „Wartens“ existierte. Der leere Raum zwischen Wort und Wort galt hingegen als nicht funktional, er hatte keine Einheit, und wenn er zufällig auf den rechten Rand des Rahmens fiel, folgte ihm sofort ein anderes Wort, so dass der Raum vollständig ausgefüllt und der Vers abgeschlossen wurde. Tatsächlich musste der Rahmen vollständig ausgefüllt und der Satz in einem Atemzug, ohne Pausen und Unterbrechungen, gelesen werden; darin spiegelte sich die Realität des Denkens und Sprechens, denn wir verbinden unsere Worte, indem wir sie aussprechen, und kennen im Denken keine Unterbrechungen, es sei denn die der Interpunktion, die explikativ und logisch sind. Ich meinte nämlich, dass sich die Dynamik des Denkens und der mündlichen Rede für gewöhnlich am Ende eines Satzes, einer Periode oder eines Gedankens erschöpft und dass also die stimmliche Äußerung und das Schreiben dieser Reihe ihrer Geburt und Wiedergeburt ohne Unterbrechung folgen würden.

Beim lauten Lesen galt es dann, jeden Vers innerhalb identischer Zeitgrenzen vorzutragen, die den beim Entwurf des ersten Verses formulierten Grenzen der graphischen Länge und Breite entsprachen. Selbst wenn ein Vers mehr Wörter, Silben, Buchstaben und Interpunktionszeichen enthielt als ein anderer, sollte die Gesamtzeit der Lektüre jedes Verses so weit wie möglich gleich bleiben. Die Zeilenlängen der Verse waren also annähernd gleich – und mit ihnen die Dauer ihrer Lektüre; ihnen dienten als metrische und räumliche Einheit das Wort sowie die orthographische Verbindung und als umschließende Form die graphische Gestalt von Raum oder Zeit, wobei letztere nicht mechanisch oder bloß visuell verstanden wurde, sondern als Voraussetzung des Skandierens und als wirkende Kraft beim Schreiben und Denken.

Ich unterbrach das Gedicht, wenn die psychische Kraft und der signifikative Anlass des Schreibens – das heißt die Sinn und Raum verrückende Idee, Erfahrung, Erinnerung oder Phantasie –, erschöpft waren. Auf die Leerstellen zwischen den einzelnen Abschnitten des Gedichts verteilte ich die verstrichene Zeit oder den beim Ziehen logischer und assoziativer Schlussfolgerungen, die sich irgendeinem Teil des Gedichts hinzufügen ließen, gedanklich durchquerten Raum. Und in der Tat war die Idee logisch; aber der Raum, obgleich vorher festgelegt, war nicht unendlich, als *kompromittierte* er die Idee oder Erfahrung oder Erinnerung, indem er meine Silben und Klangfarben (die über das Gedicht wie nicht-rhythmische Reime verstreut waren) in dichte und subtile Assoziationen verwandelte; das im Augenblick noch einmal erlebte Gefühl wurde durch einen fixen Rhythmus verstärkt. Zuweilen, wenngleich selten, herrschte der fixe Rhythmus vor, wurde zur Obsession, und ich wollte zuletzt das perfekte rhythmische Gleichmaß für dieses Gefühl finden; da mir das nicht gelang, beendete ich das Buch bei seinem einzigen Versuch, eine abstrakte Ordnung zu erreichen, das heißt beim letzten Gedicht. [„Die ganze Welt ist verwaist …“; S. 64]

Da ich mit der Hand statt mit der Maschine schrieb, konnte ich, wie ich sofort merkte, keine perfekten Räume und völlig gleichmäßigen Verslängen (zumindest nach meiner Formel) festlegen, deren funktionale und graphische Einheit die Idee oder das Wort oder die orthographische Verbindung gewesen wäre, es sei denn, ich hätte auf kariertem Schulpapier geschrieben. Beim gewöhnlichen Schreiben mit der Hand konnte ich nur versuchen, instinktiv die im Entwurf des ersten Verses festgelegte Raum-Zeit abzustecken und dann vielleicht später auf künstliche Weise diesen Versuch in eine ungefähre, durch den mechanischen Druck reproduzierte Form umzuwandeln. Beim Schreiben mit der Hand denkt man zudem langsamer; der Gedanke muss auf die Hand warten und wird unterbrochen. Sinnvoller ist der freie Vers, da er diese Unterbrechungen und diese Vereinzelung der Rede und des Satzes widerspiegelt. Wenn ich aber auf der Maschine schreibe, kann ich womöglich für eine kurze Zeit einem Gedanken folgen, der schneller als das Licht ist. Vielleicht sollte ich, wenn ich mit der Hand schreibe, Prosa schreiben, um nicht in freie Formen zurückzufallen: Prosa ist vielleicht tatsächlich die realste aller Formen, und sie erhebt nicht den Anspruch, Formen zu definieren.

Aber sich noch einmal an der Ausgewogenheit des Sonetts des vierzehnten Jahrhunderts zu versuchen, ist ebenso ein wirkliches Ideal. So schwer wiegt die Realität, dass die Hand ermüdet, und keine Form vermag sie zu enthalten. Die Erinnerung eilt sodann zu den phantastischsten Taten (Räume Verse Reime Tempi).

(*1962/1964*)

Aus dem Italienischen von Maximilian Gilleßen

Von den *Variazioni belliche* über die *Serie ospedaliera*, von *Documento* bis *Impromptu* ist die Dichtung Amelia Rossellis ein *Kontinuum*, in dem eine Reihe von Komponenten sich wechselseitig beeinflussen.

a: eine sprachliche Komponente „seismischer" und magmatischer Natur, oft gekennzeichnet durch eine dreifache Bewegung (zuckend, wellenartig und oszillierend), welche die permanente Labilität von Bedeutung und Wertigkeit mit sich bringt, sei es ausgehend von der emotionalenVerfassung des dichtenden Subjekts (das dieser Bewegung untersteht und sie gleichzeitig mitträgt), sei es von einem rezeptiven Standpunkt des etwaigen Aufnehmenden aus [...]; b: eine Komponente gelebten Lebens, um nicht zu sagen *confessional*, bei der die private Erfahrung sich namenlosen und gesichtslosen Referenten anvertraut, bald auf im wesentlichen mondäne und profane Art und Weise, bald mit Akzenten, die an die Schriften der großen Mystiker denken lassen. Nicht umsonst kehrt darin wiederholt ein deklariert christlicher Vorstellungsfundus wieder: Ausdruck einer ebenso geplagten wie tief empfundenen Religiosität. Derselben Komponente ließe sich die Erfahrung der Nervenkrankheit zuordnen [...]. In Rossellis nicht immer einfachen persönlichen Beziehungen schlug sich dieser Umstand als peinigendes Verfolgungssyndrom nieder; c: eine visionäre und literarische Komponente, die sich – zumal in den auf italienisch verfassten Texten, jenen der reiferen und charakteristischeren Schaffensperiode – leicht an den Verweisen (oft in Form expliziter Zitate) auf jene Autoren festmachen lässt, denen Amelias offene Wertschätzung gilt und auf die sie sich wiederholt beruft: von Campana bis Montale, von Rimbaud über Kafka bis zum römischen Maler Scipione; d: eine Komponente, die auf ihre in Florenz und London unternommenen Studien der Kompositionstechnik (Violine, Klavier und Orgel) zurückgeht und das Feld der Aufmerksamkeit zugunsten einer Prosodie erweitert, die auch da, wo der Vers in die Prosa abzudriften scheint, stets einem genauen Rhythmus untersteht und nicht selten dazu neigt, sich auf eine quasi graphische Weise zu äußern. Das führt dazu, dass ein Gedicht sich im günstigsten Fall wie eine Partitur ausnimmt, wo die Zeile zur Metapher für das Pentagramm werden kann. Der Leser wird so auf gelungene Weise in ein System einbezogen, in dem das Was-des-Sagens wesentlich weniger Gewicht hat als das Sagen-an-sich, während die Poetin von der Entstehung dieser *absoluten* Dichtung förmlich mitgerissen ist.

Giovanni Giudici

Aus dem Italienischen von Theresia Prammer

Extreme Fakten

Amelia Rosselli
im Gespräch mit Giacinto Spagnoletti
Teil II

Giacinto Spagnoletti: Lass uns nun über die späteren Bücher sprechen.

Amelia Rosselli: Sehr verschiedenartig ist der zweite Teil von *Serie ospedaliera*, das ich einige Jahre nach den *Variazioni belliche* schrieb. Er muss dem ersten Teil gegenübergestellt werden, der aus jenem langen, dahinfließenden, nie mehr wiederholbaren Gesang *La libellula* besteht. Achtzig Gedichte in einem zurückhaltenden und, wie ich glaube, äußerst innerlichen Ton. Eine schwere Krankheit, die damals nicht endgültig heilbar schien, zehrte an meinen Kräften – es war eine erst spät, im Alter von neununddreißig Jahren, diagnostizierte Parkinson-Erkrankung. Nie hätte es mir eine solche Krankheit erlaubt, die Stelle als Organistin anzutreten, die mir mein Lehrer anbot. Lesen, schreiben oder studieren konnte ich nur unter großen Anstrengungen. Um der Schwäche zu widerstehen und irgendwie in kreativer Hinsicht zu überleben, musste ich mich zudem isolieren und ein systematisch abgeschiedenes, verinnerlichtes Leben ohne Kontakte führen. Die Gedichte reflektieren diesen melancholischen Entzug des Lebens, aber auch, so glaube und hoffe ich, eine größere linguistische Strenge und eine mit größerer Demut vorgetragene Anerkennung der vielen kulturellen Schulden – nicht nur gegenüber den üblichen Rimbaud, Kafka, Campana, Montale, sondern gegenüber Schriftstellern, die entweder als „weniger bedeutend" oder als überholt gelten, Saba, die Hermetiker, Mallarmé, Verlaine, Rilke usw.. – usw. Die Serie der Gedichte ist eine des „Krankenhauses", insofern sie sich mit einer kritischen Nachverfolgung der eigenen Schritte abfindet und insofern sie nicht länger kriegerisch [bellicose] im Hinblick auf feinere oder verfeinerte Gefühle und Eingebungen ist.

Spagnoletti: Kommt der Landschaft in dieser kritischen Rückwendung eine Bedeutung zu?

Rosselli: Gewiss. Die Wiederentdeckung einer wenn nicht gütigen, so nahezu schützenden Natur – die Wälder und Felsen der oberen Abruzzen – war sehr wichtig: eine Erkenntnis im letzten Augenblick, dass jenes verrückte Träumen mit offenen Augen, das für die Jugend typisch ist, gewissermaßen noch einmal erlebbar war.

Spagnoletti: Welche der von dir verwendeten drei Sprachen schätzt du am meisten?

Rosselli: In meiner Jugend schrieb ich, wie du weißt, manchmal auf Französisch und sehr oft auf Englisch: Diese Art, sich auszudrücken, war noch postromantisch oder auf methodische Weise halluzinierend, wenngleich in gewisser Hinsicht systematisch und minutiös. *Documento* bedeutete für mich – stets auf der Grundlage der 1958 definierten metrischen Formulierung –, den Mut und vielleicht auch den Mystizismus dieser Jugendjahre wiederzufinden: sie bis zur letzten Konsequenz zu rationalisieren. Die Resultate sind oft heftig, die Inhalte gleichen wahren Schreien; aber ich glaube, dass die Verzweiflung verschwunden ist und dass ich die Absicht, das Ziel des Buches – ein Gleichgewicht zwischen einer kontrollierten, beabsichtigten Form und einem

Inhalt, der nie automatisch mittels des Unbewussten oder rein literarischer Provokationen induziert oder abgeleitet worden ist – insgesamt erreicht habe.

SPAGNOLETTI: Hast du aus deinen Büchern Gedichte, deren du dir nicht sicher warst, ausgeschieden?

ROSSELLI: Natürlich. Vor allem diejenigen, denen es an der Echtheit der Inspiration oder des Elans fehlte. Bücher sind für mich in einem gewissen Sinne extreme, synthetische Fakten.

SPAGNOLETTI: Deine Beziehung zu Pasolini wurde auch zu einer Freundschaft, die nicht nur literarisch war.

ROSSELLI: Ich habe ihn nicht oft gesehen. Er war stets etwas schüchtern, sehr zurückhaltend. Wenn ich ihn aber sah, sprachen wir lange. Nachdem ich *Accattone* gesehen hatte, war ich sehr beeindruckt von seinem Talent, seinem Genie. Zuerst, muss ich zugeben, hatte ich seine Gedichte nicht gelesen; er fühlte sich darüber hinaus zum Lehren berufen, und als er mich von den metrischen Problemen im Zusammenhang mit meiner Arbeit sprechen hörte, schlug er vor, dass ich jenen kurzen, die *Variazioni belliche* abschließenden Essay schreibe, von dem ich gesprochen habe. Es gelang ihm, mich sozusagen zu einer „besseren Prosa" zu inspirieren, und ich war so in Sorge, nicht zu wissen, wie ich es richtig anstelle, dass mein Eifer, als ich nach Hause zurückkehrte, viel größer war, als wenn ich die Sache allein in Angriff genommen hätte. Ich brachte ihm auch mein zweites Buch, weil mir an seinem Urteil lag. Deshalb wurde ich von manchen verspottet, da sich zu diesem Zeitpunkt die Gruppe 63 gebildet hatte und dieser absurde Krieg im Gange war.

SPAGNOLETTI: Wie kam es, dass du von der Gruppe 63 kooptiert wurdest?

ROSSELLI: Sie luden mich ein, an ihren Treffen teilzunehmen. Ich glaube, das geschah durch Giulio Falzoni, einen surrealistischen Maler und Dichter. Aber ich fürchtete, in offizielle oder im Stillen ausgetragene Polemiken verwickelt zu werden. Ich interessierte mich für sie, aber ich machte mir meine eigenen Gedanken. Der einzige Dichter, dem ich mich nahe fühlte und der mich beeinflusste, war Antonio Porta.[16] Ich mochte seine ersten Bücher; seine elegante Abstraktion machte mich neugierig.

SPAGNOLETTI: Von welchen Autoren fühlst du dich ansonsten beeinflusst?

ROSSELLI: Tatsächlich von vielen. Unter den Italienern las ich Dante und Michelangelo, viel Leopardi. Von Dante habe ich auch die Jugendwerke und die weniger bedeutenden Schriften aufmerksam gelesen. Unter den Modernen muss ich, abgesehen von den bereits genannten Franzosen und Kafka, vor allem Campana und Montale, Pavese und Penna erwähnen. Pavese hat Einfluss auf mich gehabt, weil er mich den Bruch mit der hermetischen Erfahrung spüren ließ. Ein starker Einfluss.

SPAGNOLETTI: Hast du, als du dich endgültig in Rom niedergelassen hast, eine systematische Psychoanalyse begonnen?

ROSSELLI: Auf Empfehlung von Bazlen ging ich zu Ernst Bernhard,[17] der die Jung'sche Psychotherapie in Rom praktizierte. Er, ein deutscher Jude, legte in den Beziehungen zu seinen Patienten eine außergewöhnliche Ruhe an den Tag – Beziehungen, das muss gesagt werden, die von der gewöhnlichen Psychiatrie nicht legalisiert waren. Er schaffte es, dass ich mich an die Kindheit erinnerte, die ich nach dem

---

[16] Antonio Porta (1935–1989) war einer der Mitbegründer der avantgardistischen Literaturbewegung Gruppo 63.

[17] Ernst Bernhard (1896–1965) war aus Berlin nach Rom geflohen. Zu seinen Patienten gehörten Roberto Bazlen, Cristina Campo, Federico Fellini, Giorgio Manganelli und Adriano Olivetti.

plötzlichen Schock durch den Tod meiner Mutter vergessen hatte. Ich sollte hinzufügen, dass er meinen Eintritt in die Kommunistische Partei ablehnte. Er verbot es mir und hatte Angst um mich, liebevoll, wie er war. Viel später konsultierte ich die Freud'sche Schule, unter anderen Piero Bellanova.[18] Er unternahm mit mir für einige Monate eine „unterstützende" Analyse. Am Ende lautete seine Diagnose: „Sie haben nur eine leichte Neurose."

SPAGNOLETTI: Kehren wir zur Poesie zurück. Auf *Documento* folgten die *Primi Scritti*.

ROSSELLI: Diesen auf die Jahre 1952–1963 datierten Band veröffentlichte ich mit der Idee, mein Heranwachsen in drei Sprachen zu erhellen, welches vom zweiundzwanzigsten Lebensjahr bis 1963 vom Versuch geprägt war, durch Prosa und poetische Übungen Gewissheit in Sachen stilistische und linguistische Innovation zu erreichen. Auch hier sind die „Stücke" mit Daten versehen, so erinnern sie an die langsame Entscheidung für die eine oder die andere Sprache wie auch an die Wahl einer Inspiration, anstatt nur Prosa und Poesie im Stil von Baudelaire, Rimbaud oder Joyce auf Französisch und Englisch anklingen zu lassen. Ich würde sagen, dass *Le chinois à Rome*, trotz seiner virtuosen Nachahmung von Montale und Joyce, einen Punkt markiert, an dem ich die Stilübung verweigere – auch eine Ästhetik, wie einer seiner Teile mit dem Untertitel *Esthétique jeune* klarmacht. Die Arbeit stammt aus den Jahren 1955–1956. Das Buch endet mit einer Reihe von Gedichten, die den Mitgliedern der Gruppe 63 gewidmet sind, Collagen oder wirkliche Gedichte, die immer vollkommen ironisch und tatsächlich kritisch sind. *Impromptu*, ein im Dezember 1979 geschriebenes Langgedicht – und hier nähern wir uns der Gegenwart –, entstand aus dem nach dem Abschluss von *Documento* aufkommenden Verlangen, meinem Schreiben quasi im Stil Pascolis[19] mehr Leichtigkeit zu verleihen. Leider musste ich alles kreative Schreiben von 1973 bis 1979 und dann wieder bis heute fast vollständig aufgeben.

Du weißt, warum. Ich werde zu früh geweckt. Und so beginnt normalerweise mein Tag. Ich schlafe nicht genug. Ich brauche für gewöhnlich acht Stunden Schlaf; stattdessen schlafe ich durchschnittlich fünf, höchstens sechs Stunden. Ich wache um sechs oder sieben Uhr auf. Mit den Schwierigkeiten, die ich früher mit der CIA und nun, wie es scheint, mit der Cosa Nostra – oder Leuten, die aus der CIA herausgeworfen wurden – habe, gelingt es mir nicht, so zu leben, wie ich will. Ich hoffe, dass diese „Schwierigkeiten" eines Tages aufhören werden. Und so bin ich auf praktische Tätigkeiten zurückgeworfen, weil ich nur hier und da ein paar Zeitungsartikel lesen kann. Bisweilen habe ich ein Buch gelesen – sie unternahmen alles, um mich vom Lesen abzuhalten –, aber zuletzt ist es mir unmöglich gewesen, länger als eine Viertelstunde durchzuhalten. Mein Tag beginnt mit dem Haushalt. Ich mache sauber und versuche, mich gegen die Angriffe zu wehren, um nicht im Elend zu versinken. Und so sind mir die „Lesungen", die mich aus Rom herausbringen, willkommen, auch wenn sie mich physische Anstrengungen kosten. Nicht, dass ich es nicht mögen würde; man liest sich selbst nicht gerne. Es ist interessant, etwas vorzulesen, das man gerade geschrieben hat, um die Wirkung auf andere zu erproben. Dinge vorzulesen, die einen nicht mehr repräsentieren, endet in der Routine, es erfordert Geduld. Ich habe alles getan, um mich gegen die Angriffe zu verteidigen; ich habe ein Dossier für die Regierung und

---

[18] Piero Bellanova (1917–1987) war der Leibarzt F. T. Marinettis und einer der frühesten Vertreter der Psychoanalyse in Italien.

[19] Gemeint ist der Dichter Giovanni Pascoli (1855–1912).

für die UN zusammengestellt: Es sind so viele Dinge, von denen ich am liebsten nicht einmal wüsste. Und ich weiß schreckliche Dinge. Ich versuche, meinen Humor und meine Freunde zu behalten, um nicht den Kopf zu verlieren. Dieser Zustand dauert nunmehr fast zwanzig Jahre an. Sobald er aufhört, werde ich, dessen bin ich mir gewiss, zum alltäglichen Leben zurückkehren und meine Beziehungen werden sich vereinfachen.

SPAGNOLETTI: Hat sich dein Urteil über die intellektuelle italienische Gesellschaft im Vergleich mit derjenigen von gestern geändert?

ROSSELLI: Um die dreißig herum entschied ich mich, die Künstler- und Literatenzirkel nicht viel – und in der Tat gar nicht – aufzusuchen. Ich hatte, wie schon gesagt, gewisse, sehr feste sozialistische Überzeugungen. Ich musste Italien besser kennenlernen, und die literarischen Salons waren mir dabei keine Hilfe. Aber es besteht kein Zweifel, dass sich die heutige Gesellschaft verändert hat. Meine Probleme sind andere als die, die in den Salons oder unter jungen Leuten diskutiert werden; und ja, es freut mich, dass junge Schriftsteller zu mir kommen, dass sie mir ihre Bücher schicken; das hilft mir, in Kontakt zur Realität der anderen zu bleiben. Aber am Ende verliert man ab einem gewissen Punkt immer die Geduld, nicht mit den Freunden, aber durch das Nachdenken über die eigene Lage, und so beginne ich, davon zu erzählen. Und das würde ich lieber nicht tun; deshalb meide ich ein wenig die Leute, es sei denn, sie halten einiges aus und wissen, wie sie mit mir scherzen und mich beruhigen können. Es ist nicht so, dass ich keinen Zirkel um mich hätte, aber ich finde es schwierig, ihn angesichts der genannten Gründe objektiv zu beschreiben.

SPAGNOLETTI: Und was hältst du vom gegenwärtigen Interesse für Poesie?

ROSSELLI: Selbst einige Popsongs sind besser als die von gestern. Ich bemerke heutzutage eine spontane Neigung zur Poesie, in dem Sinne, dass man, auch über die Verlagsreklame hinaus, auf die Aufmerksamkeit einiger Leute hoffen kann. Ich habe lange im historischen Zentrum gelebt, und mir ist etwas aufgefallen. Ich sehe zum Beispiel Handwerker und Kellner, die Gedichte lesen und an unseren Fragen interessiert sind. Man kann mit ihnen interessante Gespräche führen.

SPAGNOLETTI: Du bist wie eine Fallschirmspringerin in einem für dich völlig neuen Land wie Italien gelandet – war das nicht auch eine Weise, deinen Vater zurückzuerobern?

ROSSELLI: Tatsächlich war es von Anfang an eine unbewusste Anstrengung. Dann, in den Bibliotheken, las ich, um die Gestalt meines Vaters zu rekonstruieren, die ich fast völlig vergessen hatte. Die ersten acht Monate meiner ersten Analyse halfen mir, mich an meinen Vater zu erinnern und mir meine Kindheit ins Gedächtnis zu rufen. Auch meine Jugend, denn der Tod meiner Mutter hatte mich vernichtet.

SPAGNOLETTI: Hat dir in dieser Hinsicht auch deine Dichtung dabei geholfen?

ROSSELLI: Vielleicht.

(*1987*)

Aus dem Italienischen von Maximilian Gilleßen

Amelia Rosselli während eines Gesprächs. Screenshots

Amelia Rosselli
Der Geruch der Engel
Aus: *Serie ospedaliera*
1963–1965

Der Sex, gewaltverliebt wie ein Objekt (weiß getünchte Marmorgrube)
(krummgebogne Ton-Amphore), und in Eiform überaus
versteckt, besprang den Einsamen, als wär's der Hagelschlag,
der polternd einfällt im Salon. Gar nicht genießerisch, nicht weise,
nur schlangenartig angereizt von hehrem Beispiel und Bespiegelung
von Weiße, vereiterte er Frieden und Gemüt. Nicht weise,
nicht genießerisch, doch weise Handel treibend aufgelaufen wie
das Schiff gegen die Fledermausfelsen, so stürzte er flugs
aus dem Hoch der Strenge und des Tanzes, aus dem Do re mi fa sol
eines anderen Tages: nicht weise, nicht genießerisch gewandet
als Soldat, und haspelnd hastig zwischen Schweineställen
schnüffelnd, als Form und als Objekt, so nahm der Sex
sich seiner an.

*

Auf eine unbewusste Stimme eine Antwort suchend –
oder über sie versuchend sie zu finden –, sah ich die Musen
sich zusammenrotten, leere Schleier auf die Hände breitend,
ohne Haltung einzunehmen auf der Schwelle. Eine Antwort suchend,
die den orgiastischen Sinn der Ereignisse enthüllte,
die eigentümliche Trübung eines Schicksals, das sich
für einen kurzen Lichtriss widersetzt – einziger Sinn
die beherzte Tat: die nicht vergisst, zulässt, dass
die Mauer die Haut ritzt, keine Verfremdung erlebt
und nicht aufbegehrt, gegen dieses zermalmende
und schluchzende Leiden, das mein Mond ist im Gesicht,
der Geruch der Engel auf den Armen, der sichere
und unverhohlene Schritt: der schleichende, endgültige Ruin:
ein Festhalten an allen tiefen Dingen, sie beschreibend,
auf dem Rücken liegend.

*

In deinem Herzen ruhen können, in deinem Feuer
erloschener Gluten, aus freien Stücken meine Freiheit
leugnend. Oder dich zu Vergebung rühren,
die Zeit verlieren, die triumphierend
ein hartes Herz verlangt, asphalten und bedrohlich,
bis zum Verlust des Grundes, des Ursprungs
dieses Brennens.

Mit den Stunden tanzen können, in Erwartung
fröhlicher Dazwischenschaften, dein Gesicht
nicht stempeln auf Granit. Mit dir tausend
Steine schmieden, die, zum Ring gefügt,
der leichte Efeu sind, gewunden
um unsere Augen. Die Begierden
kastrieren, um sie rein wieder aufzuschnüren
im Fluss, wo orgiastisch des Nachts die selbstmörderischen
Tänzerinnen vorbeidefilieren. Verkünden können,
dass das Sehnen kein Widersinn ist, sondern vielmehr
ein wahrer Gesang, ein Floh im Ohr,
ein Akt der Liebe, oder wahres Wort,
das aufsteigt dir im Herzen.

*

Frühling, Frühling im Überfluss,
deine verwinkelten Kanäle, deine Pinienhaine,
die von andren Abenteuern träumen, du bist frei
von dieser Angst, die ich hab' vor dem Winter,
wenn der Wind ein Zittern ist.

Den Gärtnern brichst du Zweige, säst
Entbehrungen in meine Seele (die, ganz fügsam,
aushält auf den Knien), gibst mir selber
den Beweis, dass alles das, was sich bewährt,
auch ewig währt.

Oder du glaubst, du könntest dich verflüchtigen, dich drücken,
verdeckt von einer Regenwolke?
So aufgeladen, fast schon unwahrscheinlich.

Doch mein Weinen, mehr noch, Müdigkeit,
die ihren Unterschlupf nicht finden kann,
zerpflückt die Blätter, die noch gestern
Wünsche schienen, sogar Zärtlichkeiten,
und nun Zerstreuung des Verlangens.

Nach Leben sehn ich mich, zu preisen
auch diese Strände, Berge oder Bäche,
doch ich weiß nicht wie: dein Saatkorn hast du umgebracht
in meiner Kehle.

Du siehst mir ähnlich: mit diesem Seufzer der Erleichterung
zwischen einem Sterben und dem nächsten,
doch mich betrifft's nicht, oder doch? Wenn du
beim Lachen aussiehst wie dem Tod entstiegen.

Und die Menschen fluchen: sind auf dich
noch stolzer als auf diesen Raum, der dich verzehrt
und dann in meine Arme treibt. Und ich
umschließe eine blasse Mumie, sie riecht
nach gar nichts: Samen tritt aus ihren
Augen, Pflanzen, Kommas und Arzneien,
und du hebst den Berg nicht in das Haus hinein
und du trägst keine Früchte, diese Schwestern,
die an deiner Seite wachen.

In der Tat gleichst du dem Toten auf der Bahre,
und mir bleibt nichts zu tun als, Nägel einzuschlagen,
dir mitten ins Gesicht.

*

Wenn du möchtest, weiß nicht, wenn du kannst, so zünde
die schrecklich kalte Zündschnur nochmals an (das hydrophile Fädchen
im Nochimmerperlenhimmel), wenn es auch traurig ist, sie in den Himmel
aufzurecken, diese schlammbedeckten Hände.

Eine Lösung wagen: wenn's auch nur der Tod ist,
von deinem Aufgehn, Sonne, unablöslich.

*

Du erschrickst von ganzem Herzen
vor der Luft, die dich durchbebt und aussetzt;
die analphabetischen Fassaden hinab
sprühen die Träume, das Blut
in großen Tropfen, die du zählst,
wie sie Halsüberkopf auf die Hände
fallen, gehalten von der Sorge zu erfahren,
wo die Luft ist, was sie umtreibt, warum sie
spricht, von Übeln, derart übergossen,
dass sie alles und jedes scheinen,
doch nicht eines, das darauf vergäße,
wie du Nacht und Blut durch unermessliche
Tage schleppst.

*

Du warst nicht tot, du lebtest bloß,
um meine Lippen mit beschwörenden
Almosen zu benetzen, dürftige Lügen in
Bergson'schem Stil auf mein kristallin entspanntes
Aufderweltsein breitend, während du von Pferderüben
zehrtest. Du lebtest nicht, warst lediglich
gestorben, nach so viel voreiligen Schlachten
im schlafenden Geist.

Ich schlief nicht, suchte nur die unvergleichlichen
Vereinigungen zwischen den verlornen Seelen, die
in einem Gasthaus sich versammelnd Einschlaf fanden
zu den Klängen des Glockenspiels – ein vorwitziger
Einfall, doch keine Prophezeiung, kein
Verzeihen, auch kein Wort, sei's zärtlich, neu
oder barmherzig –, nur eine Ausfahrt hin zu
Meeren, aufgeweicht vom Überdruss, ein Wettlauf
um die Lust, sich unfruchtbar zu wissen, nur
ein Gasthaus für den abendlichen Rausch, und du,
mit meinem Herz als Spielball, speist
mir breite Fransen ins Gesicht.

Aus dem Italienischen von Theresia Prammer

Amelia Rosselli
Mein Sätzeschmieden, eine Impfung
Aus: *Documento* / 1966–1973

Sauerstoff in meinen Zelten, du bist es,
der scharrt an meiner Eingangstür, der kommt,
zu heilen mein geheimnisvolles nicht Zusammengehen,
um keinen Preis Zusammengehenkönnen mit
den andern. Wie das? Du überwachst mich und
im Schritt, der uns verbindet, ist vor allem
Gottes Quintessenz, sein Phantasieren,
wenn nicht von Liebe, dann von irgendetwas
Größerem: dein Körper und dein Geist und
deine Muskeln, alle abgespannt: von einer
Nachricht, die da hängenblieb im Leeren,
als könnte keinen Schatten diese Botschaft
mehr erreichen, durch die Mieterin, durch mich:
dein Kind, in einem versteinerten Wald.

*

An Schubert

Eine orangefarbene Melodie hatte mir
in den Ohren getönt, gespitzt auf das Solfeggio
einer Geige, deutlich genug, um selbst
jene Fasern meiner Nerven zu erreichen (hohes
Herz), die mich bei den Haaren zogen,
während ich voll Wehmut tanzte, jenen
Abend, an dem keine Post kam.

Ewige, nicht ausgebrochene Melodie,
Melodie von Gefühlen, nicht zu entweihen
im Grabgeheimnis des Apostels: doch Apostel
wovon? – Von einer verzweifelten und bisweilen
auch heiteren Zurschaustellung eurer mentalen,
sentimentalen und gewöhnlichen Bilder: die Liebe
sorgsam in einer Schachtel verstaut und keine Zeit,
um Verzeihung zu bitten.

*

Dieses mein Sätzeschmieden, eine Impfung,
wo von Angesicht zu Angesicht kein Sprechen möglich war,
Fatalitäten zwischen uns getreten,
mit einem Fünfwochenbart,
ein Michzutodemartern, um einen toten Punkt herum.

Ein Verb ist wie das andere, das nämliche,
aus deinem Lächeln bringt es nichts zutage
als das Unwiederbringliche.

Dass da eine ganze Mahlzeit war, die auf mich wartete,
grau, aber wahr,
in aller Ruhe die Neugeburt
der Nerven zu verzehren,
während, mit metaphysischen Absichten
ich düstere Straßen nach dir absuchend,
das Gas, das Hände und Wände erblassen ließ,
in der Zukunft auf der Suche nach Gegenwart,
sie alle auftauchten, makellos,
vielleicht auf den im Geist verheerten Samen zielend,
auf Zehenspitzen schrieb ich diese Zeilen.

*

Die Blumen fallen einem zu und öffnen sich,
eine scharfe Wachsamkeit bringt sie zum Schweigen,
der Gaben niemals müde werden.

Die Welt ist ein gezogener Zahn,
fragt mich nicht, warum ich
heute so viele Jahre zähle,
der Regen fruchtet nichts.

Auf den verheerten Samen zielend,
warst du das welke Bündnis, das ich suchte,
das Herz eines andren rauben und für eigene Zwecke missbrauchen.

Die Hoffnung ist ein Schaden, vielleicht niemals gutzumachen,
roh klimpern die Münzen im Marmor
der Hand.

Ich überredete das Monster, sich davonzutrollen,
in die aufgeräumten Zimmer eines imaginären Hotels,
in den Wäldern waren kleine Schlangen, einbalsamiert.

Ich maskierte mich als Priesterin der Poesie,
doch für das Leben war ich längst gestorben,

die Eingeweide, verloren
in einem Handgemenge,
du gehst daran zugrunde, von der Wissenschaft davongefegt.

Die Welt ist leise und zerbrechlich:
Ein paar Elefanten durchschreiten sie dumpf.

*

Die Sonne schreckt uns auf aus einem langen
Winterschlaf des Geistes, der voll Starrsinn
oder Irrsinn glaubte, Licht allein in sich
zu finden; doch heute scheint aus vollen Segeln
diese Sonne, und der Geist kann schwerlich von sich weisen
die himmelschreiende Gemeinheit einer Sonne, die
die Haut mit feinen Spritzern saurer Ängste farbig überzieht.

Eine Sonne, ein Konsumartikel, Licht, das vergewaltigt
das verworrene Herz, verpackt
in die gewaltsamsten Krisen.

Verstrickt in einen Tannenwollustwald, zerschlägt es
jede lange Wartezeit und wendet sich indessen
dem langen Tanzen zu, das seine Wucherungen
einhegt; wie viel Ehrerbietung! Und wie viele

Verluste! Warum, fragt sich das Herz in seinem Chauvinismus,
warum ruhen in so dunkler Grube,
was hat es falsch gemacht, was trieb es
zu so seltsamer Mission?

Verlorener Mission? Gefräßigstes aller Geheimnisse,
wir mussten der Barmherzigkeit entbehren, die
das trauervolle Unvermögen nährt.

*

Mir bleiben zwanzig Tage,
um eine Revolution anzufachen: Mir bleiben
weitere zwanzig Tage nach der Revolution,
um meine Bekanntschaft zu machen,
mein kleines Gedanken-Brevier.

Höhle für
die frischen Geister,
die Wörter

eine geschlossene
Faust, die meinen
unveräußerlichen Daseinsgrund verbürgt.

Der Feind reißt ihr die Kleider fort,
das Glück ist ein Mikro-Organismus im Innern
des Unglücks,

auf dem Friedhof
sitzt ihr das Glück im Genick.

*

Das Feuer klettert auf immer abwegigere Zweige,
und im Grün verkriechen sich noch kleine
Tierchen, sie sind die Rarität auf unserem
Planeten, während sämtliche Spielarten
irgendeiner Steinzeit die heftigsten Zusammenstöße
zeitigen und listig sich vermehren. Ich aber
halte gar kein Heilkraut in den Händen, habe
keine Hoffnung, eines Tages dich mit einem
Blick zu fangen, während du, mit meinem Körper
experimentierend, dich anschickst,
mich aufzusuchen, ahnungslos,
während du jedes andere Rezept ausschlägst
in deinem eitlen Wahn, dich besser auszukennen als
die Bäume, und besser als die Flüsse, die da
durch die Reben fließen.

Mein einziges Gras ist dieser Rauch über
den Bauten, geteilt durch Gläser hoher
Fensterscheiben, und rauchend seh' ich klarer,
aus welchem Stoff denn dieser unser Glaube war,
des einen wie des andern. Der andere, der hoch
Gefiederte, hat den Affekt verworfen, der Effekt
hat die Zärtlichkeit verwirkt, die Wirkung
war jene eine rosa Wolke, die darauf bestand,
im andern jede Hoffnung auf Erfüllung
aufzuspüren.

*

Kollaps

Es sind die verfallenen Flocken, die künden
von einem Leben ohne Licht, und ihr
Getanze ist nur eine Farce, denn
nicht wir haben die Lichter gezündet.

Unter den blutgetränkten Brunnen floriert
das Böse, stark, kraft einer starken Ambition,
treibt, wie der Wind, die Schneeböen voran.

Die Weisheit ist ein Sarg ... und im Versagen
ist noch eher Rettung als in diesem sturmgeplagten
Sichverlieren und dann Wiederfinden auf den Wegen
der Vernunft ...

Der schneedichte Himmel steht reglos, als wollte er warnen
vor einer prächtigen und reglosen Versklavung. Der Schnee
hat beinah aufgehört zu hoffen.

Generalstreik 1969

heißglühende Lampen und im Kreischen
einer ruhigen, rokambolesken Menge
es ernst meinen: Das heißt
etwas riskieren! Auf dass im offensichtlichen
Infantilismus auch mein Vermögen,
auf alles zu pfeifen, zuschanden geht.

Ein sehr inwendiger Gott könnte reichen,
mir reichte mein Egoismus nicht

nicht reichte diesem Volk der Geschmack
eines Reichtums, in der Revanche

im Übrigen gedrosselt. Wir mussten
das Beste zum Ausdruck bringen: uns einer

Rhetorik hingeben, die ein Schrei
des Protestes war, einer waghalsigen

Zerstörung in unseren angstvollen
Wohnungen. (Ich gab sie preis, diese
senkrechte Liebe, zum einsamen Gott,
revolutionierte mich in die Menge,
zog mich aus dem Himmel zurück.)

*

Friedvolle Worte
ins Nichts gehängt
ich habe alles im Nachgang
und nichts ganz

Worte im Nichts! – Ich will nichts
ausrufen: Ich bin
verbraucht, und da ist nichts

zu machen.

Aus dem Italienischen von Theresia Prammer

Amelia Rosselli
(für Pier Paolo Pasolini)

Und ich kann dich verklären,
dich einem andern übergeben,
bis hin zu jenem Altar des
Vaterlands, den du nanntest
rein …

Und heute Abend gibt es Tanz,
Wein und Vergnügen: – für die, die nicht
speisen in den schummrigen Zimmern
des Vatikans.

Ich mühte mich: immer noch erpicht
aufs Lebenlernen, aber da kamst du,
dein ganzer Leib ein Beben, tratst heran
und zeigtest mir einen andern Weg.

Die Vorhänge sind zugezogen, des Auges
Violett ist rund, es ist nicht
traurig, doch weil du betetest,
schloss ich die Tür.

Das Dienstmädchen trat nicht ein;
es fiel in Ohnmacht: Als sie dich tot auffand,
entschlummerte sie bleich.

Verstört entschlummerte sie, und erschüttert
in allen Gliedern versammelt sie um sich
die Extreme.

Lieber sagte ich es einer andern Kindheit
und nicht diesem Schaukeln
auf Wortarsenalen!

Aber der Rest schweigt: Ich höre keinen
Laut, der nicht Frieden wäre,
während übers Blatt der Bleistift bebt.

Und auch ich erröte vor so viel Zurschaustellung
eines nackten, fühllosen Leichnams.

(1975) Aus dem Italienischen von Maximilian Gilleßen

István Kemény
50 + 1 literarische Pfeiler
Eine Autobiographie

István Kemény. Foto ©gezett

Aus dem Ungarischen von Timea Tankó

Essay über die Lektüre von
William H. Gass, Homer, Platon, dem Lukasevangelium,
William Shakespeare, Miguel de Cervantes,
Louis de Rouvroy, Daniel Defoe, James Fenimore Cooper,
Antoine Watteau, Johann Wolfgang von Goethe,
Erasmus von Rotterdam, Mihály Csokonai Vitéz, Emily Brontë,
Sándor Petőfi, Karl Marx und Friedrich Engels,
Mark Twain, János Arany, Imre Madách, Friedrich Nietzsche,
Lew Nikolajewitsch Tolstoi, Fjodor Michailowitsch Dostojewski,
Géza Gárdonyi, Thomas Mann, Dezső Kosztolányi,
Ladislav Klíma, T. S. Eliot, Antal Szerb, Milán Füst, Attila József,
Frigyes Karinthy, drei letzten Gedichten, Menyhért Lakatos,
Piotr Szewc, Jenő Szűcs, Stanislaw Lem,
Wenedikt Wassiljewitsch Jerofejew, Die redselige Schildkröte,
Endre Ady, Thor Heyerdahl, Giuseppe Tomasi di Lampedusa,
Géza Ottlik, J. R. R. Tolkien, C. G. Jung,
Bohumil Hrabal, Gabriel García Márquez, Jorge Luis Borges,
Roland Málik, Roberto Bolaño und
Péter Esterházy

+ 1
WILLIAM H. GASS: *A TEMPLE OF TEXTS – FIFTY LITERARY PILLARS*

Ich danke dem amerikanischen Schriftsteller und Essayisten William H. Gass, dessen Fifty Literary Pillars *das Vorbild für diesen Text waren. Unter diesem Titel schrieb Gass fünfzig beeindruckende Kurzessays, wobei er betonte, dass er keine hochmütige Liste im Sinne eines literarischen Kanons zusammengestellt habe, sondern eine ausgesprochen subjektive Auswahl seiner ganz persönlichen Favoriten. Diesem Beispiel folgend habe ich ebenfalls meine fünfzig Pfeiler zusammengetragen. Meine Liste erinnert auf den ersten Blick vielleicht eher an den Kanon der Klassiker oder an Titel der Schullektüre, doch ist sie willkürlicher als die von Gass: Möglicherweise werden einige meiner Pfeiler gar nicht bis zur Brücke reichen oder von der Brücke bis zum Boden, sondern nur herumbaumeln und im Wind knarren. Sicher ist jedoch, dass alle fünfzig eine elementare Wirkung auf mich hatten, als Dichter, als Prosaautor, als Kind. Warum gerade fünfzig? Darüber habe ich öfter nachgedacht und mir auch andere Titel vorgestellt: Vierzig literarische Pfeiler? Das klingt recht dürftig. Sechzig literarische Pfeiler? Daraus wiederum strömt uns Langeweile und kulturmissionarische Aufdringlichkeit entgegen. Ja, Gass hatte recht: Genau fünfzig ist die beste Pfeileranzahl für den Zweck, dem solche Listen dienen. Doch was ist dieser eigentlich? Wozu sind solche Best-of-Listen gut, abgesehen davon, dass man sie gerne studiert? Ich weiß nur, dass es eine Freude war, diese Kurzessays zu schreiben, ein Spiel, ein Abenteuer, ja, sagen wir es ruhig: Freiheit.*[1] *Und mein einziges Ziel war, den Leserinnen und Lesern so viel wie möglich von diesem Gefühl zu vermitteln.*

[1] Mein besonderer Dank gilt Balázs Sipos und Lili Kemény für die Idee und dass sie mich auf William H. Gass' Essay-Sammlung aufmerksam gemacht haben.

HOMER: *ODYSSEE*

Achilleus und Odysseus. Im Grunde gibt es diese beiden Typen von Helden. Seit meinem fünfzehnten Lebensjahr macht es mir ein schlechtes Gewissen, dass ich eigentlich die *Ilias* mögen müsste und nicht die *Odyssee*. Der wahre Held kommt schließlich in dem ersten Epos vor. Einer, dem man nicht ausweichen kann, weil er einen aufsucht und herausfordert. Auch Hektor, der zweitgrößte Held, kann ihm nicht ausweichen, dabei weiß er, dass er besiegt und seine Leiche geschändet wird. Achilleus ist der unerbittliche Tod. Im Grunde versteht er sich nur auf zweierlei: nicht zu verzeihen und zu töten. Und trotzdem ist er der gute Junge. Das Vorzeigekind. Ein Psychopath, der zum sterblichen Helden Nummer eins der europäischen Literatur geworden ist. Hektor hingegen ist fähig zu lieben und sich zu fürchten. Aber er ist nicht fähig wegzurennen, das traut er sich nicht. Ganz anders Odysseus! Wenn nötig, zögert er nicht, sich zu fürchten, und sollte Achilleus einmal ihn herausfordern, würde er wegrennen. (Und sich danach herausreden.) Doch dazu kommt es erst gar nicht, denn Odysseus kalkuliert bei all ihren gemeinsamen Angelegenheiten Achilleus' Ego mit ein, weiß damit umzugehen (und das über einen Zeitraum von zehn Jahren, was nicht ganz einfach gewesen sein dürfte). Bereits im Trojanischen Krieg ist Odysseus die graue Eminenz (die farbenprächtigste graue Eminenz der Geschichte), dabei kommt seine Zeit erst danach. Wenn ich die *Ilias* lese, ist es eine Schande, dass ich nicht Achilleus bin, denn die *Ilias* ist ein Heldenepos, was nach Identifikation verlangt, die Helden vertreten uns in Kriegen, an denen wir nicht teilnehmen können, dabei müssten wir dort sein, weil es in ihnen auch um unser Schicksal geht. Odysseus hingegen ist auch schon ein Romanheld. Mit ihm muss man sich nicht identifizieren. Nach Troja muss man ziehen, danach zehn Jahre lang durch die Welt stromern wäre aber nicht unabdingbar. Beim Lesen der *Ilias* stellt sich nicht die Frage danach, worum es geht. Es ist klar: um Leben und Tod. Natürlich geht es auch in der *Odyssee* darum. Doch stellen sich dort noch eine Reihe anderer Fragen: Warum sind wir eigentlich unterwegs? Warum fahren wir in diese Richtung? Und wohin überhaupt? Achilleus und Odysseus. Diese beiden Typen von Helden gibt es. Nein, es gibt noch einen dritten, den Antihelden. Aber wenn ich mich wirklich frei für einen der drei entscheiden könnte, wäre ich Odysseus. Zur Not noch der dritte. Achilleus interessiert mich nicht.

PLATON: *APOLOGIE DES SOKRATES*

Wie der wirkliche Sokrates war, kann ich nicht wissen. Während meines Studiums kannte ich einen Sokrates, der war unerträglich. Sein immenser Wissensschatz und das Argumentationsgeschick, mit dem er jeden in die Knie zwang. Er war sarkastisch, stellte jeden bloß, der sich ihm nicht unterordnete, und die, die sich ihm unterordneten, ebenfalls. Er provozierte die Menschen, jeden, bei dem er ein wenig Talent oder Wissen erahnte, zermalmte er. Ich hielt mich, soweit es möglich war (mit der Methode eines Antihelden), von ihm fern. Später hörte ich, er sei etwas milder geworden, dann erkrankt und gestorben. Den wirklichen Sokrates kann ich mir nicht anders vorstellen als ihn. Ein unerträglich aggressiver Geist belagert Athen. Frustriert jahrzehntelang eine der talentiertesten Städte der Geschichte. Die Todesstrafe kommt gar nicht so überraschend. Natürlich bin ich dem wirklichen Sokrates gegenüber ungerecht. In einer der talentiertesten Städte der Geschichte hatte man gegenüber aggressiven Geistern sicherlich eine andere Einstellung. Als Athener begriff man sich wohl zudem als Teil eines Gesellschaftsspiels, wodurch auch der Geldwechsler und der Metzger über einen Apparat der Logik und Rhetorik verfügten, und jeder bereit war zu diskutieren. Mich hat es immer fasziniert, Menschen zuzuhören, denen es nicht darum geht, mich zu besiegen, sondern die meine Seele wollen. Die ein wichtiges Element in meine Seele einpflanzen wollen. Nicht unbedingt etwas Gutes, vielleicht ist es sogar gefährlich, aber das macht nichts. Das Entscheidende ist, dass ich, während sie zu mir sprechen, weiß, dass sie mich lebendig haben wollen. Also kann ich mich dem Zauber ihrer klugen oder dummen Rede hingeben. Mir genügt deren Akustik. Es könnten Zeugen Jehovas, Fremdenführer und geistig Behinderte unter ihnen sein (waren es auch). Ihre Rhetorik hypnotisiert mich. Den wirklichen Sokrates habe ich nie gehört, doch wenn ich ihn lese, geht es mir genauso. *Welche Wirkung, Männer von Athen, meine Ankläger auf euch ausgeübt haben, weiß ich nicht. Denn ich selbst hätte unter ihrem Eindruck beinahe mich selbst vergessen, so bestechend sprachen sie.* Es ist nicht nur Sokrates' Rhetorik, sondern auch seine Logik, die mich hypnotisiert. Und in der *Apologie* zudem sein Mut. Er weiß, dass seine Ankläger ihn nicht lebendig haben wollen, denn das Urteil ist gefällt, Athen wird ihn töten, wie Achilleus Hektor getötet hat, er weiß aber auch, dass man sein Andenken nicht wird beschmutzen können. Sokrates' Mut ist mehr als Todesmut, es ist ein wissenschaftlicher Mut. Er nutzt die Gelegenheit, den Athenern eine Hypothese zu beweisen, wonach die Todesangst mithilfe der Logik besiegbar ist. Der Beweis ist ihm gelungen. Es gibt einen Zeugen: Platon.

Das Lukasevangelium

William Gass hat es sich erlaubt, bei seinen fünfzig Pfeilern die Bibel wegzulassen. Ich nehme an, weil er in der Bibel noch kein literarisches Werk sah, sondern den Pfeiler Nummer eins der jüdisch-christlichen Tradition, der – unabhängig davon, ob er gläubig war oder nicht – zur Grundausrüstung eines im Jahr 1925 geborenen Menschen gehörte. Das war sein Ausgangspunkt. Von hier aus veränderte er sich, wenn er sich denn veränderte, hierhin kehrte er zurück, wenn er zurückkehrte. Ich wurde 1961 geboren und habe die ersten achtundzwanzig Jahre meines Lebens in einem religionsfeindlichen Gesellschaftssystem verbracht, wo die Bibel höchstens als literarischer Text in Frage kam, gleichzeitig war mir daheim eine – vorsichtige und mit Zweifeln durchwirkte – katholische Erziehung zuteilgeworden. Wahrscheinlich mache ich mir deshalb mehr Sorgen um die Bibel als ein vier Jahrzehnte älterer Amerikaner. Ich habe das literarischste der Evangelien ausgewählt: Lukas. Mit der detailliertesten Weihnachtsbeschreibung. Das größte Fest des wahren Christen ist Ostern. Weihnachten ist nur das zweitgrößte. Für die christlichen Kinder ist es natürlich Weihnachten. Auch hier müsste ich mich – wie für die *Ilias* statt der *Odyssee* – für den düsteren Karfreitag entscheiden. Und dann am Ostersonntag über die Auferstehung jubeln. Aber ich liebe die Geburt. Das Märchen, wie Lukas es erzählt, die Hirten, die heilige Nacht. Als ich zum ersten Mal in einem richtigen Hotel übernachtet habe (Erzherzog Johann, Graz, 1993), warf ich einen Blick ins Nachtschränkchen, um nachzusehen, ob es darin eine Bibel gab, da ich aus meinen Lektüren wusste, dass es in ordentlichen Hotelzimmern so sein sollte. Sie lag da. Vielleicht war das die Grundlage für meinen viele Jahrzehnte währenden Irrtum: Ich machte es mir nicht bewusst, doch dachte ich, dass es der jüdisch-christlichen Tradition westlich der ungarischen Grenze mehr oder weniger gut geht, sie stark ist, angreifbar, korrigierbar, ignorierbar, dass sie das aushält, alles aushält, ja, nur noch gestärkt wird und vielleicht sogar besser. Wenn ich meine fünfzig Pfeiler damals zusammengestellt hätte, wäre die Bibel womöglich nicht darunter gewesen. Doch seitdem habe ich in vielen Hotels in Europa übernachtet und die meisten Nachtschränke waren leer.

William Shakespeare: *Heinrich V.*

Zur Zeit des Hundertjährigen Krieges hatten die Engländer genau so viel in Frankreich zu suchen wie die Griechen damals in Troja. Sich mit einem gut klingenden Vorwand einschiffen und in den Krieg ziehen. *Wie es immer üblich ist, dass Männer am fröhlichsten sind, wenn sie von zu Hause fort sind.* Hier spricht der junge Heinrich V. von der Vorliebe der Männer, ins Wirtshaus zu gehen, doch sagt er es, als er plant, Frankreich anzugreifen: *... und mein Segel der Größe zeigen, wenn ich mich in meinem Thron von Frankreich erhebe.* Er verheimlicht also nicht, dass er Parallelen zwischen den Stunden im Wirtshaus und dem Krieg sieht – nur dass andere Mittel eingesetzt werden. Außerdem bringt man aus dem Wirtshaus selten eine Beute mit nach Hause und Größe schon gar nicht. Höchstens große, abenteuerliche Pläne. Doch dieser Kerl namens Harry hat als Trinkbruder des alten Gauners, des brillanten Falstaff, im Wirtshaus eine Ausbildung auf Universitätsniveau genossen. Eine allumfassende Schulung in Nihilismus, Trinken, leichtem Leben und Eigennutz. Er lernte sein Land kennen, seine künftigen Untertanen, ihre Tugenden, Schwächen, ihre Denkweise, Dummheit, ihren Humor und ihre Humorlosigkeit. Er verkam dabei nicht und wurde auch nicht zum erbärmlichen Räuber: Zwei Episoden zuvor, im ersten Teil von *Heinrich IV.*, zog er nicht mit Falstaff und den anderen los, um Händler auszurauben. Und jetzt, da Prinz Harry zu König Heinrich V. wird, führt er uns das Klassische Ernstwerden vor. In den anderen Königsdramen Shakespeares kämpfen mehr oder weniger kranke Seelen um den Thron. Heinrichs Seele ist kerngesund. Vorausgesetzt, man betrachtet jemanden als gesunde Seele, der die Charakteristika des Makellosen Königs aufweist. Auf jeden Fall ist seine Art zu regieren beispielhaft: Er ist liebenswürdig, klug, schlau, berechnend, wenn nötig auch grausam, aber mit Gefühl für den richtigen Rhythmus (er macht alles im richtigen Rhythmus), charismatisch ist er auch, man kann an ihn glauben, denn er selbst glaubt an sich, er ist also Machiavellis idealer Fürst – zumindest hat Shakespeare ihn zwei Jahrhunderte nach Lebzeiten des echten Heinrich V. so dargestellt, möge sich Königin Elisabeth I. an ihm erfreuen. Shakespeares große Kunst ist es (was wäre bei ihm nicht große Kunst?), dass er aus einem propagandistischen Schema eine lebensechte Figur zu erschaffen wusste. Eine, die zudem ein richtiger Glückspilz war, da sie von ihrer Epoche und dem Schicksal zu ihrer perfekten Königsnatur und ihren enthusiastischen, von Kriegs-, Raub- und Mordlust erfüllten fröhlichen englischen Untertanen als Bonus sogar noch den idealen Feind erhalten hat: das im feudalen Chaos erstickende Frankreich. Ich weiß nicht, was Shakespeare zum Beispiel mit einem Süleyman II. angefangen hätte, sagt die ungarische Verdrießlichkeit in mir. Was geht mich dieser König Harry eigentlich an? Vielleicht beneide ich England einfach um ihn.

Miguel de Cervantes: *Don Quijote*

Ich war schon über vierzig, als ich dem Wahnsinn verfiel und beschloss, dass Don Quijote in meinem nächsten Roman auftauchen, ja, vielleicht sogar der Protagonist sein würde. So eine verrückte Idee kommt natürlich nicht aus dem Nichts. Mit fünf Jahren hatte ich die Serie *Ivanhoe* im Fernsehen gesehen. Mit Roger Moore in der Hauptrolle. Er saß in glänzendem Helm mit Visier und Federbusch und langem, flatterndem weißem Umhang über dem funkelnden Kettenpanzer auf seinem Pferd, hielt mit lässiger Eleganz die gefähnelte Lanze und ritt, umgeben von seinen Knappen, in siegreiche Schlachten. Und sein Pferd war auch bekleidet: Es war von einem fast bodenlangen weißen Tuch bedeckt, in dem vier Löcher für Augen und Ohren freigelassen worden waren. Einen großartigeren Anblick als den, den damals Ivanhoe mit seinem bekleideten Pferd bot, kann ich mir bis heute nicht vorstellen. (Abgesehen vielleicht von König Harry, wie er in Kenneth Branaghs Film *Heinrich V.* vor der Schlacht von Azincourt eine Ansprache an seine Soldaten hält.) Als *Ivanhoe* zu Ende war, fiel ich in ein Loch. Das war aber nicht das Schlimmste. Kurz danach kam *Don Quijote*, ebenfalls eine Serie. Dieses Gefühl wünsche ich niemandem: Gerade erst hatte ich das Wissen erworben, dass es einen solchen Ritter gegeben hatte, und schon kommt dieser andere. Eine klapperige Gestalt in schäbigem Harnisch, der ganze Mann scheppert wie ein Haufen Töpfe. Er ist der Ritter von der traurigen Gestalt und auf diese traurige Gestalt ist er sogar noch stolz. Sein Pferd ist auch eine Katastrophe: Es ist nicht nur unbekleidet, sondern dürr und düster. Wer sind die Schildknappen? Ein einziger dicker alter Herr auf einem Esel. Sie unterhalten sich viel und werden ständig verprügelt. Achilleus weckt zwar auch das Gefühl in mir, ich müsste mich für ihn statt für Odysseus entscheiden, doch da ist die Situation wenigstens klar: Man muss sich dem größeren Helden anschließen, und wenn ich das nicht hinbekomme, ist es mein Problem. Doch in diesem Fall geriet ich gerade unter den entgegengesetzten Druck: Die Erwachsenen um mich herum respektierten diesen Don Quijote mehr als Ivanhoe. Überhaupt: *Diese* Serie sahen sie sich auch an. Sie sahen zu, machten Bemerkungen, nickten, lachten voller Verständnis, während ich bei Ivanhoe, meiner Erinnerung nach, stets allein vor dem Bildschirm gesessen hatte. Das war vielleicht das erste, aber nicht das letzte Mal, dass die Erwachsenen oder die eingefleischten Realisten, von denen ich umgeben war, meine Ideale verrieten. Es brauchte mehrere hundert solcher Ereignisse und ungefähr vierzig Jahre, bis ich sie einholte, ihre Gesichtspunkte nachvollziehen konnte und verstand, dass *Don Quijote* – ob es einem nun gefällt oder nicht – wahrscheinlich der großartigste Roman aller Zeiten ist oder zumindest der neuartigste schriftstellerische Ansatz seit der *Odyssee.* Ich ging schon auf die fünfzig zu, als mir bewusst wurde, dass ich Don Quijote bin und endlich etwas mit mir anfangen muss. Und dass ich alles vermassle, wenn ich den richtigen Moment verpasse und nicht endlich in meinem klappernden Harnisch aus meinem Dorf aufbreche und Sancho mitnehme, der ich ebenfalls bin.

Louis de Rouvroy, Herzog von Saint-Simon: *Die Memoiren des Herzogs von Saint-Simon*

Saint-Simon ist der gezähmte Autor gezähmter Helden. All das Großwild des Mittelalters, Ritter, Grafen, Gouverneure, ungezügelte Prälaten, Marquis, Herzöge, Grandseigneurs sind alle an einem Ort versammelt, am gigantischen Hof des Sonnenkönigs. Sie sind gebildet, ihre Selbstständigkeit gehört der Vergangenheit an, sie benötigen sie auch gar nicht, da es ihnen vergönnt ist, in der Nähe des Königs und untereinander zu leben. Sie müssen nicht mehr gegeneinander kämpfen wie früher, da sie sich nun jeden Tag besuchen und kontrollieren können, bei den Abendessen, in den Gängen des Palastes von Versailles, in den Alleen des Parks, um festzustellen, dass ja auch ihr Gegenüber zu einem ebenso bezaubernd impotenten, in Phrasen plaudernden Affen in komplizierter Kleidung geworden ist wie sie selbst – es gibt keinen Grund, sich voreinander zu fürchten. Eigentlich wären sie nicht verpflichtet, hier zu leben, doch der Sonnenkönig mag es so, und außerhalb von Versailles zu leben – nun, das ist unmöglich. Auf dem Planeten gibt es zu dieser Zeit keinen Ort, an dem jemand, der schon einmal in Versailles gelebt hat, leben könnte (außer vielleicht Peking, aber das ist ein anderer Planet). Versailles ist eine der Generalproben der modernen Zivilisation, ja, sogar der Zivilisation des einundzwanzigsten Jahrhunderts. Ein paar tausend Menschen, die ständig zusammen sind und Zeit haben, ständig zu kommunizieren. Saint-Simon ist der Autor dieses Hofes. Er selbst ist auch Herzog, einer der Gleichen unter dem Sonnenkönig. Er hegt ein besessenes Interesse für alles, für Gegenstände, Personen, Intrigen, Liebschaften und für die Liebenden selbst. Die Art von Schriftsteller, wie es Jahrhunderte später Marcel Proust sein wird (wenn nach einem Sonnenkönig überhaupt noch etwas sein kann). Besessen notiert er alles über das Leben am Hof. Die Gerüchte. In Versailles ist jedes Gerücht von besonderem Gewicht, es könnte den Lauf der europäischen Geschichte beeinflussen. Wir befinden uns hier in der absoluten Monarchie Nummer eins, Frankreich ist stark, ist eine Einheit und ist mächtig. Diese Macht verleiht der Masse von Saint-Simons Beobachtungen, selbst seinen leichtfüßigsten Sätzen Gewicht und einen dunklen, majestätischen Hintergrund. Das Buch habe ich für besonderen Fleiß und vorbildhaftes Betragen zu meinem Zeugnis der dritten Klasse erhalten, von meiner Mutter, die in der Dorfschule meine Klassenlehrerin war. Ich blätterte es durch und was ich verstand, war, dass es einst einen Sonnenkönig gegeben hatte. (Der Band hieß *Am Hof des Sonnenkönigs* und es war eine von Pál Réz herausgegebene und übersetzte Auswahl von Saint-Simons Texten.) Ich war noch keine zehn Jahre alt, aber stolz auf mein Buch und betrachtete es später oft, wie es im Regal zwischen den Erwachsenenbüchern stand. Die Jahre vergingen, ich hatte es immer noch nicht gelesen und sah in diesem Buch zunehmend meinen heimlichen Schatz, durch den ich seit meinem zehnten Lebensjahr eine Verbindung zu Versailles hatte, was mich ein wenig adelte. Dieses Gefühl wurde aber von einem anderen, traurigen begleitet: der Unmöglichkeit der Erfüllung.

Daniel Defoe: *Kapitän Singleton*

Also, dieser Roman hat mich mit elf Jahren ziemlich hinters Licht geführt. Ich habe ihn genauso ernst genommen wie *Robinson Crusoe*. Als Ergebnis seiner unermüdlichen Arbeit überlebt Robinson Crusoe die einsame Insel und entkommt. Aber hier geht es darum, dass ein Kerl namens Singleton zum Piraten wird, raubt und mordet und als er genug Schätze beisammenhat, entkommt er dem Piratenleben (wie Robinson der Insel), hintergeht seine Komplizen (die anderen Piraten), wäscht sein Geld und fügt sich wieder in die Gesellschaft ein. All das las ich unschuldigen Herzens und zählte freudig die Schiffe, die Singleton und die Piraten enterten, wer Widerstand leistete, wurde getötet oder zum Piraten gemacht, wodurch die Flotte wuchs … Alles lief bestens. Ich drückte Singleton die Daumen, da ich glaubte, dass er ein guter Mensch war, nur eben irgendwie in dieses Piratenleben hineingeraten. Sollte doch etwas Argwohn in mir aufgekommen sein, wurde dieser von der Figur des William, Quäker und Arzt, zerstreut. Er ist der Urtyp des politischen Beraters, des Ideologen, des Managers, Produzenten, des bösen Geistes. Als er in die Gefangenschaft der Piraten gerät, lässt er sich von Singleton eine Bestätigung darüber geben, dass er der Gefangene der Piraten sei und man ihn gegen seinen Willen dazu zwinge, die Piraten zu beraten. Und dann versorgt er die Seeräuber mit einer endlosen Reihe von rationalen, christlichen und außerordentlich praktischen Ideen über die Effektivitätssteigerung des Seeraubs – während er als Quäker theoretisch jede Form von Gewalt ablehnt. Irgendetwas fand ich schon seltsam an dem Ganzen, und wenn ich mich auf meinen Sinn für Moral besonnen hätte, hätte ich vielleicht sogar sagen können, wie so ein Roman normalerweise hätte ausgehen müssen: Singleton setzt sein Leben für andere aufs Spiel, verteilt sein Vermögen unter den Armen oder so ähnlich. Aber er setzt nichts aufs Spiel, verteilt auch nichts – seine Sünden bereut er, das gibt es umsonst. Ich verstand also nicht, dass *Kapitän Singleton* eine blutige Satire über protestantische Sophistik ist. Man sagt der protestantischen Moral zurecht nach, sie sei der Motor des Aufschwungs in der westlichen Welt der Neuzeit gewesen – sie ist es auch, aus der Robinson Crusoe auf der einsamen Insel Glauben und Hoffnung schöpft. Doch in *Kapitän Singleton* wird uns die Funktionsweise der gesunden Heuchelei und Selbsttäuschung vorgeführt: Wie es der angelsächsischen Zivilisation über mehrere hundert Jahre hinweg – ja, im Grunde bis heute – gelungen ist, die protestantische Moral mit dem pragmatischen, dreckigen, niederträchtigen und zynischen Kapitalismus zu vereinbaren.

James Fenimore Cooper: *Lederstrumpf*

Das war eine ähnliche Enttäuschung wie *Don Quijote* nach *Ivanhoe*. Gerade erst hatte ich Karl May für mich entdeckt und festgestellt, dass es keinen besseren Schriftsteller gibt, ja, gar nicht geben kann, das erzählte ich den Erwachsenen, und schon schenkte mir einer von ihnen zwei Bände von Cooper: *Der letzte Mohikaner* und *Die Ansiedler*. Na gut, dachte ich, mal sehen. *Der letzte Mohikaner* fand ich nicht so gut wie *Winnetou*, aber doch ziemlich gut: Darin gibt es zwar kein Repetiergewehr, dafür Kämpfe und Abenteuer. Schade ist nur, dass sie nicht mit Pferden unterwegs sind und dass Uncas am Ende getötet wird, weil Falkenauge ihn nicht beschützt, weil er nicht rechtzeitig ankommt, weil er nicht schnell genug rennen kann, allein schon deshalb wäre es besser, dachte ich, wenn alle reiten würden wie in *Winnetou* … In *Die Ansiedler* traf ich dann denselben Falkenauge unter dem Namen Lederstrumpf in einem friedlichen amerikanischen Dorf an, wo er ein von der Dorfgemeinschaft geduldeter alter Außenseiter war. Er wohnte in einer Hütte, zusammen mit seinem alten Freund, dem Trunkenbold Chingachgook. Ich wartete auf den Kampf, darauf, dass die bösen Irokesen kommen und das Dorf vor ihnen beschützt werden müsse, doch dieses Dorf musste vor nichts mehr beschützt werden, zumindest nicht bis 2016, dem Jahr, in dem ich diese Zeilen schreibe. Das Dorf ist so stark und gesund wie die Vereinigten Staaten. Es braucht Falkenauge und Chingachgook gar nicht. Das Dorf sieht auf sie herab, vor allem auf Chingachgook, der nicht nur Indianer ist, sondern auch noch trinkt. *Die Ansiedler* gefiel mir nicht. Ich hatte das Gefühl, einem Missverständnis zum Opfer gefallen zu sein, es musste ein anderes, richtiges Buch mit dem Titel *Die Ansiedler* geben, das die Erwachsenen meinten. Ich las es trotzdem zu Ende. Und im Laufe der Jahre noch einige Male. Später mochte ich von Coopers fünf *Lederstrumpf*-Romanen dieses am meisten. Noch später wurde mir klar, dass *Lederstrumpf* ein einziger aus fünf Teilen bestehender Großroman ist, in dem es um die Geburt der Vereinigten Staaten von Amerika geht und von dem (die vor und nach *Die Ansiedler* spielenden) achtzig Prozent nicht deshalb voller Abenteuer sind, damit der Text von der Zielgruppe namens „junge Teenager“ verschlungen wird wie die Romane von Karl May, sondern, weil das Abenteuer damals und dort zum Alltag gehörte, da man sich gerade in den Randgebieten der Zivilisation befand. Und viel später kam ich auch dahinter, was mein Problem mit *Die Ansiedler* war: Es zeigte mir wider meinen Willen, was Literatur ist, dabei wollte ich damals nur lesen.

ANTOINE WATTEAU: *EINSCHIFFUNG NACH KYTHERA*

Ja, ich weiß, dass es ein Gemälde ist. Aber es ist auch ein Buch. Der Titel ist der Text. Einschiffung: Dieses Wort steht für die Handlung. Man bewegt sich, kommt aber noch nicht vom Fleck. Es ist eine Situation, aber auch Ziel, Zukunft, Ungewissheit. Und die Insel Kythera ist das Geheimnis in dem geheimnisvollen Titel. Dieses Bild habe ich mit dreizehn Jahren zum ersten Mal gesehen, und ohne den Titel hätte ich es vielleicht gar nicht weiter beachtet: Ist schön, sehen wir uns das nächste an. (Ich hatte nämlich von meiner Kunstlehrerin einige Schachteln Diapositive bekommen, um mich vor dem regionalen Kunstwettbewerb mit der Kunstgeschichte vertraut zu machen.) Der Titel brachte mich dazu, das Bild etwas genauer zu betrachten. Ich sah, dass die dargestellten Personen verliebt waren und traurig. Und sie offenbar wussten, was für ein Ort die Insel Kythera war. Ich übertreibe nicht, wenn ich sage, dass ich mich mit dreizehn Jahren durch dieses Bild in die Liebe verliebt habe, dabei hatte ich nur eine vage Ahnung davon, dass es die Liebe war, die ich auf dem Bild sah. Es bedurfte vieler Jahre, eigener Erfahrungen, den *Memoiren des Herzogs von Saint-Simon* und vor allem Antonionis Filmen, um auf dem Bild zu erkennen, dass verliebt zu sein Arbeit bedeutet, Verantwortung und Last. Und dass diese Menschen hier keine Frischverliebten sind. Oder falls doch, dann nicht zum ersten und auch nicht zum zweiten Mal. Wenn sie sich verlieben, wissen sie bereits, worauf sie sich einlassen: Sie nehmen die Last auf sich. Deshalb fahren sie nach Kythera. (Oder von dort weg?) Viele Jahre später, als ich Saint-Simon gelesen hatte, hätte ich diesen Figuren auch Namen geben können, Versailler Namen. Das tat ich jedoch nicht, denn ich wusste, dass fast alle Versailler und Versaillerinnen herzlos waren, viele unter ihnen ausgesprochen boshaft, intrigant, Menschen, die einander hassten, verletzten, vielleicht sogar schlugen, die ordinär waren, pervers und schlecht rochen. Watteaus Figuren ließ ich lieber namenlos, und so kommt es, dass ich jedes Mal, wenn ich das Bild sehe, egal in welcher Fassung, im Louvre, in Charlottenburg oder in einem Bildband, mich bei dem Gedanken ertappe, meine Illusionen offenbar nicht verloren zu haben.

JOHANN WOLFGANG VON GOETHE: *DIE LEIDEN DES JUNGEN WERTHER*

Ein schmaler Band, den man in die Tasche stecken kann, nicht wie den dicken, zweibändigen *Faust*. In dem Sommer, als ich meine Freundin verließ, steckte ich ihn oft in die Tasche. Ich ging zu Fuß von Budaörs, der Stadt, wo ich damals wohnte, bis zum höchsten Punkt des Freiheitsberges in Buda, setzte mich auf meine Bank, holte den *Werther* hervor und tat mir leid. Ein junger Wertherianer würde das ungefähr so beschreiben: *Mit meinem* Werther *in der Hand blickte ich in Gedanken versunken in Richtung Hűvösvölgy. Die untergehende Sonne streifte gerade noch den Rosenhügel, doch in den Tiefen des Tales dämmerte es schon: Der riesige Block des psychiatrischen Instituts von Lipótmező wurde – wie jede Nacht – allmählich vom Wald des Hárs-hegy verschluckt. Ich dachte an die Patienten in der Psychiatrie und daran, dass vielleicht Nacht für Nacht gar nicht die Erde ihren Schatten auf sich selbst wirft, sondern die verwirrten Seelen, die wir in unserer Herzlosigkeit und Unwissenheit als Wahnsinnige bezeichnen, aus diesem Institut strömen und Budapest überfluten. Und wir, „gesunden" Menschen, die an ihren erbärmlichen kleinen Tatsachen festhalten, glauben, es sei die Dunkelheit der Nacht ...* So saß ich auf der Bank am Waldrand. Ein junger Wertherianer im Sommer 1987. Zu dieser Zeit schrieb ich meinen ersten Roman, der den Titel *Die Kunst des Feindes* trug. Das sollte mein *Werther* werden. Also war Goethe der Maßstab, wodurch das Scheitern vorprogrammiert war, doch war ich wenigstens heldenhaft. Listig heldenhaft wie Odysseus: Ich trennte den *Werther*, das Jugendwerk, mit dem er die empfindsame Jugend Europas verrückt gemacht und beinahe in den Selbstmord getrieben hatte, vom restlichen Goethe. Goethe war nicht der Erfinder des Sentimentalismus, doch er gab mit diesem Roman, dem ersten echten Kultbuch, das Zeichen, dass der Weg für die Gefühle offenstand. Und ich wählte, mit dem *Werther* in der Tasche, zweihundert Jahre später das achtzehnte Jahrhundert zu meiner Epoche. Ich stellte mir einen zeitgemäßen sentimentalen Roman in Watteaus Landschaften vor, ließ ein bisschen Science-Fiction, Surrealismus und das Rokoko des Stalinbarock hineinfließen. Das Budapest der achtziger Jahre war für mich ein Ancien Régime. Eine Welt vor der Revolution, in der es nie eine Revolution geben würde. Ein historisches Ereignis mit dem Fantasienamen „Wende" wäre mir vollkommen absurd erschienen. Und es fehlte mir auch nicht.

ERASMUS VON ROTTERDAM: *LOB DER TORHEIT*

Als ich das erste Mal davon überzeugt wurde, dass die Gesellschaft tatsächlich ein Irrenhaus ist – durch Béla Hamvas' Roman *Karnevál* –, gab es noch einen gewissen Widerstand in mir, ich nannte Hamvas einen Illusionsmörder. *Lob der Torheit* las ich ungefähr fünfzehn Jahre später, und da beruhigte es mich eher schon. Ich dachte, nur schlimmer sollte es nicht werden. Es war kurz nach der Jahrtausendwende, ich war vierzig Jahre alt und stellte erschrocken fest, dass ich dabei war, eine Pose einzunehmen: die des griesgrämigen alten Mannes. Meine Naivität war lange Zeit keine Pose gewesen. Ich war wirklich naiv. Ja, vielleicht ist das sogar mein Grundcharakter. Doch mit vierzig wirkt Naivität auch dann wie eine Pose, wenn sie es nicht ist. Vor allem erschreckte mich, wie verlockend die Bequemlichkeit des alten Griesgrams auf mich wirkte. Zum Beispiel hatte ich allmählich eine Meinung über die Epoche, in der ich lebte. Und eine gewisse Selbstgefälligkeit konnte ich auch an mir beobachten. Also bekam ich vor ungefähr fünfzehn Jahren einen ziemlichen Schreck und verharre, mangels einer besseren Lösung, seitdem in diesem Zustand. Vielleicht ist das die beste Methode gegen die Selbstgefälligkeit des reifen Erwachsenen. Zum Beispiel hätte ich bei meinen *Fünfzig Pfeilern* Erasmus beinahe vergessen. Dabei gehört er hierher, damit er mich ermahnen kann. Beim Schreiben dieser Kurzessays ist mir aufgefallen, dass ich mit ihnen lehren möchte. Ich stelle mich als Beispiel dar, mein Leben als eine Art geistige Erfolgsgeschichte. Und dafür habe ich auch ein Schema: Seht her, wie blöd ich zu einem bestimmten Zeitpunkt meiner Kindheit oder Jugend war, *aber* das gehört ja nun alles der Vergangenheit an. Oder etwas raffinierter: Irgendwann in meiner Jugend dachte ich, es verhalte sich mit einer Sache so und so, *aber* später merkte ich, es sei genau andersherum, *aber dann*, noch später, wurde mir klar, dass es sich genau so verhält, wie ich es in meiner Jugend gedacht hatte, denn die Wahrheit, die ist *nun einmal* so inkonsequent, *aber* inzwischen kenne ich wirklich alle Kurven, Schlingen, Fallen des Lebens. Und an Selbstironie fehlt es mir auch nicht, also bin ich nun ein wirklich weiser Mensch … Was nicht der Fall ist. Also soll Erasmus ruhig kommen und sein Werk einen gelehrten und deftigen Scherz nennen, soll er sagen, *dass man dem Witz noch stets erlaubt hat, sich ungestraft über das Treiben der Leute lustig zu machen, solange er nicht anfängt, Gift und Galle zu spritzen* – also soll er mich, wenn ihm danach ist, freisprechen, nachdem er mich, samt aller anderen Menschen, als Tor bezeichnet hat, doch ich nehme das *Lob der Torheit* lieber ernst und bleibe erschrocken. Und versuche, nicht alle meine Fehler zu begehen.

MIHÁLY CSOKONAI VITÉZ: *GESAMMELTE GEDICHTE*

Csokonai passt nicht in die im neunzehnten Jahrhundert konstruierte und seitdem gültige ungarische Literaturgeschichte (die die Moderne, den sozialistischen Realismus und die Postmoderne überlebt hat). In der Zeit, in der er lebte, gab es keinen Platz für einen Dichter von großem Format, der nur seinen eigenen Regeln folgt. In der zweiten Hälfte des achtzehnten Jahrhunderts müsste eigentlich der eine oder andere Epigone Goethes zu finden sein, der, über die Armseligkeit der ungarischen Sprache klagend, den Weg für Mihály Vörösmarty vorbereitet. Man frönte dem Sprachpurismus und spülte die vage Ahnung, dass man unwillkürlich zu spät dran war, mit Weinliedern die Kehle hinunter. Doch gab es in dieser Zeit nicht nur Csokonai, sondern auch Dániel Berzsenyi. Zwei große (oder was sollte man sagen, wenn man meint: von Weltrang?) ungarische Dichter zu einer Zeit, als es – so komisch das auch klingt – in der Dichtung in ganz Europa einen Mangel gab (daran wird sich erst in der Romantik etwas ändern). Und hier dann gleich zwei. Als ich ins Gymnasium ging, wurde uns Csokonai als ein verspäteter Dichter des Rokoko vorgestellt, der mit den Idealen der Aufklärung aufgewachsen war. Ich denke nicht, dass er ein Rokoko-Dichter war. Die geheimnisvolle Schönheit und Schlichtheit seiner Sprache steht der des zwanzigsten Jahrhunderts viel näher als der des achtzehnten oder neunzehnten Jahrhunderts. Und ich denke auch nicht, dass er verspätet war. Er war der erste ungarische Lyriker, in dessen Gedicht eine Ananas vorkam – und blieb lange Zeit der einzige. Er muss einen ausgeprägten Sinn für Trends gehabt haben. Oder sollten wir sagen: einen Ananas-Sinn? Falls ich einen Ananas-Sinn habe, dann habe ich mir diesen gewiss nach seinem Vorbild angeeignet. Ich bin auch nicht gerne verspätet. Csokonai bewegt sich synchron zu seiner Zeit. Ich glaube sogar, er war ihr etwas voraus, und er wird auch starke Visionen von der Zukunft gehabt haben. Er wuchs gerade zur Zeit der Reformen (des aufgeklärten Amoklaufs?) von Josef II. heran und wird somit in der Schule – Jahre vor der französischen Revolution – am eigenen Leib erfahren haben, was Modernisierung bedeutet. Ohne dieses Wissen wäre er vielleicht tatsächlich nur ein Gedichteschreiber des Spätbarocks gewesen, doch so wurde er zu einem modernen Dichter. Sein Fremdsein in der eigenen Zeit ertrug er eine ganze Weile, bis 1805. Seine *Gesammelten Gedichte*, einen schmalen Band, ließ er auf seinem Tisch liegen und sich selbst ließ er von einer Lungenentzündung abholen. Woraufhin die ungarische Literatur in ihre Verspätung zurückfiel.

EMILY BRONTË: *STURMHÖHE*

Bei der englischen Literatur kommt mir nicht der Gedanke, dass sie verspätet sei. Aber auch nicht, dass sie sich entwickelt. Die englische Literatur funktioniert irgendwie anders als die europäische. Genauso wie die englische Geschichte der Neuzeit. England hat seine Revolution rasch hinter sich gebracht. Ende des achtzehnten Jahrhunderts, als die große Französische Revolution einen Schnitt durch die neuzeitliche Geschichte Europas macht, herrscht im ländlichen England bereits seit langem Frieden. Dieses ländliche England ist eine Wildnis. Eine geordnete Wildnis. Ein englischer Garten. Es ist, als hätte England seine stürmischen Gefühle in den Jahrhunderten der Neuzeit hier aufbewahrt. Oder eher hier versteckt, während es der Welt seine Schiffe zeigte, denn das verbot der Anstand nicht. Emily Brontë verstieß gegen den Anstand, als sie in den 1840er Jahren einen Roman schrieb, in dem sich die Natur wie eine Psychopathin verhält. Die Stürme wüten nicht nur in der Natur, sondern auch in der menschlichen Seele. In der Liebe, der Familie, der Ehe. Und im gesunden Menschenverstand. In dieser Zeit hätte eine englische Dame allein schon aufgrund ihrer Erziehung nicht so viel über Leidenschaft wissen dürfen wie Emily Brontë. Doch beim Verfassen von *Sturmhöhe* arbeitete sie zugleich für mehrere Jahrhunderte: Für ihr eigenes erschuf sie einen der grundlegenden Romane der Romantik, für das zwanzigste Jahrhundert legte sie das Unterbewusste der Romantik frei und dem Menschen des einundzwanzigsten Jahrhunderts kann sie vor allem zu der Erkenntnis verhelfen, dass er vorerst – trotz seiner Kopfhörer, seiner smarten Geräte, der synthetischen Stoffe, die in seinen Körper eingebaut werden und der sein Gehirn stimulierenden virtuellen Welten – immer noch in der gleichen von Gespenstern heimgesuchten Wildnis lebt wie Emily Brontë, Odysseus oder ich: in der menschlichen Natur.

Sándor Petőfi: *Held János*

Petőfi gehört eher zu meinem Körper als zu meiner Seele. Es ist auch nicht so, dass ich ihn besonders mögen würde. Wenn ich ihn gerade als verstaubt und antiquiert empfinde (oft), dann ärgere ich mich über ihn wie über meine Augen und deren Kurzsichtigkeit. Doch ohne sie wäre ich blind. Petőfi ist ein Auge, mit dem man die Welt immer aus der Sicht eines Jugendlichen sieht. Aber hier ist Vorsicht geboten: Wollen wir diesen Blick wirklich? Den Blick eines Frühverstorbenen? Eines Menschen, der nicht einmal das gewisse siebenundzwanzigste Jahr erlebt hat, der bis zu seinem Tod ausgesprochen zeitgemäß, ja, modern war, dessen Zeit aber mit seinem Tod endete? Und selbst diesem Typus entspricht Petőfi nicht ganz: Zugleich, also im selben Moment, sentimental und volkstümlich zu sein, nationalistisch und ein Weltfreitheitskämpfer, ein Romantiker und Realist, natürlich und künstlich und in alldem auch noch konsequent, das ist vielleicht nur einem Dichter gelungen, und zwar ihm. Vor ihm und nach ihm hätten diese Eigenschaften sich gegenseitig zerschlagen. Der Nationalstaatsgedanke war noch intakt, der Chauvinismus (die verkitschte Form des Nationalstaatsgedanken) gerade erst im Entstehen. Von den drei Idealen der Französischen Revolution stellte sich auch erst in dieser Zeit heraus, dass Freiheit und Gleichheit in der Gesellschaft der jeweils anderen nicht selten etwas angespannt sind. Petőfi war also in der glücklichen Lage, sich aufrichtig für die Modernisierung Europas begeistern zu können. Der Preis dafür war der frühe Tod, und den zahlte er auch. Mit ihm geht es mir so wie mit den anderen echten Helden: Die Messlatte hängt zu hoch, denn verglichen mit ihm könnte ich nur ein chauvinistischer, kitschiger, ausgrenzender, skeptischer, opportunistischer, falscher Realist sein oder ich könnte in mir die eine oder andere seiner Tugenden entdecken und – bei einem gesunden Lebensstil – vielleicht sogar hundert Jahre alt werden, doch wo bleibt dann die Vollendung? Zum Beispiel in Petőfis Märchenepos *Held János*.

Karl Marx und Friedrich Engels: *Das kommunistische Manifest*

In den Jahren nach dem Zusammenbruch der Sowjetunion ärgerte es mich zunehmend, dass die neue Weltordnung sich als notwendig und überhaupt als die bestmögliche darstellte, genauso wie zuvor die Diktatur des Parteistaats, in der aufzuwachsen ich das Glück gehabt hatte (wobei diese Werbung oft durch genau dieselben Personen betrieben wurde). Dennoch machten mir die neunziger Jahre grundsätzlich eher Hoffnung. Schließlich war es das Jahrzehnt unserer Freiheit, und es schien möglich, für die Zukunft eine Lösung zu finden. Ich kam gar nicht auf die Idee, dass es in der westlichen Welt, abgesehen von ein paar Narren, irgendjemanden geben könnte, der ernsthaft dachte, dass er *tatsächlich* mehr wert sei als andere. Jesus lehrt uns, dass wir alle gleich sind, die Aufklärung ebenfalls, und natürlich ist dieser Gedanke auch einer der Grundpfeiler des *Kommunistischen Manifests*. Hier wird dargelegt, dass die Kommunisten der Ausbeutung der Menschen durch andere Menschen ein Ende bereiten wollen, da ihr erklärtes Ziel eine klassenlose Gesellschaft sei. Wenn ich heute an den Alltag meiner Jugend zurückdenke, habe ich den Eindruck, dass das nicht eine vollkommen leere Phrase war: Als die Kommunisten an der Macht waren, haben sie mehr für die Gleichheit als für die Freiheit getan. Nachdem ich die Schulen des staatssozialistischen Ungarns durchlaufen hatte, war es für mich selbstverständlich, dass theoretisch kein Mensch etwas Besseres war als ich und auch ich nicht mehr wert war als jeder andere, denn der Mensch ist das höchste Gut, und ich konnte mir auch sicher sein, dass Leonid Iljitsch Breschnew und János Kádár der gleichen Meinung waren, auch wenn sie mich jederzeit umbringen lassen konnten. Inzwischen wird das als der Gleichheitstick der Roten belächelt, doch ich werde den Gedanken nicht los, dass die Siegermächte 1945 in Jalta unter Umständen nicht nur über ihre Interessensphären verhandelten, sondern (vielleicht in einer Zigarettenpause?) auch Freiheit und Gleichheit untereinander aufteilten, schön brüderlich, wie es sich gehört … Ich habe das Gefühl, dass die Weltordnung des Kalten Krieges unter anderem auf dem Gleichgewicht zwischen dem Osten, in dem (mehr oder weniger) Gleichheit herrschte, und dem (mehr oder weniger) freien Westen beruhte. Und so kam es, dass 1989 im Grunde auch die Freiheit über die Gleichheit siegte. Während der siegreiche Westen seit dem Zusammenbruch des Kommunismus eifrig versucht, uns servilen Ostmenschen Selbstbewusstsein und Freiheit beizubringen, verwandelt er uns zugleich in Verbraucher, Zielgruppen, Einwohner, in zersplitterte, sich auflösende, verdummte Halbanalphabeten. Und – keine Frage – natürlich macht er auch selbstständige, freie Individuen nach westlichem Muster aus uns. Es gibt wahrscheinlich ein grundsätzliches Missverständnis, aufgrund dessen wir einander nicht verstehen. Auf jeden Fall gab es in der Geschichte der westlichen kapitalistischen Gesellschaften keine Phase, in der man es mit der Gleichheit der Menschen versucht hätte, denn in der Praxis hat der Markt immer einen Unterschied zwischen den Menschen gemacht. Nach 1989 hätte ich nicht gedacht, dass ich einmal die spöttischen Worte der Marxisten über die Freiheit im bürgerlichen Rechtsstaat würde nachempfinden können: Jeder hat das Recht, unter der Brücke zu schlafen.

MARK TWAIN: *HUCKLEBERRY FINN*

In der Rolle des Achilleus haben wir Tom Sawyer. Und Huckleberry Finn ist Odysseus. Die Vernichtungsmaschine der Antike ist in *Die Abenteuer des Tom Sawyer* ein Lausbube. Tom hängt mit Huck ab, doch als Huck mit Jim, dem geflohenen Sklaven, den Mississippi stromabwärts fahren will, geht Tom nicht mit. Er hat etwas anderes zu tun: erwachsen und vernünftig werden und später als Bürgermeister an der Spitze der Stadt auf Basis der protestantischen Moral die Gesellschaft nach dem good old angelsächsischen Modell am Laufen halten. Und Huck, der nichts und niemanden hat, nicht einmal Ketten, die er verlieren könnte, reist auf dem Fluss und lernt das Land kennen. Sieht, was andere zu verlieren haben. Zusammen mit Jim, der weiß, was Ketten bedeuten. Und Huck sieht auch, dass nicht nur die Sklaverei der Schwarzen Sklaverei ist, sondern auch die Weißen in ihrer Freiheit zu Sklaven werden können: Er lernt gleichaltrige Jungen kennen, die am Rachekrieg zweier Familien teilnehmen. Sie ziehen stolz in den Kampf und vernichten einander nach dem Gebot der Familienehre, als Sklaven der heiligen Tradition. Wahrscheinlich denkt Huck das gar nicht, sondern nur ich, aber was soll ich machen, ich bin nun einmal wirklich mit der Idee aufgewachsen, dass alle Menschen gleich sind, und die Sklaverei gehörte für mich in dieselbe Kategorie wie Diphterie, Lepra, Kannibalismus, Zweckehe und Devotionsformeln: Lange dachte ich, wir hätten sie dank des *Fortschritts* und der *Modernisierung* überwunden, ein für alle Mal. Ich wurde hier, in Ungarn, in Osteuropa (zusammen mit mehreren hundert Millionen anderen Schülern) zur *political correctness* erzogen, ja, von den Kommunisten, und ich finde es erniedrigend, dass ich seit dem politischen Systemwechsel 1989 eine andere *political correctness* übernehmen sollte, die US-amerikanische, da meine offenbar nicht konvertierbar ist. Dabei waren meine Vorfahren weder Sklavenhalter noch Sklavenhändler und auch keine Sklaven. In meiner Sprache ist nicht das N-Wort belastet. Ich hoffe, es ist nur ein Gerücht, dass überaktive Aktivisten in den USA *Huckleberry Finn* aus dem Lehrplan nehmen lassen wollen, weil das Wort in dem Text zu häufig vorkommt. Die politische Korrektheit des Westens habe ich schon oft belächelt, sie hat mich oft wütend gemacht und ich habe oft voller Scham feststellen müssen, dass sie trotzdem auf mich wirkt, mir ins Gehirn kriecht und mich zu Heuchelei und Opportunismus zwingt. Gleichzeitig respektiere ich sie und halte sie für notwendig. Denn ich habe das Gefühl, dass ein starkes, viele Menschen aktivierendes Ideal immer wichtiger wird, gegen den Ausbau einer auf dem VIP-Prinzip basierenden, mittelalterlichen Standesgesellschaft, in der selbst die Praxis der Sklaverei zunehmend salonfähig wird. Insgeheim wünsche ich mir, über die gleiche seelische Urkraft zu verfügen, durch die ein durchschnittlicher Amerikaner heute noch zu loderndem blinden Glauben, religiöser Ungeduld, Fundamentalismus fähig ist – aber notfalls auch zur *political correctness* und Engagement fürs Gemeinwohl. Diesen tatkräftigen Idealismus hat mir die Erfahrung des Kommunismus abgewöhnt. Dabei würde ich ihn gerne besitzen. Ich habe das Lied, mit der alle Folgen der Fernsehserie *Huckleberry Finn,* vielleicht aus dem Jahr 1970, begannen, im Ohr: *Der alte Mississippi lädt ein zu Abenteuern, im Sonnenschein, in Sternennächten, bei Lagerfeuern, diese Landschaft, diese Wiese, hier kommt mein müdes Herz zur Ruh, meine Heimat, dich liebe ich, das Wichtigste bist du.* Hm … Jetzt bin ich ein bisschen sentimental geworden.

János Arany: Balladen

János Arany war – im Gegensatz zu Sándor Petőfi – beinahe vollkommen unzeitgemäß. Das wäre nicht unbedingt ein Problem, aber ich glaube, ihn störte es. Er wollte ein Epos schreiben, doch spürte er wahrscheinlich sein ganzes Leben lang, dass es sich nicht lohnte. Das Genre des Epos entsprach vielleicht keiner Epoche so wenig wie seiner. János Arany wollte Mitte des neunzehnten Jahrhunderts ein Epos verfassen, als der Roman des Realismus gerade im Entstehen war, Balzac und Flaubert, Stendhal und Dickens, Tolstoi und Dostojewski arbeiteten fiebrig, und aus den verschiedensten Ecken der Welt rollten polternd die größten Werke der Romanliteratur hervor (mit Ausnahme des *Don Quijote*, der schon viel eher hervorgerollt war). Denn in Ungarn, in Osteuropa und den anderen Ländern mit aufstrebenden Literaturen, war die Vorstellung, zu spät gekommen zu sein, sehr populär: Zunächst müsse man das Niveau des Westens erreichen und das sei nur Stufe für Stufe möglich. Zum Beispiel müsse erst einmal ein ungarisches Großepos geschrieben werden. János Arany wurde zum Don Quijote dieses Großepos, mit genauso vielen Niederlagen und wunderbaren Teilergebnissen wie Cervantes' Held: mit seinem *Toldi* und *Istók Bolond*, doch Arany blieb, glaube ich, trotzdem unglücklich. Jede Zeile seines Lebenswerks ist wunderschön, doch neunzig Prozent davon sind unzeitgemäß. Und nicht so, dass es gerade deshalb eines Tages besonders modern wirken könnte. Man wird diesen Texten ihre Unzeitgemäßheit immer anmerken. (Denn so etwas gibt es – und das niederzuschreiben ist mir nicht leichtgefallen.) Doch es gibt die zehn Prozent, durch die János Arany nicht nur ein wunderbarer, immeralter Dichter bleibt: seine Balladen. Eine Ballade ist immer zeitgemäß. Oder eher zeitlos wie ein unverputztes Ziegelhaus. Die Zeitform der Ballade ist das Präsens, und selbst wenn es darum geht, dass jemand mit einem Steinbeil umgebracht wird, spüren wir in ihr das Jetzt. Die Methode, die Schnitte: Ein Videoclip ist seinem Genre nach nichts anderes als eine Ballade. Die Balladen von János Arany sind so, als hätte man ihrem Verfasser die Aufgabe gestellt, ein Musikvideo zu restaurieren, dessen Tonspur verlorengegangen ist. Musik und Text sollten ersetzt werden. Das ist unmöglich. Auf dem Bildschirm ist ein Wetterhahn zu sehen. Arany überlegt, dann notiert er ein paar Zeilen: *An des Turmes Spitze / In der größten Hitze / scharf knarzt der Wetterhahn*. In diesen drei Zeilen haben wir Musik, Text und Erlebnis. Das Unmögliche ist ihm gelungen, doch ist es dadurch nicht minder unmöglich. „Scharf knarzt der Wetterhahn" war die erste Gedichtzeile meines Lebens, bei der ich Gänsehaut bekam. Ich war ungefähr vier Jahre alt. Der nächste Dichter, der eine ähnliche Wirkung auf mich hatte, war Verlaine, dreizehn Jahre später.

IMRE MADÁCH: *DIE TRAGÖDIE DES MENSCHEN*

Die fünfziger Jahre verliefen in den vergangenen paar Jahrhunderten meist eher ruhig. Die Überlebenden der vierziger Jahre sitzen da (oft im Gefängnis) und versuchen dahinterzukommen, was in der ersten Hälfte des Jahrhunderts schiefgelaufen ist. Sie fragen sich, ob es einen Sinn hat, sich noch auf die zweite Hälfte einzulassen. Natürlich gibt es auch in den fünfziger Jahren Ereignisse, aber der Status quo wiegt in dieser Periode stärker. In den fünfziger Jahren bricht in der Regel keine Revolution aus oder falls es hier oder da, in irgendeinem mittelosteuropäischen Land, doch passiert, wird sie blitzschnell niedergeschlagen und vergessen. In den fünfziger Jahren hat man die meiste Zeit zum Nachdenken, denn ab den sechziger Jahren dreht sich die Welt wieder schneller und bald handeln alle wieder in größter Eile. Da sitzt ein Mann, es sind gerade wieder einmal die fünfziger Jahre, irgendwo in Mitteleuropa, auf dem Land, allein und schreibt einen *Faust*. Kein Plagiat, seinen eigenen. Ein Drama, in dem es um die ganze Welt geht. Er glaubt nicht wirklich daran, dass es zu einer Aufführung kommen wird, denn in der prüdesten aller Zeiten will er eine nackte Frau und einen nackten Mann auf die Bühne stellen. Auch sonst gibt es nichts, woran er glauben würde. Um im Leben des Menschen auch nur annähernd einen Sinn, geschweige denn ein Ziel zu erkennen, braucht er einen Kontrast, einen richtig schön zynischen Oberschurken. Er denkt sich einen aus: Luzifer. Er sieht, dass das gut ist und geht ans Werk. Für mich ist *Die Tragödie des Menschen* eine Ergänzung zu Petőfis dichterischem Gesamtwerk. Als wäre das Stück in den fünfziger Jahren des neunzehnten Jahrhunderts von einem enttäuschten, aber nicht gebrochenen Petőfi geschrieben worden. Ich halte es ganz entschieden für ein Standardwerk und habe es sogar als Fachliteratur verwendet, als ich in einem Roman und in Gedichten eine teuflische Figur auftreten lassen wollte. Doch wirklich lieben gelernt habe ich *Die Tragödie* erst durch meinen Lieblingsfilm, *2001: Odyssee im Weltraum.* Ich kenne keinen anderen Film, in dem die wahre und größte Tragödie des Menschen – die Frage nach dem Sinn des Lebens – so prägnant dargestellt würde. Die Einstiegsbilder mit der Erbsünde (Wissen und Mord), die Langsamkeit der Handlung, die programmatische Langeweile, der versteckte Humor, die vollkommene Einsamkeit des Protagonisten am Ende … Dieser Film ist durchdrungen von der *unaussprechlichen Leere*: der Leere von Madáchs *Tragödie.* Und der geheimnisvolle Fötus von galaktischer Größe in der letzten Szene sagt nichts anderes als: *Ich sagte dir: Vertraue, Mensch, und ringe!*

Friedrich Nietzsche: *Die Geburt der Tragödie aus dem Geiste der Musik*

Heute noch habe ich Sokrates' – meines Sokrates' – spöttisches Lachen im Ohr, als ich mich bei einem geisteswissenschaftlichen Seminar an einer Ausführung über den dionysischen und apollonischen Künstler versuchte. Ich hatte kurz zuvor *Die Geburt der Tragödie aus dem Geiste der Musik* (meinen ersten Nietzsche) gelesen und mich gefreut, dass ich den Text nicht nur verstanden hatte, sondern nun sogar anbringen konnte. Mein Sokrates war damals ungefähr zwanzig Jahre alt, hatte aber schon Jahre zuvor das gesamte Lebenswerk Nietzsches auf Deutsch gelesen und erinnerte sich an jeden Satz. Er hatte also allen Grund für sein hämisches Lachen (eigentlich war es eher ein Wiehern), was so viel bedeutete wie: Dumme Menschen sollten nicht über Nietzsche sprechen, nicht einmal über dieses lächerliche Geschreibsel aus seiner Kindheit. Außerdem – das war aus dem Wiehern auch herauszuhören – war Nietzsche ein eingebildeter Fatzke, ein schwacher Charakter, schlechter Künstler und mittelmäßiger Philosoph. Das Wiehern änderte allerdings nichts daran, dass die Idee von der dionysischen und apollonischen Kunst, wovon *Die Geburt der Tragödie* handelt, später sozusagen zu meinem Leitparadoxon wurde. Damit konnte ich etwas anfangen: Ja, klar gibt es zwei verschiedene Arten von Künstlern, und jede Kunst ist entweder dionysisch oder apollonisch! Das Apollonische: dem Tag verbunden … der Harmonie … in ihr bringen selbst die wildesten Kräfte einander ins Gleichgewicht … in ihr herrscht eine allumfassende Ordnung. Das Dionysische: die Kunst der Nacht … der Unordnung … sie ist berauscht … diabolisch … rebellisch … widersetzt sich allen Regeln. Apollon – Dionysos = klassizistisch – sentimental = realistisch – romantisch = Tolstoi – Dostojewski = Kosztolányi – Ady = Beatles – Rolling Stones = Prosaautor – Lyriker … und so weiter. Man kann unzählige solcher Gegensatzpaare finden, und sie alle sind grobe Vereinfachungen, denn die beiden Typen fließen unentwegt ineinander, die apollonische Kunst ist voller dionysischer Schrecken und die dionysische Kunst sehnt sich brüllend nach Harmonie … Schon mit Anfang zwanzig war es für mich keine große Entdeckung, dass keine von beiden ohne die jeweils andere auskommt, dennoch habe ich lange danach gesucht, wo ich mich zwischen den beiden Polen befinde. Ehrlich gesagt, hätte ich gerne den dionysischen Menschen in mir entdeckt, da ich spürte, dass ich eher dem anderen Typus entsprach, dem berechenbaren, langweiligen, feigen … als solchen empfand ich Apollon. Ich schämte mich für den Sonnengott.

LEW NIKOLAJEWITSCH TOLSTOI: *KRIEG UND FRIEDEN*

Den ersten Versuch mit Tolstoi machte ich mit siebzehn Jahren. Ich las *Anna Karenina*. Das war ein Fehler. Danach ließ ich zehn Jahre lang die Finger von ihm und auch dann kehrte ich vor allem aus Snobismus zu ihm zurück, weil ich mich bis dahin bereits hatte davon überzeugen lassen, dass der Roman des Realismus an der Spitze der gesamten Literatur steht (wie in der Architektur die gotische Kathedrale). Nun verstand ich auch, warum *Krieg und Frieden* der Roman aller Romane ist. In ihm ist alles enthalten, was der Roman des Realismus erfunden, übernommen und weiterentwickelt hat: hunderte von makel- und illusionslosen Charakterzeichnungen, brillante Betrachtungen, Beschreibungen von Landschaften und Schlachten, der Glanz, Fall und Tod von Männern und Frauen, es gibt hier Aristokraten, Bürger und Bauern, ein komplettes Zeitbild, Gesellschaftsbild, Positivismus und Perfektionismus. Und hinzukommt Tolstois unübertreffliches Konzept: Der Protagonist ist ein gesamter Kontinent, der Feind ein beinahe schon Held, Napoleon, der in der Lage ist, die „Unseren" zu besiegen, die Masse an Menschen, die Entfernung, die meteorologischen Gegebenheiten, die Wirklichkeit. Und am Ende siegt doch die Wirklichkeit. Na klar. Und das sind zufällig wir, die Russen – und mit uns die Leserinnen und Leser. Die von Napoleons Niederlage trotz allem ergriffen sind. Und dann ist da noch die verblüffende Tolstoi'sche Vision von allen künftigen modernen Massenkriegen: die auf die Schlacht wartende menschliche Masse, das Baden der nackten Bauernsoldaten im See als Fleischsuppe … Tolstoi schrieb seinen Roman mit wissenschaftlichem Anspruch, betrachtete historische Prozesse auf statistischer Grundlage, untersuchte die Verteilung der beobachtbaren Mengen, was später die Basis der Quantenmechanik werden sollte: Wie kann man die ständig in Bewegung befindlichen Teilchen mit großer Wahrscheinlichkeit lokalisieren? Aber Tolstoi kennt jedes seiner Teilchen genau, weiß stets, wo in der Menschensuppe gerade welche Figur zu finden ist und was sie denkt. Eines dieser Teilchen ist zum Beispiel Graf Rostow, einer von Kutusows Flügeladjutanten, ein fröhlicher, intelligenter junger Mann ohne herausragende Eigenschaften. Er bekommt von Kutusow den Befehl, zum rechten Flügel zu reiten und dessen Kommandanten seine detaillierten Anweisungen zu übergeben. Rostow reitet mehrere Kilometer vor der gegnerischen Frontlinie entlang, wobei er natürlich intensiv über seine Überlebenschancen nachdenkt, ein wenig über den Lauf der Welt sinniert und auf ihn geschossen wird, doch dann kommt er an und gibt vor dem Kommandanten des rechten Flügels Kutusows sämtliche Befehle Wort für Wort wieder. Das für mich Erstaunliche ist, dass offenbar weder Rostow noch Tolstoi je auf die Idee gekommen sind, dass hier etwas Außergewöhnliches geschieht, außer, dass wir uns gerade in einer Schlacht gegen Napoleon befinden. Ich frage mich, woran ich mich unter solchen Umständen, dort, in der Schlacht, von dem Befehl, den ich überbringen soll, erinnern würde. Wohl an gar nichts. Ich muss oft daran denken, dass Rostow, sein Autor und die Elite aus der Zeit vor dem neunzehnten Jahrhundert von irgendeinem ausgestorbenen, übermenschlichen Bildungssystem aus irgendeinem ausgestorbenen Holz geschnitzt worden sein mussten, bei dem unvorstellbaren Mut, der Konzentrations- und seelischen Widerstandsfähigkeit, die sie offensichtlich hatten.

Alles von Fjodor Michailowitsch Dostojewski

Von Tolstoi kann man Schreiben lernen. Vielleicht würde ich vier- bis fünfhundert arbeitsintensive Jahre brauchen, um alles von ihm zu lernen (ich könnte auch zehntausend sagen, sage ich aber nicht, da ich mich nicht für vollkommen untalentiert halte), doch zum Schluss wäre ich ganz gewiss ein so guter Schriftsteller wie er, sogar mit der nötigen Prise Originalität versehen. Dostojewski könnte ich nie lernen. Zum Glück weiß ich, dass ich das – nicht so wie im Falle Tolstois – auch gar nicht muss. Ich muss es gar nicht erst versuchen. Das ist nicht meine Aufgabe. Ich muss ihn nicht fortsetzen, ihn bezwingen, muss ihn nicht parodieren, auslachen, zu Tode schreiben, mich mit ihm streiten und ich muss nicht naturgemäß unterliegen, mich lächerlich machen, bis zur Unsichtbarkeit schrumpfen … Ich muss mich nicht an ihm messen und ständig das Gefühl haben, dass keine der von mir geschriebenen Zeilen etwas wert ist – wenn es wirklich so sein sollte, kann er dafür nichts. Dostojewski und ich haben keine gemeinsamen literarischen Angelegenheiten. Aber ich hätte es mir nicht vorstellen können, ihn bei meinen fünfzig Pfeilern wegzulassen. Nur hat er mehr mit dem Fluss zu tun als mit irgendwelchen literarischen Brückenpfeilern. Sándor Weöres ist der andere, mit dem es mir so geht. Manchmal spaziere ich zu ihnen, bewundere sie, höre mir ihr unbeschreibliches, unerklärliches Rauschen an, werde von Ruhe erfüllt oder von Begeisterung und dann gehe ich wieder nach Hause, zu den Menschen.

Géza Gárdonyi: *Sterne von Eger*

Das war das erste Buch, das ich selbst gelesen habe. In den Winterferien der ersten Klasse, als ich bereits alle Druckbuchstaben kannte, bekam meine Mutter von der Mutter meiner Mitschülerin die Information, dass Kati *Sterne von Eger* bereits zum zweiten Mal lese. Ein anderes Buch kam also gar nicht in Frage, das sollte auch mein erstes werden. Ich hatte es dann sogar in ein paar Wochen gelesen, wonach, in immer kürzeren Abständen, *Die Jungen von der Paulstraße* und *Robinson Crusoe* folgten, *Der Lautenspieler von König Matias* (genau so steht es in meinem Lesetagebuch, das ich auf Drängen meiner Eltern führte, wenn auch recht halbherzig), mein erster Jenő Rejtő: *Der blonde Hurrikan*, mein erster István Fekete, vielleicht *Im Bannkreis der Dornenburg*. Es waren auch brutale Bücher darunter, wie zum Beispiel Walter Scotts *Der Talisman*, in dem der Großmeister des Tempelordens mit dem Ausruf *Accipe hoc!* (Nimm das!) einen am Boden liegenden Verwundeten erdolcht. Ich hatte ziemlich oft Angst. Währenddessen erhielten wir die Nachricht, dass Kati *Sterne von Eger* bereits zum sechsten Mal lese. Das hätte ich auch gerne getan, aber ich durfte nicht, meine Eltern wollten mich zu einem richtigen Leser erziehen. Erst Jahre später erlaubten sie mir, ein Buch noch einmal zu lesen. Dann las ich *Sterne von Eger* mindestens zehnmal. In der sechsten Klasse, als es zur Pflichtlektüre gehörte, kannte ich es fast auswendig. Warum dieser Roman so fesselnd ist? Das Schema der Geschichte ist das gleiche wie in jedem zweiten Volksmärchen oder in *Der Herr der Ringe* (oder dem stark darauf basierenden *Star Wars*): Wir lernen Gergő als Kind kennen, an einem Ort am Ende der Welt, in einer vollkommen aussichtslosen Lage, denn er wird gerade von den Türken gefangen genommen. Es besteht also überhaupt keine Chance, dass aus diesem kleinen Kerl aus niederem Stand ein eine Burg verteidigender edler Ritter wird, ein technisches Genie, das die Armee des Bösen zum Rückzug zwingt – und doch geschieht genau das! Dieser Roman wiegelt nicht gegen die Türken auf, sondern sagt nur, dass nichts unmöglich ist – und das tut er sehr effektiv. Meinen anderen frühen Géza Gárdonyi, *Wer bist du*, habe ich auch oft gelesen, doch tat mir dessen Protagonist Zéta eher leid, denn für ihn gab es das Unmögliche. Später, in meiner Jugend, als das Unmögliche mich auf zunehmend schmerzhafte Art von seiner Existenz zu überzeugen versuchte, hätte ich einer Ideologie zur Rechtfertigung meines Nichtstuns bedurft. Doch dabei half mir eher Thomas Manns *Tonio Kröger*.

THOMAS MANN: *DER ZAUBERBERG*

Ein Gegensatzpaar, dem man kaum widerstehen kann, vor allem in der Jugend: Es gibt, wie man weiß, die Blonden mit den blauen Augen, die oberflächlich sind und schön, sie repräsentieren das Leben, weshalb die leidenden, künstlerisch veranlagten Braunäugigen hoffnungslos in sie verliebt sind, sich nach ihnen verzehren. Diese Aufteilung habe ich – wie viele andere meiner „braunäugigen“ Schicksalsgenossen – aus *Tonio Kröger* für mich herausdestilliert, und sie hatte in der Zeit, als ich mich mangels Alternativen wie ein Toniokröger fühlte, sprich allein, eine ausgesprochen heilsame Wirkung auf mich. Doch Tonio Kröger ist wenigstens in das mit lauter Großbuchstaben geschriebene LEBEN verliebt, ein Toniokröger hingegen nur in das Toniokrögertum, weshalb zu befürchten ist, dass er allmählich die Einsamkeit lieben lernt. Zum Glück habe ich den *Zauberberg* in meiner Zeit als Toniokröger gelesen, was mich dann auch gleich aus dem Toniokrögertum riss. Und in das Adeptentum warf. Außer Platon gibt es keinen anderen Schriftsteller, der so hypnotisch wirken kann wie Thomas Mann. Am meisten zogen mich *Der Zauberberg* und Hans Castorps zwei Lehrmeister, Settembrini und Naphta, in ihren Bann. Was kein Zufall ist, denn die Rhetorik beider, des Humanisten und des Jesuiten, basiert auf dem sokratischen Rhythmus. Ich las den *Zauberberg*, wie Hans Castorp seinen Lehrmeistern zuhörte: Wenn der eine da war, fand ich ihn überzeugender, wenn der andere, dann den. Ich sehnte mich danach, ein Adept zu sein, wie die „Braunäugigen“ sich nach dem LEBEN sehnen. Ich hatte wunderbare Lehrer, aber keiner von ihnen war wie diese übermenschlichen Papiergestalten. Manche sagen, es habe diesen Thomas Mann gegeben, der seine gewaltigen Romane geschrieben habe, in denen er die Krise der westlichen Kultur erkläre, ganz Europa habe gespannt auf jedes nächste Werk gewartet und am Ende habe sich herausgestellt, dass nicht er, sondern Franz Kafka der Schriftsteller der ersten Hälfte des zwanzigsten Jahrhunderts gewesen sei. Mag sein, aber ich finde stets den überzeugender, den ich gerade lese.

Dezső Kosztolányi: *Die Abenteuer des Kornél Esti*

Ich war mehrmals dabei, als es geschah, deshalb weiß ich es: Dezső Kosztolányi kann man den größten ungarischen Dichter nennen. Und auch den größten ungarischen Schriftsteller. Jemand sagt es, und der Himmel bricht nicht über dem Narren zusammen, er wird von keinem Blitz getroffen: Die Septembersonne scheint weiter, ja, alles wird sogar noch etwas klarer, die Welt erscheint in einem helleren Licht. Wenn es möglich wäre, das Lyrik- und Prosalebenswerk zusammenzurechnen, wäre Kosztolányi ein solcher Fürst der ungarischen Literatur, wie Goethe es in der deutschen ist. Und doch ist er es aus irgendeinem Grund nicht geworden. Es gibt zwei Kosztolányis: einen Lyriker und einen Prosaautor, deren Lebenswerk gleichwertig ist und bis heute mit ungebrochener Kraft wirkt. Diese Gleichwertigkeit ist verstörend. Denn es kommt oft vor, dass jemand gute Lyrik und gute Prosa schreibt. Doch wenn ein Dichter Prosa schreibt, suchen wir, die Leser, in dem Text so lange nach Fehlern, bis wir sie finden, und wenn er das Prosaschreiben trotzdem nicht aufgibt, vergessen wir früher oder später, dass er einst auch ein Dichter gewesen ist. Und andersherum ... das ist ein Scherz, ein Schriftsteller wird nie zum Dichter. Das ist die Ungerechtigkeit des Lebens gegenüber den Künstlern, die in verschiedenen Genres arbeiten. Und ich, der ich das weiß, und den Lyriker und Prosaautor Kosztolányi gleichermaßen bewundere und mir eine Liste von fünfzig Büchern nicht ohne ihn vorstellen könnte, seufze und treffe eine Wahl (wobei ich das oben Gesagte bekräftige): Na gut, dann nehmen wir eben *Die Abenteuer des Kornél Esti*. Ein Text, in dem es (wie seltsam) in erster Linie um die innere Spaltung, Zerrissenheit eines Schriftstellers geht. Es ist die einfachste, klarste aller Doppelgänger-Situationen. Es gibt keine Romantik, keinen Zauber, keine Versuchung durch den Teufel. Keine Kritik des zwanzigsten Jahrhunderts, keine böse Vorahnung wie bei Kafka. Nur das geheimnisvolle Gleichgewicht von Ernst und Spiel, das noch geheimnisvollere Gleichgewicht von Glück und versäumtem Glück und das geheimnisvollste Gleichgewicht im letzten Moment vor dem Absturz.

Ladislav Klíma: *Eine Autobiographie*

Das ist Kafkas Ort. Hašeks und Rilkes Ort. Prag. Ich kenne keine andere Stadt, die die Welt mit drei Kulturen von solcher Kraft beschenkt hätte, wie es die Prager tschechische, die Prager deutsche und die Prager deutsch-jüdische sind. An der Spitze ihrer Türme – wenigstens einmal möchte ich die Literatur als Spitze der Kultur bezeichnen – wehen Hašeks *Švejk*, Rilkes Gedichte und Kafkas Erzählungen. Doch soll an ihrer Stelle hier jemand anderes stehen: Ladislav Klíma. Es gab eine Zeit, da war ich in Prag etwas mehr als Tourist. Anfang der neunziger Jahre verbrachte ich zusammen mit Kommilitonen, die Tschechisch studierten, ein paar Monate in der Stadt. Wenn ich diese Verbindung zu Prag nicht gehabt hätte, wäre mir *Die Leiden des Fürsten Sternenhoch* wahrscheinlich gar nicht begegnet, dieser Prosaband des großen und skandalumwitterten tschechischen Schriftstellers und Philosophen, der seit seinem Tod im Jahr 1928 manchmal in Vergessenheit geraten, manchmal verboten worden war, meist beides gleichzeitig. Die Einleitung dieses Textes ist die verrückteste Autobiographie, die ich je gelesen habe. Man kann es als Nietzsche-Parodie verstehen, als Kneipengepolter, als Verspottung des Gesundheitskults der Zeit, als freudianisches Vulgärphilosophieren, als das Geständnis eines frühen Charles Bukowski, als avantgardistische poetische Geste, als Ausbruch einer hitler'schen Seele, als absolute schriftstellerische Aufrichtigkeit oder als einen Scherz. Ich glaube nicht, dass es ein Scherz sein sollte. Das, was Klíma über seinen unzerstörbaren Körper und Geist, seine unzerstörbare Seele schreibt, meint er ernst. Was ich daran als Scherz empfinde, entspringt wahrscheinlich nur seinem unavantgardistischen Sinn für Humor. Voller Bewunderung für Klímas dämonische Persönlichkeit habe ich die Autobiographie mehrmals gelesen und mich dabei jedes Mal gut amüsiert, dabei holte mich sein nur wenige Sätze umfassendes sexistisches Nachwörtchen stets auf den Boden der Tatsachen zurück: Ist es nicht vielleicht doch der frustrierte, biedere, eingebildete Kleinbürger provozierende frustrierte, biedere, eingebildete Kleinbürger, der hier über die Überlegenheit der Kunst doziert? Wenn das tatsächlich so ist (was nicht ganz stimmt), macht er es trotzdem mit einer unglaublichen künstlerischen Kraft. Dieser Text ist so, als hätten die Werke von Hašek, Rilke oder Kafka einen Geruch. Er überzeugt mich, mich nicht nach dem Anfang des zwanzigsten Jahrhunderts zu sehnen, zu all den Toniokrögers und Kornélestis, denn die rationale Neuzeit war damals schon vollkommen verdorben. Die Fäulnis fraß sich in alles hinein, in die Häuser, Straßen, Bücher. Man riecht es noch heute.

T. S. Eliot: *Das wüste Land*

Nachdem ich endlich meine ersten besseren Gedichte geschrieben hatte, wusste ich, dass für mich der letzte Moment gekommen war, um die moderne Lyrik zu verstehen. Falls ich mir nicht mein ganzes Leben lang nur vormachen wollte, sie zu verstehen. Und das wollte ich nicht. Eher hätte ich mir ein Leben in völliger Ahnungslosigkeit vorstellen können. Doch war da noch zu klären, was der Begriff „moderne Lyrik" überhaupt meinte. Die uralte und unverwüstliche Antwort lautete: Moderne Lyrik ist das, was man nicht versteht. Also gut. Überlegen wir uns, welches Gedicht am allerwenigsten verständlich ist und schauen es uns an. Zuerst kam mir gar nicht Eliot in den Sinn, denn in unserer Kindheit war *Old Possums Katzenbuch* eines der Lieblingsbücher von meiner Schwester und mir, und damit hatten wir keinerlei Verständnisprobleme. Ich will auch nicht verschweigen, dass ich mit zwanzig Jahren schon einiges kannte, wovon behauptet wurde, es gehöre zur modernen Lyrik, doch diese Gedichte zählten für mich nicht, da ich sie mehr oder weniger verstand. Nehmen wir zum Beispiel den Surrealismus. Es war offensichtlich, dass der Surrealismus bewusst und programmatisch unverständlich war, also im Grunde ein ebensolcher wütender avantgardistischer Ausbruch gegen die bürgerliche Weltordnung wie alle anderen Ismen. Nur eben spannender und geheimnisvoller, da er sich vom Traum antreiben ließ wie die Wassermühle vom Bach – und eine Wassermühle versteht doch wohl jeder. Ich brauchte also einen modernen Dichter, der nicht deshalb unverständlich war, weil er gegen eine Ordnung kämpfte, sondern, weil er eigentlich verständlich war, nur eben kompliziert. Einen Dichter, der einen herausforderte, bei dem man aber eine Chance auf Sieg hatte. Versuchsweise nahm ich *Das wüste Land* aus dem Regal der kommunalen Bibliothek. In dem Buch gab es unzählige Anmerkungen von Tamás Ungvári, der Text nahm mehr Platz ein als das Gedicht selbst. Da hatte ich wohl genau das gefunden, was ich gesucht hatte. Ich lieh mir das Buch aus und nahm es mit nach Hause. Und jetzt könnte ich natürlich behaupten, dass ich in den folgenden Jahren alle von Ungvári erwähnten Bücher gelesen habe, angefangen von James Frazers *Der goldene Zweig*, den *Artussagen*, dem *Mahabharata* und dem *Gilgamesch-Epos* bis hin zu Baudelaires Werk und den Schriften des Augustinus, und dabei natürlich nebenbei Sanskrit, Altgriechisch und Latein gelernt habe. Oder ich könnte auch einfach nur behaupten, ich hätte die Anmerkungen gründlich durchgelesen und würde Eliot nun verstehen. Das will ich aber nicht. Den Großteil der Anmerkungen habe ich tatsächlich gelesen, aber Eliot trotzdem nicht verstanden. Einiges natürlich schon. Die strukturellen und gedanklichen Bögen von *Das wüste Land* habe ich erkannt, die Geschichten, Szenen, Stimmen. Auch die Schnitte. Die Sprechenden in ihren verschiedenen Gestalten. Ich habe verstanden, dass man Mythen auch als Ausgangsmaterial betrachten, sie bearbeiten, beschneiden darf. Sogar in Scheiben schneiden kann man sie und ergänzen. Und ja, manchmal darf man auch bluffen. Ich habe von Eliot gelernt, nicht unbedingt gefallen zu wollen. Auch, dass ich ruhig auf meinen Freund, Ezra Pound, der noch besessener ist als ich, hören und ihm erlauben sollte, meine schönsten Zeilen zu streichen. Eliot hat mir gezeigt, dass man alle Krücken der Dichter wegwerfen kann, Schönheit, Empfindsamkeit, die Nation, den Freiheitsdurst, glückliche und unglückliche Liebe, den Sozialismus, den einen Gott, das Sonett, die Schlichtheit, das Selbstmitleid – und dass danach immer noch etwas bleibt. Von Eliot, der Eliot-Figur, habe ich gelernt, wie man Widerstandskraft erlangt und vielleicht auch ein wenig Würde. Er hat mir gezeigt, dass man sehr wohl das sandige, traurige, nasse Flachland von Attila József erreichen kann, wo es keine Hoffnung mehr gibt – man kann es erreichen und auch überqueren. Ich habe damals eine Ahnung davon bekommen, dass Eliot dort gewesen war. Er nannte es das wüste Land. Dort fand er Städte, Menschen, Länder, und alle waren reif für den Untergang. Und doch ist er von diesem Ort zurückgekehrt. Das gibt eine vage Hoffnung. Auch wenn ich Eliot also nicht ganz verstanden habe, so weit schon, dass er, neben Endre Ady, zu meinem zweiten Dichter wurde.

ANTAL SZERB: *HUNDERT GEDICHTE*

Es fällt mir schwer, genau zu benennen, was passiert, wenn man zu einem bewusst, auf erwachsene Art lesenden Menschen wird, aber ich weiß, dass dieser Moment für mich beim Lesen von Paul Verlaines Gedicht „Mondschein" kam. (*So seltsam scheint mir deine Seele, wie / ein Park, durch den ein Zug von Masken flimmert, / doch Tanz und ihrer Lauten Melodie / verbirgt nur Schmerz, der durch die Masken schimmert.*[2]) Als mir Jahre später Antal Szerbs *Hundert Gedichte* in die Hand fiel, fand ich darin auch dieses. *Hundert Gedichte* ist zu meinem liebsten Gedichtband geworden, dabei sind die mir wichtigsten Dichter (mit Ausnahme von Verlaine) darin gar nicht vertreten, es gibt darin keine ungarischen Dichter, und Eliot fehlt ebenfalls, der für Antal Szerb wohl nicht mehr als ein zwielichtiger moderner Lyriker gewesen sein mochte. Trotzdem ist das keine einfache Anthologie, wie sie von Literaten weltweit in rauen Mengen produziert wurden und werden. Dieses Buch ist ein magischer Gegenstand. Antal Szerb glaubt man tatsächlich, dass er einem die hundert schönsten Gedichte der

[2] Originaltitel: *Claire de Lune* (1869); Nachdichtung von Stefan Zweig. *(Anm. d. Übers.)*

Welt in die Hand gegeben hat und damit die Macht über die gesamte Weltlyrik. Was ist sein Geheimnis? Die Wortmagie der zehnmal zehn Kapitelüberschriften? Oder Szerbs subtile, doch entschiedene Ironie gegenüber den größten Dichtern der Welt? („Er war Goethe", schreibt er im Anhang. Mit diesem kurzen Satz erweist er dem unsterblichen Genie der deutschen Literatur den größtmöglichen Respekt und spießt ihn zugleich auf wie einen Maikäfer.) Ich glaube, das größte Geheimnis besteht darin, dass der Band *Hundert Gedichte* selbst ein poetisches Werk ist, im Grunde das Gedicht Nr. 101. Ein Dichter, den es offenbar sein gesamtes Leben lang unsagbar gestört hat, dass er nicht in der Lage war, ein – nach seinen eigenen Maßstäben – wirklich gutes Gedicht zu schreiben, verwandelte seinen eigenen Maßstab in ein Gedicht und zog hundert Gedichte als Gasttexte heran.

Milán Füst: Gedichte

Ich war noch kein Literaturstudent, als ich zu einem Treffen der Lyriker der Fakultät für Literaturwissenschaften eingeladen wurde. Man las einige meiner mit Schreibmaschine abgetippten Gedichte, die ich herumgegeben hatte und teilte mir mit, welche Dichter ich plagiierte. Ich kannte nicht alle Namen, aber es gab auch Songtexter unter ihnen, nicht fehlen durfte natürlich Attila József, und Endre Ady wurde wahrscheinlich nur deshalb nicht genannt, weil wohl selbst von einem Jurastudenten (der ich damals war) niemand annahm, dass er im Jahr 1982 eine Vorliebe für einen derart ausgedienten Dichter hegen könnte. Das Konsilium stellte schließlich die Diagnose, ich sei ein Epigone Milán Füsts, was beinahe einem Lob gleichkam: Wenigstens trauten sie es mir zu. Sie lagen insofern nicht ganz falsch, als ich mir Milán Füsts Gedichte schon einmal angesehen und das Buch sehr schnell zugeklappt hatte, da mir schon nach wenigen Zeilen klar wurde, dass es sich um einen meiner künftigen Lieblingsdichter handelte. Ich fürchtete seinen Einfluss, so wie den einiger anderer Lyriker, weshalb ich das Treffen mit ihnen jahrelang hinauszögerte. Doch als ich dann endlich begann, seine Gedichte zu lesen, erhielt ich mit einem Schlag gleich zwei Dichter, denn Dániel Berzsenyi verdankte ich ebenfalls Milán Füst. Er erweckte ihn für mich zum Leben und eröffnete mir rückwirkend einen Zugang zu ihm. Er machte mir zum Beispiel bewusst, dass ich nichts Besonderes über Berzsenyi denken musste; um ihn zu verstehen, reichte es, wenn ich den Herbst kannte und mochte. Die charakteristischen und unverwechselbaren Verse von Milán Füst scheinen die ebenfalls charakteristischen und unverwechselbaren Verse von Dániel Berzsenyi fortzusetzen. Zum Beispiel so: *Nun weht er, Boreas, über den Kemenes, / Wolken ziehen auf und verbergen die Sonne, / Schau, der Gipfel des Ság ist von Schneewehen bedeckt, / Alles liegt in düsterem Schlaf. / Soll der Wind doch über die feuchten Gräber / Ferner Friedhöfe rauschen, soll das Wasser aus / Den reichen, kühlen Quellen ferner Wälder strömen. / Ein Wanderer zieht über kohlschwarze Hügel, seine Seele / Ein düsterer Brunnen, aus dem leise fließt der Kummer ...* Als wäre Füst die moderne Version von Berzsenyi. Oder vielmehr eher sein Gespenst – das passt vielleicht mehr zu seiner Persönlichkeit. Als würde er fortwährend zwischen den *feuchten Gräbern ferner Friedhöfe* umherwandern. Manchmal denke ich, Milán Füst ist das Gespenst der gesamten ungarischen Dichtung – das uns die Kränkungen aller ungarischen Dichter zuraunt.

Attila József: *Sämtliche Gedichte*

Ich glaube, er ist der beste Dichter, den ich kenne. T. S. Eliot habe ich immer nur in Übersetzung gelesen, und besser als Endre Ady ist Attila József auf jeden Fall. Es gibt die untersterblichen Dichter und unter ihnen gibt es einen Sterblichen. Das ist Attila József. Wenn ich die besten fünfzig Bücher auswählen müsste, die ich je gelesen habe, wäre der Band mit seinen sämtlichen Gedichten darunter. Dabei muss ich zugeben, dass mir der um ihn entstandene Kult, seine Epigonen, die, wenn sie von ihm sprachen, nur seinen Vornamen nannten, lange zuwider waren. (Aber natürlich nicht die, die in seiner Tradition standen: Dann müsste mir ja angefangen bei János Pilinszky über László Nagy und György Petri bis János Marno die ungarische Lyrik von acht Jahrzehnten zuwider sein.) Doch ich suchte in der Lyrik nach etwas anderem. Nach Geheimnissen, Marotten, auch romantischen Übertreibungen. So etwas habe ich bei Attila József nicht gefunden. So makellos wie seine Gedichte sind, so geheimnislos empfinde ich sie auch. Er muss alles sagen. Ist manisch normal. Jahrelang hat mich nicht einmal sein Schicksal berührt, sein Selbstmord. Eine Zeit lang habe ich versucht, es seinen Zeitgenossen vorzuwerfen, dass sie ihn hatten sterben lassen, was ihnen dann natürlich leidtat ... Später, als ich allmählich eine Vorstellung davon bekam, wie es sein musste, einen Attila József im Alltag zu ertragen, nahm ich es ihnen nicht mehr übel. Doch all das zusammen erklärt immer noch nicht die ambivalente Beziehung, die ich zu ihm habe, auch nicht das schlechte Gewissen und die leichte Gereiztheit, die ich ihm gegenüber schon immer verspürt habe. Ich kann ihn einfach nicht mögen – zumindest nicht meine Attila-József-Figur, die abwechselnd darum fleht, geliebt zu werden und sich gegen die Liebe auflehnt. Dabei ist Attila József nicht zu mögen ein bisschen so, als würde ich meine Sterblichkeit leugnen. Nicht nur ein bisschen, genau das ist es. Trotz.

Frigyes Karinthy: *Így írtok ti* (*So schreibt ihr*)

Ich sollte einmal einen Auswahlband mit den Gedichten von Endre Ady zusammenstellen. Ich war stolz, mit der Aufgabe betraut worden zu sein, habe aber der Versuchung nicht widerstehen können, am Ende auch eine Ady-Parodie von Frigyes Karinthy einzufügen. Eine kleine Provokation: Na, großer Dichter, was sagst du dazu? Der Impuls entsprang wohl unter anderem einer Familientradition, der Tatsache, dass der Karinthy-Kult bei uns womöglich sogar noch größer war als der Ady-Kult. Einige entferntere Familienmitglieder haben sogar mithilfe von Karinthys Parodien ihren Weg zur Literatur gefunden – einem Gebiet, nach dem sie sich sehnten, das sie aber nicht erobern konnten oder sich nicht trauten. Doch sie hatten Sinn für Humor und keine Angst, sich der Texte von Frigyes Karinthy, dieses bezaubernden Charakter- und Serienmörders, zu bedienen, der der Literatur einen Spiegel vorhält und sie dem Leser – und auch dem Nichtleser – näherbringt. Dank ihm war es einfach, Mihály Babits zu mögen, ohne je ein einziges tatsächlich von ihm geschriebenes Gedicht gelesen zu haben. (Ja, diese müßige Kaffeehauswelt ... Dabei ist Müßiggang völlig in Ordnung, es muss ja nicht jeder lesen, für die Sache – in diesem Fall: die Literatur – ist es auch wichtig, dass wir einfach nur über sie palavern, fröhlich oder bissig, das spielt keine Rolle.) Es hat also die gesamte ungarische Literatur, samt der Schriftsteller, Dichter, Leser, Nichtleser, von Karinthy profitiert, nur er selbst nicht. Mit seinen Parodien hat er auch seine eigene Stimme als Dichter umgebracht. Obwohl ich weiß, dass er einer der ehrlichsten, tragischsten ungarischen Dichter ist, muss ich grinsen, wenn ich seinen Namen höre und entscheide mich zwischen seinen *Gesammelten Gedichten* und *So schreibt ihr* für Letzteres. Tausend Seiten. Ich schlage es am Ende auf: Filmparodie. Hier der letzte Absatz: „Das Meer bei Sonnenuntergang. Die Brentano schaukelt friedlich auf den Wellen. Für einen kurzen Moment ist der Marktplatz in München zu sehen, wo das Kaminfeuer fröhlich und freundlich unter den Werken Thomas Manns knistert." Tausend Seiten Humor münden in Bücherverbrennung. Auch Humor ist nicht allmächtig.

Drei letzte Gedichte

Ungarn ist in seiner tausendeinhundert Jahre langen Geschichte sechsmal so zusammengebrochen, dass es danach nicht mehr ganz zu sich kam. Davon ist dreimal der größte Dichter der entsprechenden Epoche mit ihm ins Grab gestiegen: In den Jahren 1849, 1919 und 1944. Die Namen der Dichter: Sándor Petőfi, Endre Ady, Miklós Radnóti. Die Todesarten: getötet von einem fremden Soldaten, getötet durch selbstzerstörerischen Lebenswandel, getötet von einem ungarischen Soldaten. Die Titel ihres jeweils letzten Gedichts: „Grausame Zeit", „Gruß dem Sieger", „Razglednice (4)". Der gesamte Text der Gedichte, jeweils mit * getrennt:

Grausame Zeit, grausame Zeit!
Überall waltet Dunkelheit.
Will der Himmel
Uns für immer
Vertilgen, aussortieren?
Verbluten werden wir schon bald,
Die Kraft der halben Welt, geballt,
Will uns wohl ausradieren.

Und dabei ist da vorn der Krieg
Nicht das Ärgste, was hier geschieht,
Viel schlimmer ist,
Was hinten frisst
Die Menschen auf – Gallenruhr,
Ein Elend von der schlimmsten Art,
In unsrem Land eisern ausharrt,
Hält an vieler Lebensuhr.

Wird all das jeden wegfegen?
Oder wird es einen geben,
Der die wilden
Zeiten schildern
Kann denen, die noch kommen?

Und wenn es ihn geben sollte,
Er, so wie sie war, aufrollte,
Unsre Geschichte, besonnen?

Wenn er erzählt, was wir gelitten,
Von des Schicksals derben Tritten,
Wird es taugen,
Ihm zu glauben?
Wird auch nur einer sagen:
Das ist entsetzlich, doch wohl wahr,
Und nicht denken, jedes Wort war
Das eines Irren, Verzagten?

*

Ihr dürft es nicht zu sehr zerstampfen
Und sollt es nicht zu sehr zertreten,
Unser ausgeblutet armes, schönes Herz,
Denn seht, es will stürmen und leben.

Unser Volk, voller Unheil und Trauer,
In Revolution verstrickt, zur Heilung
Brachten uns Schurken, Krieg und Schrecken,
Bis ins Grab hinein treffe sie der Fluch.

Dumpf dröhnen unsere Kasernen,
An wie viel Blut müssen sie gedenken,
Wie furchtbar die trauernden Grabgewölbe,
Leichen, lauter aufgebahrte Leichen.

Wir waren die Narren dieser Erde,
Wir Ungarn, verbraucht und arm,
Jetzt kommt herbei, ihr Sieger,
Dem Sieger gelte dieser Gruß.

(Aus dem Ungarischen von Wilhelm Droste und Timea Tankó)

*

Ich fiel neben ihn, sein Körper drehte sich,
war steif wie die Saite, bevor sie reißt.
Genickschuss – das wird also auch dein Ende,
dachte ich, lieg ruhig, bis hier bist du gereist.
In der Geduld jetzt des Todes Knospe ruht.
Der springt noch auf,[3] hörte ich sie sagen,
an meinem Ohr trocknet Schlamm und Blut.

[3] Im Original Deutsch. (*Anm. d. Übers.*)

Menyhért Lakatos: *Bitterer Rauch*

Man hatte mir gesagt, es sei die Roma-Version von *Hundert Jahre Einsamkeit*. Manchmal sagt man so etwas. Damit die anderen es verstehen. Redet in Slogans. Ich war schon über fünfzig, als ich mich dazu durchgerungen habe, den Roman *Bitterer Rauch* zu lesen, da ich mir ungefähr denken konnte, wie eine Roma-Version von *Hundert Jahre Einsamkeit* aussehen würde: Drei Viertel des Textes bestehen aus Begebenheiten, die mir im Traum nicht einfallen würden, und der Rest ist wie *Hundert Jahre Einsamkeit*. Dann war es aber natürlich ganz anders. Die Handlung spielt in einer parallelen Roma-Wirklichkeit, in einem parallelen Roma-Transtisza, zum Teil noch in mythischen Zeiten, zum Teil in der Mitte des zwanzigsten Jahrhunderts, es werden die Sorgen und Lieben der Roma dargestellt, die Machtspielchen zwischen Eheleuten, Alkohol, Arbeit, Kartenspiel, Aberglaube, Vertreibung, Diebstahl, Raub, Mord, Elend, Lebenskraft – natürlich nie in der Variation, wie ich es erwartet hätte. Bei Lakatos ist der Realismus vielleicht stärker und die Magie weniger stark präsent als bei Márquez, doch auch er verwandelt die Leser in Roma, genauso wie Márquez einen in einen Kolumbianer verwandelt. *Bitterer Rauch* ist im selben Jahr erschienen wie Imre Kertész' *Roman eines Schicksallosen*: 1976. Davon abgesehen verbindet sie nicht viel miteinander. Außer … Im *Roman eines Schicksallosen* gibt es auf Seite fünfunddreißig diesen Satz: „Am nächsten Tag passierte mir eine kuriose Geschichte." Mit diesen Worten setzt Kertész die Handlung in Gang, so führt er den Holocaust rhetorisch in den normalen Lauf der Welt ein. Und lässt die Welt zugleich ihrem Lauf entgleisen. Dieser kleine, unschuldige, graue Satz ist mein Schlüssel zum *Roman eines Schicksallosen*. Menyhért Lakatos' schriftstellerische Erfindung ist genauso simpel und genauso kraftvoll. Es passiert nicht mehr, als dass in der letzten Szene von *Bitterer Rauch* alle Bewohner der Roma-Siedlung in einem Waggon nach Auschwitz gebracht werden. Hier streiten und lachen sie, verstehen schon wieder nicht, was mit ihnen passiert, aber kümmern sich nicht weiter darum – es wird schon irgendwie werden – wie im gesamten Roman unzählige Male zuvor. Nur sitzen sie jetzt im Zug, an ihnen zieht die Landschaft vorbei.

Piotr Szewc: *Das Buch eines Tages. Zamość, Juli 1934*

Szewc ist der einzige lebende Schriftsteller in dieser Liste. Ich habe eine seltsame Beziehung zu ihm: Als ich diesen schmalen Roman im Jahr 1994 las, musste ich an meinen *Werther*, *Die Kunst des Feindes*, denken und war ein wenig niedergeschlagen, weil ich merkte, dass ich die Sache falsch angegangen war. Ich hätte ihn so schreiben müssen wie Szewc *Das Buch eines Tages*. Er hatte seine Form nämlich mit Inhalt gefüllt, was ich versäumt hatte. Dabei war die Idee die gleiche gewesen: In die Rolle des Reiseführers schlüpfen und in dessen leidenschaftslos-leidenschaftlichem Ton einen Roman erzählen. Bei mir war die Erzählerin eine junge Frau, die einen jungen Mann durch Budapest führt, ihm die Schauplätze ihres Lebens, die Fehler ihres Lebens zeigt, von den Ereignissen berichtet, auf Gebäude deutet, auf Passanten, ihre Namen nennt und sagt, was man in groben Zügen über sie wissen sollte, wobei sie manchmal aus der Rolle der Reiseführerin fällt, sentimental wird, weint und lacht. Ich habe die leidenschaftsfreie Disziplin eines Reiseführers dafür benutzt, um mir Leidenschaft und Sentimentalität zu erlauben. Szewc' „Reiseführer" ist einfach ein Erzähler. Er erzählt im Präsens, was vor unseren Augen an einem Tag im Juli 1934 geschieht. Er spricht von allem, was zu sehen ist, wodurch auch Visionen und Geister in seiner Erzählung auftauchen. Trotzdem ist alles eine selbstverständliche Wirklichkeit. Eine unheilvolle Wirklichkeit, in der jedoch die Atmosphäre des *Sommernachtstraums* herrscht. Es wirkt wie eine Bühne, dabei werden die Objekte, Schauplätze, Menschen nur vom Erzähler mit einer Taschenlampe oder einem Bühnenreflektor beleuchtet. Als würde Szewc selbst sich an die Touristengruppe der Leser wenden: „Das, meine Damen und Herren, ist Zamość und Umgebung vor dem Zweiten Weltkrieg und das hier, was daraus geworden ist. Wie Sie sehen, ist auch dieses sehr schön, nur gibt es hier keine lebenden Juden, dafür kann ich Ihnen tote zeigen: gespenstische, tanzende Chassidim. Da kommen sie gerade. Sind sie nicht schön? Sie stimmen mir gewiss zu, dass Zamość mit ihnen noch viel schöner wäre; Zamość, diese an sich schon unvergleichliche Kleinstadt in Ostpolen, dieses Schmuckkästchen, das übrigens durch einen kunsthistorischen Zufall – für Osteuropa untypisch – im Renaissance-Stil erbaut wurde. An dieser Stelle möchte ich die Gelegenheit ergreifen, Sie auf den Niedergang der gesamten ostmitteleuropäischen Region aufmerksam zu machen, denn hier können Sie nicht nur in die Auslöschung der jüdischen Welt Galiziens einen kurzen Einblick gewinnen, sondern zugleich – wie der ungarische Historiker Jenő Szűcs es so treffend formuliert hat – in das Ende einer gesamten historischen Region, die östlich der Elbe und westlich von Russland lag und von wo man während des Zweiten Weltkriegs sowie davor und danach Millionen von Menschen verschleppt, die meisten von ihnen auch ermordet hat, wo Ländergrenzen hin- und hergeschoben, gesamte Völker umgesiedelt wurden, die zuvor über Jahrhunderte hatten zusammenleben können, bis zu dem Zeitpunkt, als eben diese gesamte historische Region in sich zusammenfiel. In Zamość wird uns also unter anderem, und ich hoffe, das empfinden Sie nicht als eine grobe Verallgemeinerung, im Grunde der endgültige Niedergang des klassischen Europa vor Augen geführt. Und nun, meine Damen und Herren, schauen wir uns an, was es sonst noch so gibt."

JENŐ SZŰCS: *DIE DREI HISTORISCHEN REGIONEN EUROPAS*

Im Spätherbst 1988 machte mich meine Freundin darauf aufmerksam, dass ich, wenn ich schon die Dreistigkeit besäße, mich als Student der Geschichtswissenschaften zu bezeichnen, mich wenigstens dazu bequemen sollte, Jenő Szűcs' Vorlesungen zu besuchen, da ich mit großer Wahrscheinlichkeit die Veranstaltungen des aktuell wichtigsten Historikers von Mitteleuropa schwänze. Ich ging mit, wir saßen eine Dreiviertelstunde im Hörsaal, und dann stellte sich heraus, dass Jenő Szűcs nicht kommen würde, da er gestorben war. Für einen Selbstmord kann es neben der Geschichte der ostmitteleuropäischen Region tausend Gründe geben, selbst dann, wenn die Person ein ungarischer Historiker ist, der sich mit eben dieser Region beschäftigt. Trotzdem musste ich zweiundzwanzig Jahre später, als ich mein Gedicht „Abschiedsbrief" schrieb, an Szűcs' Tod denken. In dem Gedicht geht es um meine Heimat, darum, dass ich sie geliebt habe, sie mich nicht haben wollte, meine Zeit irgendwann um ist, und ich sie nun verlassen muss. Wenn sie nach mir klingelt, komme ich vielleicht zurück. Das wurde zu meinem bekanntesten Gedicht. Doch hatte das natürlich politische Gründe: Viele freuten sich, weil sie dachten, na, endlich verabschiedet sich jemand in einem Gedicht von seiner Nationalität, es wurde ja höchste Zeit; andere freuten sich, weil sich endlich herausgestellt hatte, dass auch ich zum Landesverräter geworden war, mich den Juden und ihren Synonymen verkauft hatte. Jemand bat mich, das Gedicht zu signieren, weil er es als Erinnerung nach England mitnehmen wollte, wo er in Zukunft zu leben und arbeiten beabsichtigte. (Das war die Zeit der Massenauswanderung. Das Gedicht traf offenbar genau dieses Gefühl der Zukunftslosigkeit.) Über den verhältnismäßigen Erfolg des Gedichts konnte ich mich nicht freuen, da ich es nicht aus einer guten Laune heraus geschrieben hatte, ganz im Gegenteil. Aus Verzweiflung. Hinter dem Gedicht stand auch Jenő Szűcs' Tod und sein unvollendetes Lebenswerk, darin der kurze, aber epochale Aufsatz: *Die drei historischen Regionen Europas*. Der Text wurde in viele europäische Sprachen übersetzt und mit einem Vorwort von Fernand Braudel herausgegeben. Eine größere internationale Anerkennung hätte Szűcs nur dann bekommen können, wenn er sein Hauptwerk über die Geschichte des ungarischen Nationalgedanken vorgelegt hätte, dessen Grundlage seine eigene These von den historischen Regionen gewesen war. Mit der Fertigstellung dieses Werkes hätte er die Geschichte Ungarns und Ostmitteleuropas mit der europäischen Geschichte in Einklang bringen können, und ihm wäre eine solche Synthese gelungen wie niemandem je zuvor. Doch er starb lieber. Hatte er vielleicht erkannt, dass es die Synthese nicht gab? Und niemals geben würde? Dass die Zukunft Ostmitteleuropas immer die Zukunftslosigkeit sein wird, die Armut, die Auswanderung in den Westen, der Absatzmarkt, die Montagewerkstatt, Headhunting und Brain Drain? Blickt tatsächlich dieselbe gläserne Decke auf Prag und Siebenbürgen, auf Litauen und Budapest, Badacsonyörs und Pomáz und Polen, auf ganz Ostmitteleuropa? Auf die gesamte dritte Region von Jenő Szűcs, meine geliebte größere Heimat?

Stanisław Lem: *Kyberiade*

Ende Dezember 1981 sollte ich im Fach „Politische Ökonomie des Sozialismus" eine Prüfung ablegen. Über die kommunistische Ideologie sollte man vielleicht wissen, dass sie eigentlich nur zwei Schwachstellen hatte: die kommunistische Gesellschaft an sich und den Weg, der zu ihr hinführte. *Die politische Ökonomie des Sozialismus* handelte von Letzterem. Es war ein dickes Lehrbuch, voll von Selbstrechtfertigungen, Lügen, Verdrehungen und natürlich Wahrheiten und Halbwahrheiten, hinter denen (wie eine Art Altes Testament) die Marx'sche Theorie schwebte, wie aus der Flut entsprechender Andeutungen unschwer zu erkennen war. Doch all das wurde streng mit der Rhetorik moderner Wissenschaftlichkeit vorgetragen. In Polen war gerade vor unserer Prüfung die Militärdiktatur eingeführt worden, da das Volk des sozialistischen Polens bereits seit anderthalb Jahren durch regelmäßige Streiks und Demonstrationen deutlich machte, dass es in dem sozialistischen System nicht in Armut und Sklaverei leben wollte. Wir waren erst zwanzig Jahre alt, aber für uns war es vollkommen selbstverständlich, dass man dieses Problem nur mit Hilfe einer Militärdiktatur lösen konnte, da der polnische Notstand – mit marxistischer Terminologie gesprochen – eine *historische Notwendigkeit* war, denn alle anderen Lösungen wären *notwendigerweise* schlimmer (die Sowjets marschieren nach Warschau ein, es bricht der Dritte Weltkrieg aus etc.). Also büffelte ich für Polökosoz, was mir die notwendige Lösung in meiner aktuellen Lebenslage schien. Vielleicht waren es die Ereignisse in Polen, weshalb jemand aus meinem Umfeld auf die Idee kam, mir die *Kyberiade* zu empfehlen, um mich davon zu überzeugen, dass Lem der größte lebende Science-Fiction-Autor sei. Ich war Science-Fiction-Fan und kannte Lem bereits. Die *Kyberiade* hatte ich mir als Belohnung aufgehoben, falls ich – durch irgendein Wunder – nicht durch die Prüfung fallen würde oder als Trost, wenn ich durchfalle. Ich erwartete einen poetischen und tiefgründigen Science-Fiction-Text wie *Solaris*. Doch als ich in der kommunalen Bibliothek das Buch aufschlug, sprudelte aus ihm zischend die schwefelsaure Parodie jeder nur erdenklichen Wissenschaft und Wissenschaftlichkeit heraus. Da waren die Tatsache, dass das Genre der Science-Fiction absolut der Zeit entsprach, die Absurdität des *real existierenden Sozialismus*, die Skepsis des polnischen Menschen (Lem), der den Weltkrieg als Erwachsener erlebt hatte, gegenüber jedweder historischen Gerechtigkeit, verbunden mit den Feenmärchen eines vollkommen rationalen Wissenschaftlerverstandes. Wenn es etwas gibt, das wirklich Science ist und wirklich Fiction, dann die *Kyberiade*. Es war mir unmöglich, in den Namen der beiden fast allmächtigen Wissenschaftler Trurl und Klapauzius nicht Marx und Engels zu hören. Eines der Grundschemata der Geschichten ist, dass Trurl (ein Roboter) einen Roboter baut und seinen Freund Klapauzius (der ebenfalls ein Roboter ist) zu sich einlädt, um mit seinem neuen Roboter anzugeben, und der neidische Klapauzius beweist, dass der Roboter nichts wert ist. Und das tut er auch, wenn der Roboter vor seinen Augen gerade die Welt erschafft, da Trurl ihn zum Welterschaffen konstruiert hatte. Bis zum letzten Abend vor der Prüfung kam ich bis Seite hundert des Lehrbuchs (es waren ungefähr fünfhundert). Gegen Mitternacht dachte ich mir, ich mache eine kleine Pause. Ich schlug die *Kyberiade* auf und las sie bis zum Morgen zu Ende. Dann legte ich mich schlafen. Die Prüfung fand in der Wohnung des Professors für Politische Ökonomie statt. Er empfing die Gruppe in Bademantel und mit Kaffee, und alle bekamen eine zwei. Ich weiß nicht, ob jemand das Thema Polen anschnitt, doch es erscheint mir wahrscheinlicher, dass wir darüber einhellig schwiegen.

Wenedikt Wassiljewitsch Jerofejew: *Moskau-Petuški. Ein Poem*

Es gibt Gewinner-Fakten und Loser-Fakten. Den vielen Millionen im stalinistischen Schreckensstaat begangenen Morden folgten viele Jahrzehnte des Schweigens. Viele Jahrzehnte staatlich kontrollierter Verdrängung. Die Kinder der stalinistischen Mörder konnten als Erwachsene ihre Eltern nicht fragen: Was habt ihr damals gemacht? Die Sowjetunion hatte keine freie 68er-Jugend wie Westdeutschland. Und als die Enkelkinder erwachsen waren, lebten nur noch wenige der Mörder. Außerdem waren die Enkelkinder in den neunziger Jahren mit anderem beschäftigt als den alten Geschichten. Der Stalinismus fiel aus dem kollektiven Bewusstsein, ohne je wirklich dessen Teil gewesen zu sein. Die Vergangenheit hatte ihn geschluckt. Es gibt Gewinner-Fakten. So einer ist der Holocaust. Es gibt Loser-Fakten. So einer ist die stalinistische Hölle. Die ungarische Revolution von 1956, samt der vielen tausend Toten und den zweihunderttausend

Emigranten ist auch so ein Loser-Fakt, die Privatangelegenheit eines demographisch eingeknickten, erniedrigten Landes, das allmählich das Rückgrat verliert und sich immer mehr abschirmt. Für die Außenwelt wurde die internationale, von der Sonne beschienene Prager Revolution von 1968 der Gewinner-Fakt. Die Loser-Fakten sind die Obdachlosen der Geschichte. Sie liegen vor uns. Sie verdummen, sterben bald, verschwinden einer nach dem anderen. Natürlich bleiben sie trotzdem Fakten. Sie haben das Recht, gesehen zu werden, und wir müssen zumindest ihren Anblick ertragen. Aber nicht mehr. Ein Loser-Fakt ist ein Fakt, den wir kennen, aber nie zur Kenntnis nehmen (wir haben ja schon genug andere Fakten) oder versuchen, an ihn zu denken, ihn aber irgendwie ständig wieder vergessen. Irgendetwas katapultiert ihn immer aus unserem Gedächtnis hinaus. Ein Gewinner-Fakt ist nicht realer als ein Loser-Fakt. Nur bequemer. Auch die Loser-Fakten kann man recherchieren, ihnen auf den Grund gehen, man kann über sie schreiben und sprechen, kann sie zum Gesprächsstoff machen, aber meist gibt es ein Aber. *Krieg und Frieden* ist ein Loser-Fakt. Seine Filmadaption ist ein Gewinner-Fakt. Das Leben des wirklichen Sokrates ist ein Loser-Fakt. Was Platon daraus gemacht hat, ist ein Gewinner-Fakt. Tausend Likes für ein Gedicht: Gewinner-Fakt. Dass das Gedicht grottenschlecht ist: Loser-Fakt. Tausend Likes gestern und heute einer: Loser-Fakt. Alle früheren Fakten sind von der ewigen Gegenwart aus betrachtet, die ein Gewinner-Fakt ist, Loser-Fakten. Wenedikt Jerofejew ist ein Loser-Fakt. Ein freier Mensch im zwanzigsten Jahrhundert, dessen Leben von einem historischen Loser-Fakt, der Sowjetunion der Nachkriegszeit, bestimmt wurde. Sie war es, auf die er pfeifen musste. Ihr zum Trotz schrieb er *Moskau-Petuški*, was ein Kurzroman ist, ein Poem, eine Satire, ein Roadmovie, die Parodie und Apologie des Alkoholismus. Es beginnt damit, dass der mit dem Autor namensgleiche Ich-Erzähler, betrunken oder verkatert (Nüchternheit ist keine Option), kreuz und quer durch Moskau gelaufen und schon überall gewesen ist, aber den Kreml immer noch nicht gesehen hat. In der Breschnew-Ära (was nichts anderes war als der Kater des stalinistischen Schreckensstaates) war ich Zeitgenosse Jerofejews, nur hatte ich mehr Glück als er: Von seiner Lage trennten mich dreiundzwanzig Jahre und tausendfünfhundert Kilometer. Ende der sechziger Jahre, als ich gerade zu lesen begann, schrieb er *Moskau-Petuški*. Als er 1990 starb, brach in meinem Land die Freiheit aus. Auf Ungarisch erschien *Moskau-Petuški* erst danach (Loser-Fakt). Es wurde zu einem Kultbuch (Loser-Fakt) und jeder konnte die Rezepte der darin enthaltenen fiebertraumartigen Cocktails auswendig (Kanaan-Balsam: 100 ml Brennspiritus, 200 ml dunkles Bier, 100 ml gereinigte Politur). Und dann geriet es in Vergessenheit (Loser-Fakt). Es kamen andere russische Autoren, die über ein Thema schreiben, das bessere Chancen hat: das Russland von heute. Doch *Moskau-Petuški* kämpft weiterhin dagegen, ein Loser-Fakt zu sein, auch stellvertretend für seinen armen verstorbenen Autor.

Die redselige Schildkröte

Die dicken Bände der Reihe *Märchen der Völker* trafen ab 1968 im gleichen Rhythmus in meiner Kindheit ein wie dreißig Jahre später die *Harry-Potter*-Bände im Leben meiner Kinder. Jedes Jahr eines. Der erste war *Die redselige Schildkröte*. Im nächsten Jahr zu Weihnachten kam *Der sprechende Felsen*. Bis ich zwanzig wurde, las ich sie regelmäßig immer wieder. Dabei waren die Anfänge nicht einfach. Als Zweitklässler, dessen Geist an den Märchen der Gebrüder Grimm, Elek Benedek und an *Tausendundeine*

Nacht geschult war, war *Die redselige Schildkröte* doch eine ziemliche Überraschung für mich. Was war das? Dumme Märchen für kleine Kinder, mit Zeichnungen illustriert, die selbst mir peinlich gewesen wären: Pünktchen, Pünktchen, Komma, Strich, fertig ist das Mondgesicht … Es sind die Märchen australischer Ureinwohner: Die Menschen tanzen um das Feuer herum und dann kommt, in den Bann des Feuers geraten, Bohra, das Känguru. Es stellt sich in den Kreis der Menschen und ahmt deren Bewegungen nach. Zuerst lachen die Menschen es aus, doch dann basteln sie sich Känguruschwänze, tanzen so weiter und werden zum Känguruvolk. Das Känguru wird zum Menschen, der Mensch zum Känguru. Der gesamte Stamm ist zugleich ein einziges Känguru und ein einziges Känguru ist zugleich der Stamm. Das Känguru ist auch Zauberer und Tier und Nahrung und Vater, Mutter und Großmutter, Großvater und Schutzgeist und auch alle anderen Kängurus, aber zugleich auch der Mensch, der zu dem Stamm gehört, dessen Urmutter das Känguru ist. Das alles war für mich ein ziemliches Chaos und zugleich sonnenklar. Jeder Stamm hatte ein anderes Tier als Urahnen: Heuschrecke, Lachs, Schildkröte, Bär. Die Größe spielt keine Rolle, in der Geisterwelt sind alle genauso viel wert. Diese Märchen schenkten mir ein magisches Weltbild. Sie zogen mich in ihren Bann wie es Bohra, dem Känguru, mit dem Feuer ergangen war. Diese Wörter verzauberten mich: Mikronesien, Melanesien, Polynesien. *Die redselige Schildkröte* beschreibt einen geographischen Bogen: von Australien über Fidschi, Hawaii, Indonesien, die südostasiatische Halbinsel, Myanmar und Kaschmir bis Indien. Wer dieses Buch von Anfang an liest, findet sich zuerst im Paläolithikum wieder und landet zum Schluss beim Islam. *Der sprechende Felsen* ist ein ähnlicher Trip: Zwischen den magischen Märchen der Ureinwohner Nordamerikas tauchen die Märchen der weißen Siedler auf: eine kanadische Version von *Der Trommler* oder texanische Lügenmärchen. Das, was Jahrzehnte später unter der Bezeichnung Multikulturalismus zur Ideologie der Jahrtausendwende wurde, hatte man in der Reihe *Märchen der Völker* vorgestellt. Die Redakteure nahmen das Magische Weltbild, untersuchten es mit den Methoden der Ethnographie und ließen es auf die Kinder los. Es war, als hätten sie mit ihrer Anschauung diese uralten Märchen wie Möwen beringt. Wenn ich, das Kind, sie lese, entdecke ich den Ring an ihrem Fuß, was mir sagt, dass ich beruhigt sein kann, denn ich befinde mich in meiner eigenen Zeit, ich habe mich nicht in der Geschichte der Zivilisationen verirrt, es gibt Wissenschaftler, die auf mich aufpassen, und ich darf ruhig weiterlesen.

Endre Ady: *Der verirrte Reiter*

Er ist mein Dichter. Und das ist mein Gedicht. Mit siebzehn verzauberten mich die Gedichte von Ady auf ähnliche Weise wie zuvor die Märchen aus Ozeanien. Ich bekam Gänsehaut, war ergriffen, manchmal kamen mir sogar die Tränen. Er sagte: „Hier sieht man noch an manchem Ort / Dichtes Buschwerk in großen Flecken, / Jetzt werden Geister wieder wach / Aus Wintermärchen und Verstecken." Er sprach nicht aus der ungarischen Geschichte heraus, sondern aus dem australischen Gestrüpp. Aus der ungeschliffenen Steinzeit. Doch er wurde hier geboren, hier hatte man ihm die *Károli-Bibel*[4] in die Hand gegeben, hier trat er als Prophet auf. Also spricht er selbstverständ-

[4] Die von dem protestantischen Theologen Gáspár Károlyi übersetzte Bibel (erschienen 1590), bei der es sich um die erste vollständige Übersetzung der Bibel in die ungarische Sprache handelt. (*Anm. d. Übers.*)

lich aus der ungarischen Stammesvergangenheit zu der ungarischen Stammesgegenwart. Er gerät in Trance, steigt in den Himmel, liefert sich dort mit den Geistern einen Kampf, um seinen Stamm zu retten. Er kommt zurück, berichtet unter quälenden Kopfschmerzen, dass es keine Hoffnung gebe, wir verloren haben, er verloren habe, er nicht stark genug gewesen sei, und nun würde das Ende kommen. Dann schreibt er einen Artikel, klar, er ist ja Journalist, kein Prophet, mit dem Titel „Korrobori". In diesem beschreibt er den Fruchtbarkeitstanz der australischen Ureinwohner, den die Stämme der Ungarn und der Juden miteinander tanzten. Irgendwoher weiß er also auch von Bohra, dem Känguru, von der Ethnographie, irgendwoher weiß er über alles Bescheid, was in unserem Sonnensystem geschieht, na klar, er ist ja Journalist und Prophet … Von mir weiß er auch. Nur interessiert er sich nicht für mich, nicht ich bin sein Dichter, sondern er meiner. Wenn er wollte, wüsste er, dass ich einen längeren Essay über ihn geschrieben, einen Auswahlband mit seinen Gedichten zusammengestellt habe und in ihm schon tausendmal den aus dem neunzehnten Jahrhundert übriggeblieben, dem Alkohol verfallenen Poseur gesehen habe, den, der er war … Als den man ihn schon seit Jahrzehnten gerne sieht. Weil die meisten sich vor ihm fürchten (ich auch), nicht wissen, was er von ihnen will (ich vielleicht), weil sie keinen Propheten brauchen, weil wir keinen Propheten brauchen, erst recht keinen ungarischen. An jemandem mit einer ungarischen Seele festzuhalten, ist gefährlich, er verzaubert uns, bald können wir nicht mehr ohne ihn, er macht einen Ungarn aus uns, gewöhnt uns mit seinen Worten an eine Droge, die in die Vergangenheit führt und keine Zukunft bereithält, weil es die nicht gibt. Er hält uns in diesem Land, macht, dass wir uns von diesem unmöglichen Volk nicht loslösen können, erreicht, dass wir an etwas teilnehmen, was es nicht mehr gibt und wir dabei auch noch das Gefühl haben, dass uns das guttut. Nein, ab der zweiten Hälfte des zwanzigsten Jahrhunderts beschäftigt sich kein normaler Mensch mehr mit Endre Ady, denn dieses Land ist am Ende, am Ende, am Ende und das tut auch nicht weh, tut nicht weh, tut nicht weh, tut nicht weh … (Einmal sollte ich zehn Songs von Nick Cave übersetzen. Ich entdeckte in ihm einen von der Bibel und von Visionen inspirierten, mit dem Selbstbild eines Propheten kokettierenden, etwas verspäteten Dichter. Einen australischen Endre Ady.)

Endre Ady: „Alles Ganze ist zerbrochen"

Und das ist meine Gedichtzeile. So prägnant wie nur möglich, benennt sie das große Problem, das das Bewusstsein des modernen Menschen ereilt hat. Hier wird kein Verantwortlicher genannt, keine Lösung vorgeschlagen, es geht nicht um die Entstehung der Welt und auch nicht um deren Ende. Dennoch stellt dieser Vers den Gipfel der mir bekannten Dichtung dar.

Thor Heyerdahl: *Kon-Tiki. Ein Floss treibt über den Pazifik*

Für einen modernen Menschen könnte man sich kein heldenhafteres und erfüllteres Leben vorstellen als das von Thor Heyerdahl. Ein außergewöhnlich talentierter junger Mann im Norwegen der dreißiger Jahre des zwanzigsten Jahrhunderts, mit einem Abschluss als Meeresbiologe, verbringt mit seiner Frau ein Forschungsjahr auf einer polynesischen Insel (auf den Bildern sieht er aus wie ein langhaariger Hippie, dreißig Jahre vor den Hippies), wechselt dann zur Ethnographie, da ihm ein Gedanke gekommen ist: Die Polynesier waren wahrscheinlich aus Südamerika über den Pazifik auf die polynesischen Inseln gekommen (die Entfernung beträgt ungefähr achttausend Kilometer), und zwar mit Balsaholz-Flößen. Dass das möglich ist, könnte man nur beweisen, indem man die Reise wiederholt. Schon die Grundhypothese erscheint ziemlich verrückt, doch die Expedition mit dem Floß ist schierer Selbstmord. Beide werden zu Heyerdahls fixen Ideen, doch währenddessen hat er auch noch anderes zu tun: Er verbringt einige Jahre im norwegischen Widerstand, im bewaffneten Kampf gegen die nationalsozialistischen Besatzer. Nach dem Krieg macht er sich schließlich daran, die Expedition mit dem Floß vorzubereiten. Er treibt finanzielle Unterstützung auf, Balsaholz und fünf andere skandinavische Wahnsinnige, die sich nach einer ähnlichen Vergangenheit in der friedlichen Untätigkeit langweilen. Zu sechst fahren sie mit dem Floß über den Ozean. Heyerdahl lebt noch sechzig Jahre, leitet auch in hohem Alter Expeditionen, wird ein weltberühmter Wissenschaftler, dessen Ergebnisse nicht unstrittig sind, doch sein Leben ist ein poetisches Werk. Immer wieder habe ich in meiner Kindheit dieses Buch gelesen und das Einzige, was ich schade fand, war, dass er nicht behauptet, die Polynesier seien in Wirklichkeit die Nachfahren uralter Raumfahrer oder etwas in der Art. Mein Kopf war voller Bilder von Wanderungen, den Säulen von Saïs, Atlantis, Mu, Science-Fiction, Erich von Däniken, und Heyerdahl hätte ich alles geglaubt, doch wusste ich genau, dass er (auch) über die Polynesier nichts behaupten würde, wofür es keinen Beweis gab. Denn er war Wissenschaftler. Und ich musste schmerzlich feststellen, dass ich ebenfalls auf der Seite der wissenschaftlichen Glaubwürdigkeit stand. Dabei hätte ich lieber Däniken geglaubt. Einmal gelang es mir beinahe. Ich muss ungefähr in der sechsten Klasse gewesen sein, als ich mir mit meiner Familie Dänikens Film *Erinnerungen an die Zukunft* ansah, der mich davon überzeugte, dass die Erde bereits von Außerirdischen besucht worden war und es auch schon einmal eine mit unserer vergleichbare technische Entwicklung gegeben hatte. Der Film versetzte mich derart in eine andere Realität, dass mir, als ich aus dem Bem-Kino auf die abendliche Straße trat, der Gedanke kam: Was ich sehe, ist nicht das, was wirklich ist. Das Bild des Bem-Kinos am Abend hat sich mir für immer eingebrannt, denn ich musste es mit all meiner Konzentration betrachten, um es wieder in Wirklichkeit zurückverwandeln zu können. Seit einigen Jahren beherbergt das Bem-Kino eine halblegale alternative Kneipe, in der Rastas, Hippies, die Überlebenden verschiedener untergegangener Kulturen beisammensitzen oder -stehen und sich unterhalten. Manchmal kommt das Gerücht auf, man werde den Laden endgültig schließen, manchmal wird er auch geschlossen, doch irgendwann ist er wieder eröffnet, und man sieht die Angehörigen dieser Naturvölker erneut vor dem Kino stehen, mit Bier und Zigarette in der Hand, wie sie in ihrer eigenen Zeit leben, bis heute.

Giuseppe Tomasi di Lampedusa: *Der Leopard*

Fünfziger Jahre. Die Zeit der Rekonvaleszenz. Was sich entscheiden musste, hat sich schon entschieden. Und auch das, was besser nicht entschieden worden wäre. „Jetzt herrscht Winter und Stille und Schnee und Tod", sagt Mihály Vörösmarty in den fünfziger Jahren eines anderen Jahrhunderts, doch ist es bis hierher zu hören. Es herrscht Stille. Die großen von früher sterben nun tatsächlich, die Ernő Széps, Ferenc Herczegs, Thomas Manns und auch die Einsteins. Auch die Humphrey Bogarts, an Krebs, zu zeitig. Das übelste halbe Jahrhundert der Menschheitsgeschichte klingt jetzt aus. Die Toren der Gefängnisse und Lager werden allmählich geöffnet. Ehemalige Gefangene, ehemalige Soldaten, Täter, Opfer zerfallen zu Staub oder arbeiten in der großen Stille. Die Achtundsechziger gehen noch in die Grundschule. Irgendwo erklingt der Rock'n'Roll, aber ernsthafte Menschen nehmen ihn noch nicht ernst. Fünfziger Jahre. Das ist keine Epoche. Es hat schon Epochen gegeben und das wird es auch wieder, aber das hier ist eher nur eine Situation. Ein Zustand. Ein posttraumatischer. Jetzt ist *alles Ganze* zerbrochen, wie Endre Ady es vor vierzig Jahren geschrieben hat, als das fast noch eine Lüge war. Jetzt gibt es viele Fragen, doch ist keine von ihnen so wichtig, gestellt zu werden oder jeder weiß die Antworten noch – aber dann wird eine doch gestellt: Was war das eigentlich für ein Ganzes, das zerbrochen ist? Das ist der Moment, in dem ein alternder italienischer Herzog seine Familiengeschichte schreiben muss, damit wir eine Antwort bekommen. Und diesen Herzog gibt es auch, Giuseppe Tomasi di Lampedusa. Er berichtet von Sizilien, dem neunzehnten Jahrhundert, seinem Urgroßvater, Don Fabrizio, der tatsächlich noch als Herzog gelebt hatte und auch als solcher gestorben war. Er wird nicht weitschweifig, erzählt nur die entsprechenden Geschichten bis zum ersten Jahrzehnt des zwanzigsten Jahrhunderts. Er lässt Don Fabrizio berichten, was zweitausendfünfhundert Jahre Fremdherrschaft, berberische Emire, byzantinische Steuereinnehmer, spanische Unterkönige zu bedienen und zu hassen, all die gespenstischen griechischen und römischen Ruinenfelder, hergeschleppten und hier vergessenen fremden Kulturen mit dem Charakter der Bewohner einer Insel (Sizilien) machen. Wie führt all das bei den Bewohnern der Insel in seelische Isolation, in duckmäuserischen und trägen Widerstand? Und was für eine Art Hochmut entwickelt sich daraus, der eigentlich eher Würde ist? *Den Schlaf, lieber Chevalley, den Schlaf wollen die Sizilianer, und sie werden immer den hassen, der sie wecken will, brächte er ihnen auch die schönsten Geschenke …* Es ist kein Wunder, dass ich das hier in Ungarn, in Mitteleuropa verstehe und mich als Sizilianer fühle, als Verlierer, als hochmütigen und würdevollen Menschen. Doch dieses Buch hat in den fünfziger Jahren vierzig italienische Ausgaben und Übersetzungen in viele Sprachen erlebt, offenbar fühlte sich ganz Italien und die halbe Welt als Sizilianer, genauer gesagt als Don Fabrizio: *Ich gehöre einer unglücklichen Generation an, die zwischen der alten und der neuen Zeit steht und sich in beiden unbehaglich fühlt.* Mitte des neunzehnten Jahrhunderts hatten nur gut informierte und illusionslose sizilianische Herzoge dieses Problem, doch in den fünfziger Jahren des zwanzigsten Jahrhunderts, teilten bereits viele Millionen Europäer das Gefühl, einer unglücklichen Generation anzugehören, die weder zu den alten noch zu den neuen Zeiten eine Verbindung hat. Und es scheint so, als würde seitdem jede neue Generation genau an dieser Grenze stehen. Als gäbe es gar keine wirkliche Vergangenheit mehr, auch keine wirkliche Zukunft, nur diesen Grenzstreifen.

GÉZA OTTLIK: *BUDA*

Ende der fünfziger Jahre. Inzwischen ist auch in Ungarn alles entschieden. Es hat die Revolution gegeben, sie wurde niedergeschlagen, allmählich vergisst man sie. Jetzt ist alles mehr oder weniger egal. Gehen wir die Dinge ruhig an, wir haben es ja nicht mehr eilig. Es ist nicht mehr schlimm, dass man über vieles nicht sprechen darf. Das Wesentliche kann man auch anders erzählen. Man kann es aus der Vergangenheit Siziliens herauslesen oder aus der Geschichte von Schülern einer Kadettenanstalt. Letzteres ist vielleicht sogar noch besser, man sieht das Wesentliche klarer, erkennt, was einst ganz und was nie ganz gewesen ist. Die Bücher der ausgehenden fünfziger Jahre: Unterdrückte Lyriker wie Sándor Weöres und Ágnes Nemes Nagy dürfen nun veröffentlichen. Antal Szerbs *Hundert Gedichte* werden erneut herausgegeben. *Der Leopard* erscheint und auch Géza Ottliks *Die Schule an der Grenze*. Es ist, als würden die ausgehenden fünfziger Jahre höchstpersönlich meinen zwanzigjährigen Eltern diese ruhigen, klaren, distanzierten Werke in die Hand geben. Als Schmerzensgeld dafür, dass ihr Leben bald den Bach hinuntergehen wird. Dieser Generation, die in den dreißiger Jahren geboren worden war, die Kindheit zwischen Leichenbergen verbracht hatte und in der Revolution von 1956 für immer das größte Erlebnis ihres Lebens sehen wird. Sprachen werden ihnen nicht beigebracht, doch sie werden ein modernes Herz haben und sich danach sehnen, sich mit der Welt synchron zu bewegen, aber auf die sechziger Jahre werden sie bereits mit etwas Befremden blicken und 1989 wird für sie zu spät kommen, so dass sie sich auch darüber nicht mehr richtig werden freuen können. Doch die ausgehenden fünfziger Jahre empfinden noch Zuneigung zu ihnen. Trauen ihnen etwas zu. Oder tun zumindest so. *Die Schule an der Grenze* ist das Buch der Generation meiner Eltern, es lehrt, Niederlagen mit Würde hinzunehmen und wie man ein Unentschieden herbeiführen kann. Als wäre es von einem illusionslosen, aber idealen Vater geschrieben worden. Doch ich, der ich der nächsten Generation angehöre, habe in Géza Ottlik bereits einen unruhigen Großvater gesehen, der bis zu seinem Lebensende an dem Roman *Buda* gearbeitet, über ihn gegrübelt, an ihm gefeilt und ihn schließlich nicht beendet hat. Und der Roman selbst handelt auch von nichts anderem als vom Grübeln und Feilen, gespickt mit fantastischen Gedankengängen und kathartischen Fragmenten. Es hätte mich gefreut, wenn Ottlik ihn beendet hätte, denn diese wunderbaren Details beleuchten den möglichen Roman wie Blitze die nächtlichen Sturmwolken. Doch auch in seiner unvollendeten Form mag ich *Buda* genauso wie *Die Schule an der Grenze*. Das Gewitter hat sich verzogen, aber es herrscht noch sternenlose Dunkelheit. Und der Strom ist ausgefallen. Ich blicke aus dem Fenster und sehe, dass Géza Ottlik in der Wohnung gegenüber auch jetzt noch schreibt. Er feilt, grübelt. Das Gewitter hat er bemerkt, denn er hat das Fenster geschlossen, aber der Stromausfall macht ihm nichts aus: Bisher hat er auch bei Kerzenschein gearbeitet.

J. R. R. Tolkien: *Der Hobbit*

Ich habe das Buch mit einundzwanzig Jahren gelesen, einem Alter, in dem man von einem Märchen nicht viel erwartet, vor allem kein Wunder. Damals hatte ich *Die redselige Schildkröte* noch einmal gelesen, um deren Magie mit dem – so glaubte ich zumindest – Verstand eines Erwachsenen zu begegnen. (Ich hatte den Verstand eines Studenten.) Ich versuchte, die Geschichten zu analysieren, aber eigentlich nahm ich vor allem den Schmerz darüber wahr, dass sie keine Wirkung mehr auf mich hatten. Doch einige Monate später lieh mir jemand *Der Hobbit*. Gandalf kam bei Herrn Bilbo Beutlin an und ich wieder bei den europäischen Märchen. Nach ein paar Seiten hatte ich bereits das Gefühl, in das einzige europäische Märchen zurückgekehrt zu sein, zu der die Märchen der Gebrüder Grimm, Wilhelm Hauff und die Artussage lediglich Vorstudien waren. Bilbo trifft in der dunklen Wildnis drei Riesen. „Aber es waren Trolle", stellt das Buch bedauernd fest, und erklärt gar nicht erst, was ein Troll ist, denn entweder weiß man das sowieso oder wird es gleich erfahren, denn von hier gibt es kein Zurück mehr, man ist mitten im Abenteuer. Das war der Satz, als mein erwachsener Verstand die Waffen streckte, und ich wurde für immer zum Gefangenen von Mittelerde, der Fan, der *Der Hobbit* noch mehr mag als *Der Herr der Ringe*, weil Letzterer erst noch kommt. Mein Studentenverstand brauchte für die Kapitulation noch einen weiteren Satz: „Hitzig wie ein Drache, den man in der Hand festhält."[5] Wie groß muss denn diese Hand sein? Und zu was für einem geheimnisvollen Wesen mag so eine Hand wohl gehören? Wer oder was ist bereit, einen Drachen in die Hand zu nehmen? Wer oder was ist dazu fähig? Ja, was ist denn wie groß und im Verhältnis wozu? Und für wen ist das In-die-Hand-Nehmen eines Drachen ein naheliegender Vergleich? Ist Tolkien möglicherweise auch in Ozeanien daheim, wie ich es als Kind war?

C. G. Jung: *Erinnerungen, Träume, Gedanken*

Als hätte ich schon immer ein Idealbild von dem Zauberer mit dem weißen Bart gehabt, der eines Tages bei mir anklopft und mich schroff auffordert: Los, pack deine Sachen, wir brechen auf. Als ich von Gandalf las, erkannte ich die Situation nur wieder. Wenn ich Jung, der der Erste unter meinen Zauberern ist, nicht vollkommen missverstanden habe, würde ich sagen, dass der Begriff der *Archetypen* seinen Ursprung wohl genau in solchen Momenten des Wiedererkennens hat. Jung hatte schon auf mich gewirkt, lange bevor ich etwas von ihm gelesen hatte: Ich wusste, dass Endre Adys verirrter Reiter im sogenannten *kollektiven Unbewussten* unterwegs ist, und dass ich zum sogenannten *introvertierten Persönlichkeitstyp* gehöre. Mit *sogenannt* ist gemeint: Jung nannte es so. Das Buch *Erinnerungen, Träume, Gedanken* ist Ende der fünfziger Jahre aus den Gesprächen zwischen dem betagten C. G. Jung und Aniela Jaffé entstanden. Auf Ungarisch erschien es erst dreißig Jahre später. Die Lektüre dieses Buches wurde für mich zu dem Moment des „Pack deine Sachen, wir brechen auf". Schließlich packte ich natürlich nichts zusammen und brach auch nicht auf,

---

[5] In der englischen Originalausgabe lautet der Satz „As fierce as a dragon in a pinch". In der deutschen Übersetzung wurde er zu „Rabiat wie ein Drache mit dem Rücken zur Wand" und in der ungarischen wird der Drache eben in der Hand festgehalten. (*Anm. d. Übers.*)

trotzdem hatte ich das Gefühl, dass mich jemand von einer Last befreit hatte. Mein Familienerbe war ein seltsames Konglomerat aus einem Hang zum Mystizismus und dem ständigen Zweifel an allem, was man bei uns mit Hilfe des gesunden Menschenverstandes mehr oder weniger erfolgreich in Einklang zu bringen versuchte. Am liebsten wäre ich auch ein Seher, Gläubiger und großer Träumer gewesen, doch hatten sich Zweifel und der Anspruch wissenschaftlicher Glaubwürdigkeit schon längst in mir eingenistet. Ich lebte in der Gefangenschaft der bedingungslosen Normalität. Durch Jung wurde diese für mich weniger bedrückend, ja, zuweilen sogar ganz wohnlich. *Erinnerungen, Träume, Gedanken* ist keine wissenschaftliche Arbeit, eher eine Autobiographie. Doch liefert sie zum Beispiel eine Erklärung dafür, wie jemand, der Visionen hat, Wissenschaftler sein kann. Zeigt, dass das überhaupt möglich ist. Dass jemand, dem Gott im Traum begegnet, der manchmal gegen Dämonen kämpft, der von seiner Pflegerin erzählt bekommt, dass er im Zustand der Bewusstlosigkeit *wie von einem hellen Schein umgeben* war und der es fertigbringt, viele Jahre lang *in einer Art Traum* einen Wohnturm zu bauen – dass selbst ein solcher Mensch auf der Seite des Verstandes und der Klarheit stehen und eine naturwissenschaftliche Glaubwürdigkeit für sich beanspruchen kann. Aber warum sollte es auch nicht möglich sein? Warum genau hat man Jung den Stempel des Mystikers und Esoterikers aufgedrückt? Also das Etikett mit der größten Haftungskraft, mit dem Wissenschaftler einander kompromittieren können? Während wissenschaftliche Wahrheit für ihn, wie er sagt, „eine für den Augenblick befriedigende Hypothese, aber kein Glaubensartikel für alle Zeiten" war. Wenn Jung Mystiker ist, dann vor allem im Sinne von „Es gibt mehr Ding im Himmel und auf Erden, Horatio". Dieses „mehr Ding" ist es, weshalb ich ihn als meinen Zauberer bezeichne. Jung verweist nicht fortwährend auf Gott, empfindet es aber auch nicht als seine Pflicht als Wissenschaftler, ihn zu leugnen. An einer Stelle bemerkt er, dass in Situationen, in denen es reichen würde zu sagen, dass etwas das oder das sei, Freud und seine Anhänger stets zwanghaft sagten: Etwas sei *nicht mehr* als das oder das. Ich glaube, Jung war offener (ja, meinetwegen auch für den Mystizismus) als viele seiner Feinde unter den Wissenschaftlern, die bis zum heutigen Tag Freud und den Rationalismus vor ihm beschützen, als gelte es ihr Leben, und seine Glaubwürdigkeit mit solch heiliger Wut angreifen, als hielten sie ihn unbewusst für einen bösen Zauberer.

BOHUMIL HRABAL: *DER SANFTE BARBAR*

„Scheiße, verdammt!", ruft Egon Bondy. „Wenn ich das dem Zbyněk Fišer erzähle, der wird sich freuen!" Egon Bondy schafft es nicht, ein einziger Mensch zu sein, weshalb er zu Hause noch einen anderen hält, den er Zbyněk Fišer nennt. In diesem Roman gibt es drei Protagonisten: den manisch-depressiven, zwei Meter großen Vladimír (er ist der sanfte Barbar), den untersetzten neo-avantgardistischen Dichter Bondy und den Autor selbst. Sie sind schon längst erwachsen, doch ständig zusammen, sie essen, trinken zusammen, fachsimpeln über Kunst und die Welt; weinen, lachen, leben. Und lassen dabei keinen Zweifel daran, dass ihre Art, die Tage zu verbringen, die einzig sinnvolle Technik zum sachgemäßen Gebrauch des Lebens ist. Sie stehen, nach einer großen gemeinsamen Erkenntnis, irgendwo auf der Straße: Vladimír hat seinen Fuß gerade gegen einen Zaun gestützt, um sich die Schnürsenkel zuzubinden, der Erzähler sieht zu und der kleine dicke Bondy rennt um Vladimírs auf dem Boden stehendes

Bein herum, wobei er immer wieder unter dem anderen hindurchschlüpft und aufgeregt ruft: Scheiße, verdammt! Was in etwa bedeutet: Das kann gar nicht sein, so eine Freundschaft kann es gar nicht geben, so einen Moment kann es gar nicht geben, drei solche Idioten wie uns, kann es nicht geben, die Welt ist ein widerlicher Haufen Dreck, und all das zusammen ist einfach nur wunderbar. Zwei Freunde von mir und ich haben uns auch einmal an einer solchen Dreierfreundschaft versucht. Fünfundzwanzig Jahre lang hat sie funktioniert, doch dann ist sie explodiert, aber sie ist trotzdem einer der grundlegenden Pfeiler meines Lebens geblieben. Genauso wie Bohumil Hrabal. Eines Tages kam ich am Vormittag aus dem Kindergarten, hatte die Kinder abgegeben und las in der Straßenbahn die Nachricht von seinem Tod. Ich stieg aus und weinte. Zu Hause erwartete mich die Anfrage, ob ich für eine Tageszeitung einen Nachruf auf ihn schreiben würde. Ich weiß nicht, warum man mich fragte, ich hatte noch nie einen Nachruf verfasst, und niemand konnte wissen, ob ich mit Hrabals Werk überhaupt etwas anfangen konnte. Der Kerngedanke des Nachrufs war das, was ich in dem Moment sehr stark so empfand: Nun gibt es auf der Welt nur noch einen Schriftsteller, er kommt aus Kolumbien und trägt einen Schnurrbart.

Gabriel García Márquez: *Die Liebe in den Zeiten der Cholera*

Hundert Jahre Einsamkeit war der Roman, mit dem ich in der Gegenwart ankam. Zumindest als Leser. Das Dostojewski-Erlebnis war mir nicht fremd, ich kannte bereits einige Autoren der Moderne, es war die Zeit, in der ich mir die ersten Nahkämpfe mit T. S. Eliot lieferte, und *Catch-22* hatte ich auch gelesen. Doch hier ging es darum, dass jemand die Literatur vollkommen auf den Kopf gestellt hatte, wie einst Kafka: Auf eine Art, die es unmöglich macht, danach noch genauso zu schreiben, und zwar vollkommen unmöglich – und dieses Auf-den-Kopf-Stellen war heute geschehen, genauer gesagt, Ende der sechziger Jahre, was aber damals noch beinahe heute war. Also hatte ich beim Lesen das beruhigende Gefühl, dass alle Zwanzigjährigen auf der ganzen Welt dieses Buch jetzt mit demselben Gedanken wie ich lasen: Im Moment gibt es nichts, das moderner wäre! Dabei erzählte Márquez auf andere Art als die modernen Schriftsteller, er griff auf den Beginn der Neuzeit zurück und wühlte ohne Gummihandschuhe im Dreck und Torf vieler hundert Jahre, zog Macondo heraus und fühlte sich dabei nicht desillusioniert und auf moderne Art leer (das hatte er bereits hinter sich), der erste Satz des Romans ist der beeindruckendste, den ich je gelesen habe, Márquez stellt einen ganzen Kontinent auf so monumentale Weise dar wie Tolstoi Europa beschrieben hatte, und obendrein glaubte er wahrscheinlich aufrichtig an Geister. Also mochte ich Márquez (das ist eine leichte Untertreibung), doch konnte ich mir nicht vorstellen (und wollte es wohl auch nicht), dass er in der Lage war, einen weiteren solchen Roman hervorzubringen. Das wurde *Die Liebe in den Zeiten der Cholera*. Hier ist auch alles vorhanden, der Hintergrund ist ein ganzer Kontinent, die Zeitspanne erstreckt sich über ein paar hundert Jahre, doch geht es hier vor allem darum, was *ein einziger Mensch* aus einem Leben machen kann. Das ist kein Familienroman, auch nicht die Chronik einer Dorfgemeinschaft, sondern die Geschichte einer ewigen Liebe. An der beinahe unmöglichen Liebe von Florentino Ariza und Fermina Daza beißt sich die Logik die Zähne aus, denn: 1. ist Florentino ein Frauenheld, der für seine lebenslange unerschütterliche Treue schließlich die verdiente Belohnung erhält, sprich: die geliebte Frau; 2. erlebt Fermina Daza, die geliebte Frau, zwei Lieben ihres Lebens, auf dass der Tod sie scheide. Und das alles völlig ohne jeglichen schriftstellerischen Zynismus. Márquez testet nur, wie belastbar die Wirklichkeit ist. Das ist nicht der Realismus der Magie, sondern der Übertreibung. Es gibt keine Übertreibung, die man Márquez nicht abnehmen würde.

JORGE LUIS BORGES: *DER SÜDEN*

Der erste Band mit einer Auswahl an Erzählungen von Jorge Luis Borges war *Kreisförmige Ruinen* (erschienen 1972, in der Science-Fiction-Reihe *Kozmosz Könyvek* des Kinder- und Jugendbuchverlags Móra). Man hatte den Meister, den man nicht gerade als progressiv bezeichnen konnte, also als Science-Fiction-Autor, nach Ungarn geschmuggelt. Der erste Text, *Der Weg zu Almotásim*, wurde sofort zu meiner liebsten Erzählung von ihm und blieb es auch lange, wobei auch die anderen eine starke Wirkung auf mich hatten. Nachdem ich *Kreisförmige Ruinen* in die Bibliothek zurückgebracht hatte, suchte ich jahrelang vergeblich in Antiquariaten danach. Ab den achtziger Jahren erschien ein Buch von Borges nach dem anderen, Erzählungen, Essays und Gedichte, doch *Der Weg zu Almotásim* fand ich in keinem. Und dann geschah, was nach einer so langen Abwesenheit nicht verwunderlich ist: Ich wurde der Erzählung untreu. Als mildernder Umstand sei genannt, dass ich sie mit einer anderen Borges-Erzählung betrog, mit *Der Süden*. Diese wird es jedoch für immer bleiben: Wenn ich unter allen mir bekannten Erzählungen aller Schriftsteller eine auswählen müsste, dann wäre es *Der Süden*. Sie bringt einen nach Troja zurück, aber nicht auf die charakteristisch Borges'sche Art, also nicht mit wunderbaren Sätzen über das Wissen von Troja, über das verlorene Wissen von Troja, über die vielen Trojas, die realen, die zerstörten und die nur in Gedanken existierenden Trojas und indem sie ihre Satzperioden um einen herumwebt wie eine Spinne, einen in ihre Sätze einpackt, damit man beim Transport nicht zerbricht, und dann nach Troja bringt, vor den Stadtmauern ablegt, auspackt und sich verabschiedet: Sieh her, mein Leser, das ist Troja, und was du damit anfängst, ist deine Sache. Nein, *Der Süden* bringt einen auf eine ganz andere Art nach Troja. So, dass wir Argentinien für keinen Moment verlassen. Dennoch blickt der Protagonist der Geschichte, der Bibliothekar Juan Dahlmann, in gleicher Weise dem Tod in die Augen, wie es einst Hektor gegenüber Achilleus ergangen war, das gleiche Schicksal ebnet seinen Weg von seiner Junggesellenwohnung bis zu der Bahnhofskneipe im Süden, wo er provoziert wird und nicht weggehen kann, da das Schicksal ihn in der Gestalt eines barfüßigen, am Boden sitzenden Gaucho angrinst und sagt: Wenn Sie kein Messer haben, Señor Dahlmann, können Sie meines nehmen. Und Dahlmann, dessen Namen man nun öffentlich ausgesprochen hat, kann das Duell ebenso wenig ablehnen wie Hektor. Woher ich weiß, dass es genau das gleiche Schicksal ist, das auch in der *Ilias* am Werk war? Aus Erfahrung: Ich lese seit siebenundvierzig Jahren und acht Monaten Bücher und deshalb wage ich sogar zu behaupten, dass *Der Süden* der *Ilias* das Wasser reichen kann. (Nicht der *Odyssee*.)

Roland Málik: *Báb (Puppe)*

Roland Málik war fünfzehn Jahre jünger als ich. Ich lernte ihn in einer Touristenhütte auf der Bükk-Hochebene kennen, wo er seine Gedichte vortrug. Es war Abend, draußen, im Wald wütete ein trockener Sommersturm, er saß drinnen im Foyer auf einem Teppich und las in leicht singendem Tonfall seine Gedichte vor. So wie früher im Fernsehen János Pilinszky oder László Nagy: Ihre Ergriffenheit war echt, aber ein bisschen Pose war auch dabei. Ich, dem es peinlich gewesen wäre, seine Gedichte manieriert, im Habitus des Dichters vorzulesen, beneidete Málik ein wenig dafür, dass es ihm nicht peinlich war. Zuerst hielt ich ihn für einen Dilettanten, doch gefielen mir seine Gedichte. Sie handelten von Alkohol, Tod und intensiven, glücklichen Momenten. Von nichts anderem. Alle Gesten, Bewegungen, jede Zeile seiner Gedichte waren durchwoben vom Wissen um den frühen Tod. Er hatte ein klares und beinahe heiteres Bild von einem Meer, wo er sterben würde. *Da ist ein Traum, / der mich immer wieder findet: / Ich schwebe auf dem Wasser, / am fernen Himmel zieht ein Flugzeug vorbei. / Ich habe mein Leben verloren. // (...) // Ich wusste nicht, dass / du nach mir rufst, / nach der Landratte mit / doppeltem Erdzeichen, / du hinter jedem / Herumstreifen, Herumirren stehst, / dass du im Hintergrund / der Fluchtversuche rauschst, / doch ich glaube, es kommt die Zeit / in der ich jeden Morgen / mit dir Kaffee trinken und / am Ende der Welt sein werde, Meer.* Das war keine Vorahnung. Auch keine Prophezeiung. Und es war mehr als Selbsterkenntnis. Es gibt viele Arten von Dichtern. Manche verwenden ihr eigenes Schicksal in ihren Gedichten überhaupt nicht. Entweder, weil ihr persönliches Schicksal nicht interessant ist oder weil sie objektiv sein wollen. Oder weil sie Angst vor selbsterfüllenden Prophezeiungen haben. Und das persönliche Schicksal ist auch kein verpflichtender Bestandteil jeder Lyrik: Jemand kann auch ein großer Lyriker sein, wenn er keine einzige Zeile über sein Leben schreibt. Aber auch, wenn er seinen eigenen frühen Tod voraussagt und schließlich neunzig Jahre lebt. Roland Málik gehörte einer außergewöhnlichen Gruppe von Dichtern an. Seitdem ich erfahren habe, dass er an der ecuadorianischen Küste im Pazifik ertrunken ist, muss ich immer an die drei ungarischen Dichter denken, die durch eine besondere Gabe über alle wichtigen Informationen bezüglich ihres Schicksals, den Tod eingeschlossen, verfügten: „Dort will ich sterben, auf dem Schlachtfeld." „Ich bin mit dem Tod verwandt." „Geh nur, Todgeweihter." Sie haben ihren Tod, so glaube ich, in jedem Moment ihres Lebens gesehen, er war ihr Kompass, sie kamen dort an, wohin er zeigte und ihr Tod hat ihr Lebenswerk noch mit einem zusätzlichen Stempel versehen. Roland Málik war auch so ein Dichter, dabei verwendete er in seinen Gedichten nur sein eigenes Schicksal, er interessierte sich nicht für das Schicksal irgendeiner Gemeinschaft. Es sei denn, diese Gemeinschaft sind wir Sterblichen.

ROBERTO BOLAÑO: *DIE WILDEN DETEKTIVE*

Im Alter von zwanzig Jahren wurde ich Teil einer Gruppe von Dichtern, und das veränderte, verbesserte mein Leben grundlegend, gab mir Freunde, eine Liebe und steht mit allem, was ich seither gemacht habe und mache, in enger Verbindung. Wir, die Mitglieder des Kreises (so nannten wir uns), trafen uns viele Jahre lang jeden Donnerstagabend, lasen einander unsere Gedichte vor, besprachen sie, aßen Brötchen mit Extrawurst, sprachen respektvoll über die großen Dichter und lachten über die in Ehren ergrauten kleinen. Wie es sich gehört. Wir waren uns mehr oder weniger darüber einig, dass es besser ist, wenn es in der Literatur nicht um Literatur geht. Romane sollten nicht vom Roman handeln, Gedichte nicht vom Gedicht. Das Wort Gedicht sollte in unseren Gedichten möglichst nicht vorkommen, und wir sollten diese auch keinem anderen Dichter widmen. Natürlich ist so etwas oft nicht zu vermeiden, und ich selbst habe mehr als einmal gegen diese Prinzipien verstoßen – doch was auf jeden Fall vermieden werden sollte, ist literarische Nabelschau. Denn das Literaturleben ist nicht mit dem Leben identisch. Beim Lesen von Roberto Bolaños Romanen kam mir der Gedanke, dass es in Lateinamerika wahrscheinlich etwas ganz anderes bedeutet als in Ungarn, sich nicht aus dem Kreis der Literatur hinauszubewegen. Wir sprechen von anderthalb Kontinenten, unzähligen spanischsprachigen Ländern, Großstädten und Literaturen, einer ganzen Welt. Wenn – wie am Anfang von *Die wilden Detektive* – ein siebzehnjähriger Dichter in Mexiko-Stadt beschließt, sich einer von zwei aus Chile eingewanderten Bücherwürmern gegründeten Dichterbewegung namens „Realviszeralismus" anzuschließen, dann hat er jeden Grund, zu glauben, dass er eine Entscheidung getroffen hat, die den gesamten Globus erschüttern wird. Ich, der ich auf Ungarisch schreibe, habe dieses einen mit so elementarer Kraft ergreifende Kompetenzgefühl nie erlebt. Und ich hätte mir nie vorstellen können, mich zu trauen – wie Roberto Bolaño – einen Roman zu schreiben, dessen Protagonisten Dichter sind und dessen Handlung von der besessenen Liebe zur Dichtung in Gang gesetzt, organisiert und bewegt wird. Und dass so ein Roman funktionieren kann, hätte ich mir erst recht nicht vorstellen können. Dabei ist es so. Er wird gelesen, geliebt, und keiner stört sich daran, dass die Hälfte der Geschichten Dichtern, Schriftstellern, ja, sogar Kritikern widerfahren. Zugegeben, Bolaños Welt ist unfassbar weit. Er vermag über eine Vielzahl von Schauplätzen glaubhaft zu schreiben, angefangen bei europäischen Literaturkonferenzen über zentralafrikanische Urwälder bis hin zu Höhlen im Baskenland und dem Himmel über Chile. Doch sein Hauptschauplatz ist das nördliche Grenzgebiet von Lateinamerika, die Gegend des großen Zauns zwischen Mexiko und den Vereinigten Staaten. Hier landen die Dichter-Helden aus *Die Wilden Detektive*, und auch die Handlung von Bolaños unvollendetem Hauptwerk *2666* spielt größtenteils hier. Diese Gegend hat eine magnetische Anziehungskraft für Bolaños Protagonisten. Und diesen Zaun beobachten auch die amerikanischen Schriftsteller von Norden aus. Was kein Zufall ist. Denn an den Grenzen des westlichen Wohlstands und der globalen Armut werden in vielen Gegenden der Welt Zäune dieser Art errichtet, und es scheint, als zeigte sich das Wesen der Weltordnung, in der wir zu Beginn des 21. Jahrhunderts leben, in diesen Grenzgebieten am deutlichsten. Roberto Bolaño sagt von sich, er habe dreißig Jahre nach Márquez endlich die lateinamerikanische Prosa erneuert. Das mag sein. Doch ist er ein Dichter geblieben.

PÉTER ESTERHÁZY: *EIN PRODUKTIONSROMAN*

Péter Esterházy hat alle glauben lassen, er sei kein Dichter. Dabei war er einer. Aber er log auch nicht, denn er war wirklich ein Prosaautor, und zwar ein genauso großer wie er Dichter war: einer wie Dezső Kosztolányi. Der junge und erfindungsreiche Esterházy wartete keinen Augenblick darauf, dass man sein Lyrik- und Prosalebenswerk addieren würde (er wusste genau, dass das sowieso nie geschieht), also addierte er es selbst. So konnte er später zu dem frei gewählten Fürsten der ungarischen Literatur werden. Wozu Dezső Kosztolányi – vielleicht aufgrund seiner Persönlichkeit – nie wurde. Ist das gerecht? Ich weiß es nicht. Denn Esterházy war weder ein besserer Schriftsteller noch ein besserer Dichter als Kosztolányi. Ich habe den starken Verdacht, dass er auch nicht schlechter war, doch das endgültige Urteil darüber wird die Zeit sprechen, warten wir nur ein bisschen, gleich kommt sie und spricht. Doch eines ist jetzt schon sicher: Wir hatten gute dreieinhalb Jahrzehnte lang einen Kosztolányi, ab dem Moment, als *Ein Produktionsroman* erschien bis zum Sommer 2016: Péter Esterházy. Und seitdem haben wir wieder keinen. Bis ich sechsundzwanzig war, hatte ich wenig von ihm gelesen, da ich vermutete, dass er wohl etwas sehr gut machte, was ich auch gerne machen würde. Aber nicht *so*. Natürlich kannte ich trotzdem manches von ihm, habe Fragmente gelesen, ein paar Seiten hier und da, Erzählungen, Artikel, Verschiedenes und auch unzählige Esterházyismen bei anderen, von denen ich meist ahnte, dass sie mich zu ihm führen würden, wenn ich der Spur folgen würde – aber irgendwann hielt ich es nicht mehr aus. Ich las *Ein Produktionsroman*. Und damit kam Esterházys eigenes Goethetum, Meistertum, seine freche Selbst- und Allgemeinironie bei mir an, sein Mut, seine Sprache, seine Sätze. Und die Heiterkeit des Ganzen. All das, weshalb man für gewöhnlich für Esterházy schwärmt. Für mich war er befreiend, er bestärkte mich in der Vermutung, dass in der Literatur alles neben allem stehen, dass an der Stelle von Kálmán Mikszáths Bauch auch ein Ball sitzen kann. *Ein Produktionsroman* sprach zu mir: Ich bin die Hightech-Literatur. Man nennt mich auch postmodern. Später wird man mich anders nennen, aber damit befassen wir uns jetzt nicht: Willst du mich oder nicht? Natürlich wollte ich. Das war eigentlich gar keine Frage. Der Form halber musste sie mir dann aber irgendwann doch jemand stellen. Dieser jemand war Péter Esterházy. Meine fünfzig Pfeiler widme ich seinem Andenken.

(*August – Oktober 2016*)

Frank Witzel bei Matthes & Seitz Berlin

€ 25,00 (D) | 978-3-7518-0937-5
AUCH ALS E-BOOK ERHÄLTLICH

*Glasklar und voller Wahrheit,
ein Werk, das die Grenzen
unserer irrwitzigen Welt mit jedem
Satz von Neuem sprengt –
ein unheimliches Lesevergnügen*

LESEN SIE WEITER:

Die Erfindung der Roten Armee Fraktion durch einen manisch-depressiven Teenager im Sommer 1969
Roman

Direkt danach und kurz davor
Roman

Inniger Schiffbruch
Roman

Uneigentliche Verzweiflung
Metaphysisches Tagebuch I

Erhoffte Hoffnungslosigkeit
Metaphysisches Tagebuch II

Wörter im Raum
Larry Eigner

Larry Eigner

Zusammengestellt und übersetzt von Jürgen Brôcan und Lena Dahlbüdding

Mit Beiträgen
von Peter Bates, Charles Bernstein,
Jürgen Brôcan, Lena Dahlbüdding, Robert Duncan,
Larry Eigner und Charles Olson

Als Weiterführung der Experimente im Werk von Cummings, Pound und Williams (...) ist Larry Eigners reife Dichtung die bis heute vielleicht beste (und vielseitigste) Einlösung der Bestrebungen und Möglichkeiten im Umgang mit dem Raum, die durch Olsons Theorie der Feldkomposition in die Zukunft der amerikanischen Dichtung gebündelt und ‚projiziert' wurde.
Robert Grenier

Larry Eigner
Poesie / Drei Statements

4. September 67 # 1 1 9

ein gedicht ist eine
charakteristische
spanne an zeit

26. November 74 # 9 0 0

poesie

für Jane

einschätzungen

Creighton

unmittelbarkeiten

eine berechnung

auf die welt

Eher inmitten immer fassbarerer Nachrichten als in Gerüchten über Seltenheiten (um es ungemein euphemistisch auszudrücken), verharren Momente in Hülle und Fülle an verschiedenen Orten und dauern in hoher oder ultrahoher Frequenz, und das Gedicht kann Prüfung(en) angetroffener Dinge, kann eine Gedankenstrecke sein.
(Aus: *The World and Its Streets, Places*, 1977)

Robert Duncan
Wo es erscheint
Passagen 4

Ich durchtrenne den Kettfaden,
um jenes Gewebe in die Luft

zu weben,

und lasse hier

Bild vergehen im Bild,

verlasse Schreiber und Leser

hoch in der Luft,

um folgenreiche

Unschlüsse

zu ziehen,

Seile des ersten Wassers,
wiedergekehrt durch eine Rhetorik,

die der Regen anschwillt.

Als Ort der Schöpfung statistisch unbedeutend,
finde ich darin meinen eigenen

intensiven

Bereich der Selbstschöpfung,

eine Sonne selbst
unbedeutend unter Sonnen.

Die Magier des Möglichen
gebären einen Spiegel, ein

Schillern, einen Ozean,

den ich in meiner Handfläche halte •

als könnte ich einen Schatten werfen •

zu umrunden •

was grenzenlos ist •

als könnte ich sie anfassen • diese Perle • sie berührt

jede Imagination dessen, was

ich bin •

im Irrtum übers Gewebe,   die

Spiegelung,   die Verlockung der Welt,

die ich liebe.

(Aus: *Bending the Bow*, 1968)

„Passagen", zum Beispiel, arbeitete auf der Strophenebene manchmal mit Gliederungen von

1) Zeile neben Zeile: dargestellt auf der Schreibmaschine als einzelner Zwischenraum, der Strophengruppen bildet […]

2) „Strophen" neben „Strophen": dargestellt durch anderthalb Leerzeichen auf der Schreibmaschine, die Gruppen von Strophen und (b) strophenfreien Zeilen bilden, abgeleitet von Larry Eigners Versifikation – dies taucht in meiner Arbeit als Prinzip erstmals in „Wo es erscheint. Passagen 4" auf. „folgenreiche / Unschlüsse" bezieht sich in dem Gedicht auf Eigners Gliederung. Seine spezifische Entwicklung hat nicht nur mit einer Bedeutung zu tun, die sich aus dem Raum zwischen den Zeilen entwickelt, sondern auch mit einer, die sich in der Einrichtung individueller (d. h. „folgenreicher", „befreiter", „aktiver") Seitenränder ergibt …

Robert Duncan, in einem Brief an Denise Levertov,
30. August 1966

Charles Olson
The Maximus Poems III.184

(Literarisches Resultat)

Dass ein Kormoran nun fischt

draußen vor meinem Fenster – dass Jeremy Prynne

meine Dichtung erwischt –

wie Larry Eigner eines Tages, als vor vielen Jahren ich

in Gloucester las – vor einem halben Dutzend Leuten –,

mich fragte,

warum meine Dichtung niemandem

hilft. Der schwarze Kormoran,

nicht die Möwe,

besitzt

mein Augenmerk.

/– 18 Okt VII/

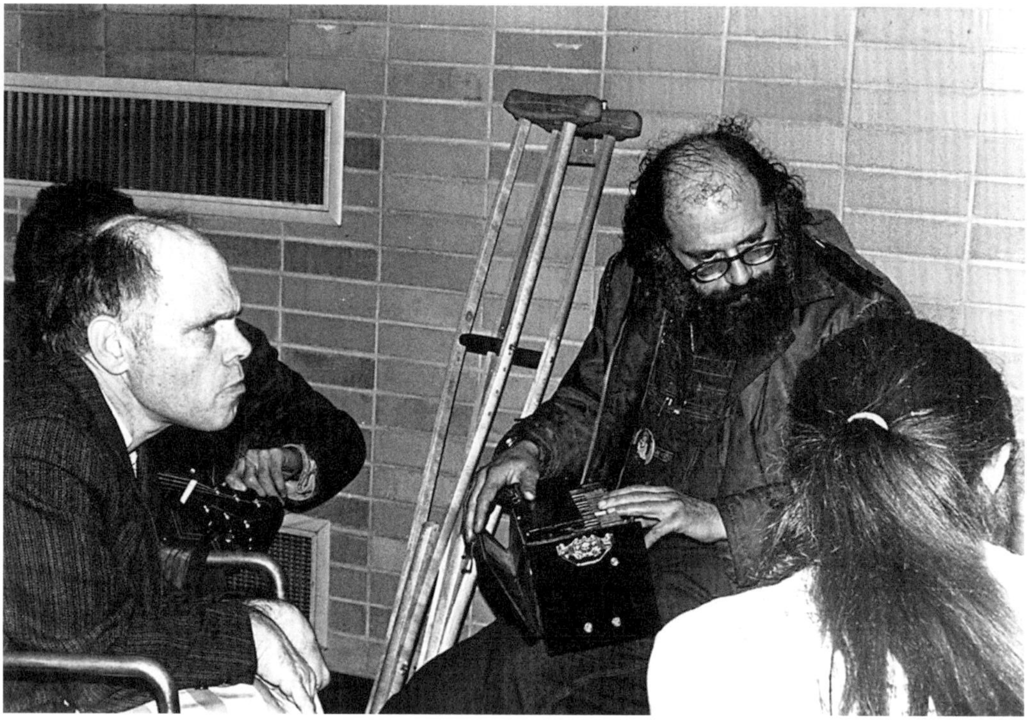

Larry Eigner, links, im Gespräch mit Allen Ginsberg und Peter Orlovsky, April 1973

Charles Bernstein
Das Imaginierte kehrt zurück
Larry Eigners endloses Lied

Larry Eigner wurde am 7. August 1927 in Lynn / Massachusetts geboren und verbrachte den größten Teil seines Lebens im nahe gelegenen Swampscott, auf halbem Weg zwischen Boston und Gloucester, nur einige Blocks vom Meer entfernt. Eigner lebte bis 1978 im Elternhaus in Swampscott, bis er, kurz nach dem Tod des Vaters, nach Berkeley zog, wo er bis zu seinem Tod 1996 lebte.

Dies sind die nüchternen Tatsachen, Eigners Gedichten entsprechend, die von der außergewöhnlichen Kargheit seines Lebens zeugen, so wie sie das Gewicht eines gravitationsästhetischen Kraftfeldes bezeugen, das in der amerikanischen Poesie beispiellos ist.

Das ist eine übertriebene Behauptung für einen Dichter der Übertreibungen vermeidet. Auch ist es eine unglaubliche Behauptung angesichts von Eigners Unsichtbarkeit: Trotz zahlreicher leidenschaftlicher Leser erhielten seine meisterhaften vierbändigen, fast 2000 Seiten umfassenden *Collected Poems* so gut wie keine öffentliche Anerkennung, als sie 2010 von der Stanford University Press veröffentlicht wurden. Mit diesem Band schufen die Herausgeber Robert Grenier und Curtis Faville eine perfekt skalierte Einführung in die gesamte Bandbreite von Eigners Werk.[1]

Ein unsichtbarer Dichter zu sein bedeutet nicht, undurchschaubar zu sein, um John Ashberys Witz, dass ein berühmter Dichter nicht berühmt ist, umzukehren. Eigners Werk hatte eine untilgbare Wirkung auf die Generation von Dichtern, die in der legendären *New American Poetry*-Anthologie von 1960 zusammengeführt wurden. Eigners Dichtung wurde schon früh von Robert Creeley, Charles Olson, Denise Levertov und Cid Corman anerkannt und anschließend von Hunderten Herausgebern in Broschüren, Büchern und Zeitschriften veröffentlicht. 1978 brachten Bruce Andrews und ich einen Essay von Eigner auf das Cover der ersten Ausgabe von *L=A=N=G=U=A=G=E* und Ron Silliman widmete Eigner seine dazugehörige Anthologie *In the American Tree* (1986).

Robert Grenier, sein größter Verfechter, hat Eigners Werk ins Zentrum einer amerikanischen Poesie-Tradition gestellt, die mit Pound und Williams beginnt, eine Ansicht, die der vorausschauende französische Dichter Claude Royet-Journoud teilt. Grenier beschreibt Eigners Werk (und sein eigenes) als „Worte im Raum“ und verweist auf die Bedeutung der visuellen Abstände auf der Seite, die sich von der konkreten und visuellen Poesie unterscheiden, die aber nicht weniger untrennbar mit den technischen Mitteln der alphabetischen Reproduktion, in diesem Fall der manuellen Schreibmaschine, verbunden sind. Wie in den *Collected Poems* sind die Herausgeber dem Seitenabstand und der Schreibmaschinenschrift, die für Eigners Vorgehensweise spezifisch sind, treu geblieben. Seine Dichtung ist, um ein Motto von Olson zu erweitern, eine *Komposition von Schreibmaschinenseiten.*

Eigners Seiten können als Radierungen auf „blindem Glas“ (um einen Ausdruck von Gertrude Stein zu verwenden) oder einer blickdichten Fensterscheibe verstanden werden: Es ist, als ob die Worte in einer hauchdünnen Emulsion schweben. Während man

[1] Eigner schrieb auch Essays, die zusammengestellt wurden als *Areas Lights Heights: Writings 1954–1989*, ed. Ben Friedlander (New York: Roof Books, 1989). Zusätzliches Material online im Electronic Poetry Center, einschließlich biografischer Notizen von Grenier und Friedlander und einer autobiografischen Zusammenstellung seines Bruders Richard Eigner: epc.buffalo.edu/authors/eigner. Aufnahmen von Eigners Lesungen und Gesprächen, einschließlich eines Interviews mit seinem Freund Jack Foley, sind auf der Eigner-PennSound-Seite zu finden: writing.upenn.edu/ pennsound/x/ Eigner.html.

neben dem Gedicht sitzt und es langsam hervortreten lässt, wird seine Tiefe so unberechenbar wie „die tragende Luft", die Eigner in einem Gedicht vom Februar 1953 beschwört. Das Spiel von Tiefe und Oberfläche, Figur und Grund, Metapher und sprachlicher Materialität, Gedanke und Vorstellung, Beschreibung und Ereignis und vor allem Dauer und Exemplifikation ist allgegenwärtig in diesen Gedichten.

Die Poesie von Larry Eigner wurde zutiefst von seiner Zerebralparese geprägt, die aus einer schwierigen Geburt resultierte. Ein Rollstuhl ermöglichte ihm Mobilität, aber seine Sprache war undeutlich und er schrieb und tippte ausschließlich mit seinem rechten Zeigefinger und seinem rechten Daumen. Während Eigner seinen körperlichen Zustand nur selten in seinen Gedichten erwähnt (wobei es größtenteils darum geht, aus sich hinaus zu schauen, anstatt auf sich selbst), wird die Ontologie der Gedichte, die Art und Weise, wie sie ihre Verkörperung enthüllen, überall von den physischen Umständen seines In-der-Welt-Seins bestimmt. Eine lohnende Übung ist es, ein Gedicht Eigners mit und dann ohne den Hintergrund seiner Behinderung zu lesen. Dieses Umschalten wird das 4-D-Potenzial seiner Poesie zu aktivieren beginnen (das vierte D meint Dauer): Die Gedichte folgen dem modernistischen Prinzip nicht der Nachahmung des Anscheins, sondern den Gegebenheiten der Natur, denn als solche können sie serielle Projektionen widerspiegeln, ohne von einer von ihnen bestimmt zu werden.

Eigner verwendet selten das konventionelle lyrische Ich; in diesem Sinne ist sein Werk eine Erweiterung der Poetik, die man mit Mallarmé, Stein und den Objektivisten verbindet. Eigner spricht durch seine Gedichte, so wie sein Blick, sein Bewusstsein, ständige Begleiter beim Lesen sind. Aber diese Gedichte sind nicht im Ausdruck des Dichters verankert, sondern in der Wahrnehmung eines jeden Lesers. Wie Eigner es ausdrückt, ist das Gedicht „ein / Ereignis in deinem Auge" (3. Okt. 1967) oder „auf den Augäpfeln" (1.–6. Dez. 1972). Eigner schafft Gedichte, die aktive Denkfelder zur Wahrnehmung (oder umgekehrt: Wahrnehmungsfelder zur Reflexion) bieten. Die Gedichte sind Zeugnis einer täglichen, meditativen Praxis. Für diejenigen, die nach Handlungsstrukturen, Requisiten oder mühelosem Lesen suchen, ebenso für jene, die nicht nach diesen Dingen suchen, wird dieses Werk solchen Empfindungen wie Entropie, Überdruss, Gleichförmigkeit, Leere entgegenwirken … bis die Besonderheiten, die diese Empfindungen aufsteigen ließen, ästhetische Endorphine auslösen und Türen zum Erhabenen öffnen.

Es ist eine Frage der Größenordnung. Das Tempo einer Schnecke ist nicht langsam für einen Wurm. Sogar geologische Zeit hat einen Rhythmus.

Die besonderen Umstände von Eigners weltlichem Leben sind die Grundlage seines Schreibens. Ich warte auf die Biografie von Jennifer Bartlett, die das tägliche Leben des Dichters beleuchten wird.[2] Eigner, der die meiste Zeit des Lebens in seinem Elternhaus verbracht hat, hatte einen Lebensstil, der sich deutlich von den neuamerikanischen Dichterkollegen der Gegenkultur unterschied, mit ihren Drogen, Liebhabern und dem Rock 'n' Roll. Eigner sprach auf eine Art und Weise, die für den zufälligen oder neuen Zuhörer schwer zu verstehen war, aber er kam laut und deutlich zu Wort, wenn man ihm die Zeit ließ. Seine wichtigste Beziehung bestand zu seinen Eltern und insbesondere zu seiner Mutter Bessie, die dafür anerkannt werden sollte, dass sie ihren Sohn in einer Weise unterstützt hat, die den Normen der 1950er Jahre im Hinblick auf seine Chancen trotzte.

Eigners Werk ist ein treffendes Beispiel für die Verwirklichung einer Alternative zur Sexualpolitik, welche die Poesie des 20. Jahrhunderts zerreißt. Er ist ein entschieden amerikanisch-jüdischer Dichter, obwohl er sich selten auf spezifisch jüdische Themen bezieht („meine Mutter ist Jüdin", schreibt er am 9. Juni 1976: „sie denkt so"). Eigner hält an einer Dichtung (und Immanenz) des Gewöhnlichen fest, was ihn mit Gertrude Stein, Louis Zukofsky, Charles Reznikoff, George Oppen, Jackson Mac Low, Hannah Weiner und Ted Greenwald verbindet. In diesem

[2] Bartletts Biografie ist mittlerweile erschienen: *Sustaining Air. The Life of Larry Eigner* (University of Alabama Press, 2023). (*Anm. d. Red.*)

Zusammenhang denke ich auch an Lorine Niedecker, James Schuyler, Ron Silliman, Lyn Hejinian und Robert Grenier. Eigner scheint William Carlos Williams' „Between Walls" heraufzubeschwören, wenn er schreibt: „das Licht zwischen Wänden / gibt / Leere im Schatten" (9.–25. Januar 1961).

Ich lese diese Zeilen als ars poetica: Das Spiel von Licht und Schatten erzeugt die lebhafte Leere der Seite. Ist das eine literarische Anspielung oder ein Zen-Koan? Ich denke an Philip Whalen (dem Eigner ein Gedicht widmete), Norman Fischer, Leslie Scalapino, John Cage. Man braucht diese Assoziationen nicht, um Eigner würdigen zu können, aber nach einer Weile kann man mit ihnen spielen. Zum Beispiel kommen einem Dickinsons „Du kannst keinen Abgrund löten / mit Luft" und Blakes Pforten der Wahrnehmung in den Sinn, wenn es bei Eigner heißt: „Augen erfrischen / gegen den Abgrund" (Okt. 1959). Beachten Sie: nicht *Ihre* Augen oder *meine* Augen. „Erfrischen" erinnert an blinzeln, ein serielles Abscannen, ähnlich wie sich bewegende Einzelbilder eines Films. Jeden Moment von neuem.

Eigners unerwartet parataktische Sprünge / syntaktisch-synaptische Sprungschnitte – die grundlegend prosodische Bewegung seiner Gedichte – sind elektrisierend. In Anlehnung an Dominique Fourcade denke ich an Manets Motto „Alles geschieht": Alles spielt sich im leeren Bereich der Seite ab. Anstelle des Gedichtes als Aufzeichnung eines Psychodramas jenseits des Gedichtes, erreicht die Handlung bei Eigner die Ebene des Satzgelenks: eine beharrliche Prosodie der Verschiebung / Verdrängung / Rekonstellation. *Textsplitter schimmern.* Der Dichter entfernt sich, während die Welt immer näher kommt: Ein In-sein der Anfänge der Mitte (in medias res).

Ein Sprung des Glaubens, von *hier* nach *dort*: „plötzlich / … / (springen / und brechen" (1955 # j 7). Eigners radikale Einfachheit vermeidet Symbole und Bekenntnisse. Die verstärkte Bewegung von Fragmente-in/als-Appositionen, Eigners Algebra der Verbindung-in/als-Beugung, ist nie abstrakt oder getrennt: Poetische Füße landen auf dem wahrnehmbar Konkreten.

Diese Gedichte sublimieren das Erhabene.

Nur dies und nichts weiter.

```
Das imaginierte kehrt zurück,
   was ist
     endloses lied (19. Juni 1970)
```

(2016)

Larry Eigner
In der Verdunklung
Gedichte / 1952–1960

ca. 1952 – August 69

in der verdunklung
warten auf den tod, warten auf den schlaf
und die wände hatten nichts mehr zu reflektieren

welt
das meer
eine druckwelle
und die flieger eine meile enfernt
waren flugzeuge eines anderen landes

Danach ging die sonne auf

und sie sagen wie
sterne kollidieren werden

1955 #j 8

ähnlicher laster und deshalb ist es dieselbe
kippe

torf und gras

jetzt ist eine ewigkeit
wie jene an die ich mich erinnern kann

von punkten die enormen weiten

und das einzige was mich unterscheidet
sind
die worte

möget ihr mikroskope
tragen aufs feld

ca. 1957 # u 4

KÄSTEN

Das universum ist eine maschine;
wir sind maschinen   Aber der geist kann es umwandeln
das vergangene zusammengesetzt durch den geist
unmittelbar

wie lange kann man's am laufen halten

nicht länger

en masse

oder ist die fensterscheibe oder ist
die luft dort?

Erinnerung oder was? Was ist es? das
bild   ehe wir geboren wurden

das absolute,   verstreut in die

zahnräder
die verrückten teile
maschine

im 18. jahrhundert war die goldene kugel
voller stacheldraht   eine helle zukunft
fabriken des spektrums
helme der intelligenz

weit   wie sich später herausstellte
bei Poe usw.
und Verne. vollständig
seine unter
provinzen des menschen

im sprühnebel der sterne
und herrschaftsgebiete

bewusstseinszustand
kindheit
in büchern

gewendet in sich

die gouverneure

August 57 (?) # y 9 ' '

Abhängig sein von allem heißt einzelnes zu verändern

Du selbst willst jetzt
nicht sterben   obwohl es geschehen ist
doch wenn andere an der reihe sind
überlass es ihnen

du fühlst die knochen in wirklichkeit
und die steine achtlos rumliegen
draußen und
als reihen in den wänden

doch im untergrund ist kein platz für ausblicke
er stampft sich seine formen zurecht

aber so sehr die zukunft ihn verändert
ist das kreisende flugzeug
die zukunft von woher wir
im augenblick berührt werden

die art wie du dort sitzt
auf die sich der körper besinnt
ist etwas dessen ich mir sicher bin

1959 # 6 c ' '

Die Stunden, Hüter des Himmels

zeit geht verloren
während sie sich bewegen und
sterben, die lunge gottes
wunden schreien Liebe, Ares, fast sein ende
erreicht   „und die nacht beginnt"
kiefernbäume, die hungrigen berge
feld eines hügels

städte wie jede andere auch
die häuser in die ihr fahrt   o geschwächte geister
die lüfte haben kein blut, ruhelos,   wie ihr selbst

grenzenlos
knochen, straßen an einer mauer

wenn sie gesegelt sind   einen anderen
ort   wertvoll
    arten   schiffe   atmen
  unergründliche weiten   während auf zerstörerischen
                                        gezeiten

und dort wo sich der himmel schließt
das licht der Morgendämmerung auf dem meer

anflug   die altäre gottes
   lebendig mit der aufziehenden wolke
     und die feuchtigkeit, der geruch, das herzblut

          die idee von
                    einem palast
          unter der lagune

und zeitlupe
     das bedeutet mehr
  zeit

                                   nur das graue meer

           wir müssen reden
wenn wir die sache sehen

tod den wir gemacht haben

oder der lange lauf ist nie beendet
   hände
         von dieser heiligen höhe

                              eine bestimmte anzahl von minuten

   einige brachten ihn lebend zurück

9.–26. Juli 60   # 5 w

Der himmel ist leer,   und durch
die vollen bäume, draußen

wo ich gelaufen bin,

unfähig das herz
festzuhalten für die hände und augen
oder braun vom meer umgeschwenkt

autos, köpfe
überall wo sie fahren

eisenbahnen ebenfalls,   die häuser
anderswo, hinterm wind, boden

geschützt, strandlos, lichter
treffen auf sterne, die fallen

in etwas inneres   und
draußen

oder jetzt komm ich zurück auf
ein stilles gras   unbedeutend
das ich vergaß   nichts

was wichtig ist   es hat
eindrücke vom

körper

in der sonne,   sozusagen   aber hier
ist nacht

dort   ist gespenstisch

lücken im licht
die stille
unvertraut

reflektiert

an ästen gleichfalls

Larry Eigner
Pfeilspitze der Bedeutung

Dichtung oder vielmehr Verse – die Zeile, die kürzer ist als ein Prosa-Absatz (eine typographisch abgetrennte, in den letzten fünf-, sechshundert Jahren entwickelte Textstelle oder Einheit), ein variables Behältnis wie etwa die Posaune oder tatsächlich jedes andere Musikinstrument – scheinen eine überlegte Rede zu sein, im Unterschied beispielsweise zum Tischgespräch (daher seine maßvolle Qualität, ob nun regelgerecht metrisch oder anders). Vor längerer Zeit dachte ich an einen General, der seine Armee anspricht, und in diesem Jahr fand ich ein Echo davon in Robert Creeleys zwanzig Jahre alter Rezension von Charles Olsons erstem Büchlein (*Y & X*), die Idee von Dichtung als maßvolle, zielgerichtete, um nicht zu sagen pointierte Rede. Darüber hinaus als maßvolles Denken (obwohl Bedeutung letztlich noch durch gezielte Worte zwischen Menschen geschehen kann, aus der einen Situation in eine andere, die ähnlich oder vielmehr unähnlich ist, ein Geschehnis, eine Freisetzung), denn wie Creeley es ausdrückt: „Die Zeile ist das Mittel zur Fokussierung, . . . sie sagt, ‚wie' wir die verschiedenen *Dinge* gewichten, die man uns erzählt." Gedanke als Stimme und/oder im Kopf.

Doch „denken heißt, voll Trauer zu sein".[3] Das ist heute so richtig wie damals, ein unbestimmter Teil der ganzen Wahrheit. Es ist auch eine Tatsache, dass es jeden Tag, jede Stunde, sogar jede Minute etwas Neues gibt, kaum klar, wie spielerisch oder wie ernsthaft, etwas, das dich einbezieht oder mit dem du zu tun hast, zum Beispiel „jedermanns Tod" oder das Leben, auf der anderen Seite der Welt oder direkt vor deiner Nase, etwa das Haus gegenüber und was darin vor sich geht. Wie sich selbst zu vielem Nachdenken veranlassen? Ich kann mir kaum vorstellen, wie es je dazu kam und wie stark es war, obwohl es lange Entwicklungen gab und, wie in der Historie, Pläne und *a priori*-Ursachen einen großen Anteil an der Welt hatten. Es ist leicht, die Vorteile zu sehen, wenn man sie erreicht, doch ebenso auch die Nachteile. Trotzdem scheint es, die meisten Leuten lebten immer von Tag zu Tag und von der Hand in den Mund.

Wenn etwas zu schwierig ist, kann es keiner schaffen. Mir gefällt es, Dinge zu tun, die einfach sind. Selbst wenn es anfängt, körperlich anstrengende Arbeit zu werden, ist es noch immer erfreuliche Arbeit.

Früher wollte ich große Dinge erreichen; sie zu versuchen, ist der einzige Weg, um mit ihnen zu beginnen, und damit weiterzumachen, hängt zum Großteil auch davon ab. (Heute dagegen ist das Haiku ein Vorbild, wo es zuvor nur das Epos, das Sonett usw. gab – als wäre das Griechische genügend amerikanisch oder englisch oder biblisch gewesen, aber nicht das Japanische.) Ich bin natürlich noch genauso daran interessiert wie früher, die Dinge zu verbessern, d. h. die Dinge im Allgemeinen, welche auch immer. „Dichtung lässt nicht geschehen." Obwohl an Orten, wo es Schamanen

[3] John Keats, „Ode to a Nightingale". (*Anm. d. Übers.*)

gibt und gab, ein Wort eine Tat ist, ein richtiges Wort eine wirksame Ursache. Passend zusammenfinden.

> „Mein Herz hüpft empor, wenn ich sehe
> Einen Regenbogen am Himmel.“[4]

Das sind zweierlei Dinge. Und ein Gedicht zu schreiben, ähnelte oft genug der Entdeckung von Dingen. Was man früher oder später entdeckt, wird offensichtlich. Es ist wie das Leben und der Tod.

Ich wundere mich über Absichten, welche Prioritäten, ja Prinzipien möglich sind, wie man die Dinge ins Gleichgewicht bringt.

Es scheint, es wurde genug produziert, genügend Bücher, genügend Autos, genügend Musik, genügend von allerhand anderem. Produktion und Schöpfung sind eine menschliche Eigenheit oder meinetwegen anthropoid, säugetierisch, wirbeltierisch, sie schreiten durch die Zeit voran. Kontakt nach draußen oder so ähnlich, außerdem hereintragen und vertraut machen. Die Tage sind neu. Und alt. Jetzt aber taucht eine Zeit auf, die man teilen sollte. Nur, *was* teilen? Alles? Das wär’ eine Zumutung. Viel zu viel . . .

(27. Dezember 71 – 12. August 72)

[4] William Wordsworth, „My Heart Leaps Up“. (*Anm. d. Übers.*)

Larry Eigner
Mein Kopf eine Wolke
Gedichte / 1961–1970

März 61 # a m

Manchmal ist es verwunderlich wie ich nicht an den tod denke
kompakte mauer zur ewigkeit

Du starrst und
der himmel ist zu klein
für das auge

äste

so ist die farbe
wagen fahren vorbei

zu jener grenze
finger
an die lider des laubs
fußgängerbrücken
können geschäftig aussehn

eine treppe in einem landhaus
eingesackte büsche   kastrierte
hunde im wind

der schmutz der wolken
steigt durch die meere hinauf

18.–23. Februar 64 # e s

das foto an der wand
was befindet sich hinter der wand

für den ort nimm es weg
von der vergangenheit

der schnee
gefallen

abgelaufen

gläsern

ich

erinnere mich an
das greifbare

was zu tun ist

du nimmst an was
die anderen tun
um den verstand zu übergehen

mann die geschwindigkeit die er macht gefunden
in seinen nerven

die felder sind wahrhaftig umschlungen
du kannst nicht sagen
wo du bist

geschichte
zu allen seiten
und damit die zukunft

Deshalb unterschied sich der tod
von dem was vor uns liegt

oder die zwischenräume sind kurz
eine wand war dick

luft war eine wand

wolken öffnen sich auf ihren
reisen

prozesse die
ablaufen

18.–21. Juni 61 # a z '

riecht nach schwerindustrie wenn du hinaus
auf die straße gehst

motor fliegt teile

stirb
an deinem schielen

sei das wandelbare blick
hinauf unter den bäumen
verschleiere dass vögel schnell sind
oben mehrschichtig gestalt
briefe in meiner brust
die plötzliche frische der
friedhofstore
du imaginierst alles
die höhe von
frauen
stein
begräbnis hinauf zu den ästen
strenge büsche einige eichen wachsen
Was heißt
bepflanzen kanus
Der see enthält
den ganzen mittag den gesamten weg
Nacht ist die gleiche jahreszeit

starr hinaus zu einem leichten dunst

die wolken
gesichter auf und wie hügel
mit uns gehend

blumen heißt es dehnen
den himmel bis zum fenster
flecken
hinab wie jedes haus
jetzt brennt
abhänge verletzten dich
ein zeichen beginnt
die lippe des tages

windhund

oder vagabund des grases

ein laster bringt kühe zum restaurant

weit hinten die straße innen
pool

flachgedrückt von den mauern

ein mann reitet ein
pferd rein   es ist eine wolke   gewälzt
und eisig
sprachlose
fahnen

18. Juli 66   # 1 3

Mein kopf eine wolke
ein nasser schwamm

in der nähe gibt es berge

ein bau   männer gehen zur arbeit
mit weißen helmen unten

) oder in gelb wie
ihr kran   holz   unbeweglich geschwungen
luft
die höhen   entfernungen

alle im kopf

richtung

grüne autos vorbei

blau   rot   weiß

nägel   errichten   langsam wie die uhr

jetzt   der nebel brennt
die sonne auf
und nieder   durch

25. Oktober 67   # 1 3 8

das verschwinden der materie

wo ist das
ende eines gedichts

müde augen

die sonne reist
und erlaubt träume

28. Mai 69   # 3 1 8

für
Jonathan Greene

wie man es macht

möglichkeiten der sprache

neue
anreize

in worten   klängen   atem

welle über welle

1.–2. September 70   # 4 3 2

eine temporäre sprache

wie temporäre dinge

und dichtung die

mathe . . des

alltäglichen

lebens

welche zeit

des tages ist es

kumpel was

hast du

damit zu tun

oder damit

gehabt

7. Oktober 70 # 4 4 8

╪ nach
Bashō

u n b e k a n n t

baum

blume

geruch

„Ich kann weder sehen, welche Blumen zu meinen Füßen sind
Noch den weichen Weihrauch, der an den Zweigen hängt,
Aber “

-- sagte John Keats

Larry Eigner

Der Dinosaurier verbunden mit . . .

Brief an George F. Butterick

Ein dinosaurier war

einer davon in

einer brücke in

Connecticut

teil einer straße

dichtung, schreiben ist vielleicht nicht
schwieriger als
klempnerei die sinne

würde mutter sagen
sollten es sein

Ich war immer neugierig

wie das sichtbare funktioniert

Ein Brief über Olson) „schlammklar"

dispositionen
bewegungen
forscherdrang
schläue daran
kam ich nicht vorbei

oder was es auch war dass wenn
andere sehen in

allen menschen

feste bedeutung
splitterige gleise

mutters desinteressierte

uferlinien zerklüftet überschwemmt
„lachende ketten“

kiesel trommeln
überall
füße
imaginiere zu erschaffung

schreibmaschinen

owi

flugzeugflüge

die combos

festgeleimt
zwischen den zehen

Sonntag, 22. Februar 70

Lieber George,[5]

Vertrautheit schläfert mehr oder weniger die Verwirrung und die Ernsthaftigkeit ein, vielleicht bei jedem im Allgemeinen, es braucht besondere Anlässe, um sie aufrechtzuerhalten, und ich bin nicht allzu gut darin, meine eigenen Anlässe zu schaffen. Olson und Co. nehme ich im Verlauf leichter, oder, das ist natürlich die Kehrseite der Medaille, ich schenke ihnen weniger Beachtung. Ich werde faul und gleichgültig. Seit dein Brief am Mittwoch auf der Suche nach einem Rückblick ankam, habe ich mich ihm wieder angenähert, d. h. Rezensionen seiner Sachen gelesen und erneut angefangen zu lesen, kürzlich eine – au! – und mittlerweile ist mein Hinterkopf undicht, ich verliere wieder die Bodenhaftung, also habe ich mich endlich (ja) losgerissen und diesen Versuch begonnen.

Meine Mutter (im Mai wird sie 70 Jahre alt) erinnert sich daran, dass sie Charles fragte, warum er nicht verständlichere Gedichte schreibe, oder wozu sie gut seien, wenn sie nicht verständlich sind. Als er und Jonathan Williams hierher kamen … in dieser Sekunde ist meine Erinnerung doch sehr verschwommen, oder besser gesagt, sie können nicht im September 60 hier gewesen sein, das war genau dann, oder einen Monat vorher, als *On My Eyes* erschien, und wahrscheinlich auch nicht im April 60, als ich, glaube ich, erfuhr, dass das Buch nach ein paar Jahren Verspätung in Druck gehen würde (ich habe Levertovs Lesung am Karfreitag im Harvard Yard besucht, am selben Tag, an dem die Enträtselung/Wiederaufdröseln der DNA von Paul Doty, meinem Mitstudenten an der Uni, und anderen, bekannt gegeben wurde und im *Boston*

[5] George F. Butterick (1942–1988), Herausgeber der *Maximus Poems* und der *Collected Poems of Charles Olson*; schrieb, als er starb, an einer Biografie Olsons. (*Anm. d. Übers.*)

Globe und vielleicht auch in anderen Zeitungen erschien. Und ich traf Robert Lowell und später im Büro des *Harvard Advocate* Gordon Cairnie von Groliers, ich schätze, Charles war auch dort, sicher, er stellte uns vor). Bis gerade eben schien ich mich an eine Lesung im Hammond-Museum in Verbindung mit dem Besuch dort zu erinnern. (Ich kann mich auch nicht mehr genau daran erinnern, wie lange, 12, 18 oder 24 oder mehr Monate, Olson das Typoskript von *On My Eyes* in der Hand hatte, bevor er es mir oder Jonathan W. zurückgab, der es ihm zum Redigieren übergeben oder geschickt hatte, ohne dass ich davon wusste – was er nicht schaffte und ich dann machte.) Im Jahr 57 oder vielleicht 58 – dem Jahr, in dem *Doktor Schiwago* auf Englisch herauskam – gingen mein Bruder und ich zu Olsons Wohnung am Fort Square. Die zweite Mrs. Olson (Betty) war dort.

Wie auch immer, die Zeit, auf die sich Olson bezieht – wow! Ich bekomme einen kleinen Nervenkitzel davon, dass ich im *Maximus* enthalten bin, und dabei etwas Chronisches im Namen einer Rose ist eine Rose ist eine Rose –, es war einige Jahre zuvor, in dem Laden, den Ferrini in der Liberty Street hatte, bevor er in die Eastern Point Road zog. (Ich glaube nicht, dass es die East Main Street war – sicher war es nicht über einem Laden. Ich habe den Laden nie gesehen.) Obwohl ich möglicherweise mehr als einmal bei F. war – meine Mutter erinnert sich, dass sie dort von einer Kamera sprach, die auf den Thousand Islands in Kanada gestohlen wurde oder verloren ging, als sie und mein Vater, während meines zweiten Sommers im Zeltlager in den Catskills, dorthin fuhren (ich bin an meinem 27. Geburtstag im August 54 von hier weggefahren), und ich bin geneigt zu glauben, dass es das gleiche Jahr war, in dem die Kamera verloren ging, wie sie behauptet. Wir, ich, waren nicht bei der Lesung, aber Olson hat uns ein oder zwei Seiten im Ferrini's vorgelesen, wo neben F. noch zwei oder drei Leute aus Boston waren, ich kann mich nicht mehr erinnern wer, ich weiß nicht einmal mehr, ob Corman da war.

Bis vor fünf Jahren hatte ich ein beträchtliches Verlangen, meine Texte zu erklären, was das Konzept von Seminaren ist. Während ich schon eine ganze Weile die Priorität von Unmittelbarkeit und Kraft gegenüber dem Verstehen erkannt habe, muss man bei einem Gedicht nicht jedes Detail, jeden Verweis verstehen, um einen Auftrieb oder was auch immer davon zu bekommen, allerdings stellt sich die Frage, wie viele Details man dafür aufnehmen muss – eine Frage, die Taggart in seiner Rezension von Rbt Kellys *Finding The Measure* in *Maps #3* aufgeworfen oder zumindest angedeutet hat – und wie viel man sonst noch nachschlagen sollte (Leserbeteiligung, Handlung, auch hier das Didaktische, Erwerb der 3 Rs,[6] Lernumgebung), wie man Zeit verbringt und sie nicht verschwendet. Moralist war ich und bin ich im Grunde immer noch, extrovertiert und ernsthaft etc. Ein zurückhaltender Hedonist. Aber das eigene Leben auf der anderen Seite ist nicht mehr als ein Tropfen auf den heißen Stein, und so weiter. Wie geht die Selbsthilfe mit der Hilfe für andere um, wie ist ihr Anteil? Was ist zu tun, und wie findet man das schnell genug oder sogar am schnellsten heraus? Inwieweit können Grundsätze oder (riesengroße) Prinzipien gelten und Sicherheit oder das Konstruktive, Bessere, aus ihnen gewonnen oder auf ihnen errichtet werden? Für mein Empfinden gibt es genug Fragen und abgesehen davon, dass ich lernte, jeden zu lesen, gab es natürlich auch die Möglichkeit von Antworten, mehr oder weniger, wenn auch nie völlig adäquat (aber genug), bessere, genauere, wenn nicht sogar richtigere, die ich selbst beurteilen muss. Mehr noch, wie viel Vorbild und Ermutigung täglich oder mo-

[6] Nämlich: reading, writing and arithmetic, also Lesen, Schreiben und Rechnen. (*Anm. d. Übers.*)

natlich ist nötig, selbstredend um sich zu reduzieren, damit man mehr Zeit für die eigentliche Arbeit hat? Und Olson hörte sich an, als ob er etwas unternehmen wollte. (Das eine Mal im Ferrinis habe ich ihn wahrscheinlich gefragt, warum er nicht für den Senat oder den Kongress kandidiert, anstatt einfach nur zu schreiben! Ich habe erst viel später gehört, dass er beim O W I [United States Office of War Information] gewesen war – Info … den Lebenskampf, meine ich mit owi im Mittwochsgedicht.) Natürlich – oder was gibt es Besseres, als wenn man die Kraft dazu hat? – Du versuchst, alles zu sehen, und ich versuche immer wieder, alles zu berücksichtigen. Und an einer Sache bleibe ich hängen, Dysart am Ende von *Maximus* „Letter 6", wenn nicht CO selbst am Anfang (trotz der Geschichte der übertriebenen Begeisterung), denn ich dachte, er würde als ein Mann geschätzt werden, dem es allgemein nachzueifern gilt (der Punkt über scharfe Augen oder Verstand wurde bereits gemacht). Und doch hat er vielleicht nicht den größten Heldenmut besessen, um mit dem Magellan zu konkurrieren, und zwar unkollegial, asozial; noch konnte ich mir vorstellen, ob Burke besonders oder insgesamt sonderlich gepriesen werden sollte, auch nicht, da „Grenzen / das sind, was in jedem von uns / drinsteckt": dies, nach der starken Aussage, dass Ferrini etwas falsch gemacht hat, über die ich außerdem rätsele, ob er überhaupt, und wie viel, wenn ja, wirklich, Gott, der Kapitän eines Schiffes, ist dieser Teil des Stücks fiktiv oder ethnisch …? (Die meisten Menschen haben meiner Erfahrung nach überhaupt kein Auge für sowas, und Olson bemerkt „Die Beschaffenheit von Zeitungspapier. …") Hat F. nicht, wie Hartley, nach seinen Vorstellungen gehandelt (der Druck von vier anderen Herausgebern könnte Politik sein oder nicht, oder dieses kleine Etwas war ein unzureichender Beweis, wie es scheint)? Ich habe den Eindruck, dass ich die Dinge zu wörtlich genommen habe. Oder besser gesagt, ich habe keine Grundlage gefunden, auf der ich entscheiden könnte, welchen Details ich weniger Aufmerksamkeit geben sollte als anderen – dies trifft auf die meisten meiner Begegnungen zu, außer auf die geradezu unsinnigen, unbewussten oder anderweitigen.

Inzwischen habe ich wirklich begriffen, dass es keine unbegrenzten Sicherheiten gibt, dass es ziemlich diskontinuierlich ist und dass zum Beispiel Gemeinschaft nicht festgeschrieben werden kann, nicht im Großen und Ganzen, da sie etwas ist, das sich täglich verändert und neu hinzukommt, in welchem Ausmaß auch immer („die Kurve / der nächsten / Sekunde", ja, herum). (Und ca. 35 Stunden zuvor las ich in einer Rezension von O's *Selected Writings* von Corman – in *Elizabeth* 14 – Olsons Bemerkung in „einem alten unveröffentlichten Brief", dass man, um den Einfallsreichtum in Fluss zu halten, das Bedürfnis „jedes Lesers" nach einem „Faden", dem er folgen kann, seine „verständliche Notwendigkeit", ignorieren muss und dass man als Ergebnis dessen plötzlich die „richtigen" Züge macht. Hm. Und in derselben Rezension zitiert Cid Corman Olsons Definition vom „sozialen Handeln, jedenfalls für den Dichter": ein Mann sollte tun, was er innerhalb seiner Grenzen tun kann und vorbildhaft sein.)

Ich habe von Olson schließlich einen schärferen Sinn für die Realität bekommen, für die Art und Weise, wie die Dinge liegen, „niedriger Schnee … Schwierigkeiten … noch einmal", für die Erweiterung der Wertschätzung war er zu einem großen Teil verantwortlich. Bei dem Puzzle der Dinge bleiben. Anstatt es als Last zu empfinden, als etwas, das man vollständig hinter sich lassen muss, oder als etwas Mühsames, Langweiliges, dem man entkommen muss.

Abgesehen davon, dass ich auf der Suche nach Antworten für Probleme und Rätsel war – im Allgemeinen war ich natürlich darauf aus, zu sehen, was wertvoll sein könnte, jedenfalls auf lange Sicht, d. h. das Lohnenswerte, das „Würdige" (ich war ein guter Junge und versuchte, die richtigen Schritte zu machen, mutig zu sein, hochgesinnt usw., sowie nichts für selbstverständlich zu nehmen und so viel wie möglich – einfache Sache! –, um allen den „Vorteil des Zweifels" zu geben!) Ich habe nie viel erwartet und habe dann das, was bereits in Sicht war, irgendwie verstärkt. (Pessimismus und/oder Optimismus.) Irgendwo ist eine Grenze zwischen „negativer Fähigkeit" und Unentschlossenheit! „... Regenbogen am Himmel" usw. Wenn es darum geht, die Dinge endgültig einzuschätzen, bin ich in der Tat unfähig, und ein Ergebnis davon ist, dass ich immer wieder versuche, mir z. B. die Meinung eines Mannes in Erinnerung zu halten, der in der Nähe von Lynn aufgewachsen ist (Shoe City, G.E..3 Eigner Apartmentgebäude), der mir vor 10 Monaten schrieb, nachdem er mir Dinge über Lynn/Peabody/Salem etc. erzählt hatte, die ich nicht wusste:

> Gloucester?? Was mich an Olsons wirtschaftlichen Anmaßungen wirklich nervt, ist, dass sie überholt sind: Seit wann ist Gloucester eine dominante Kraft in Mass., geschweige denn in New England? Gorton's & LePage's machen noch kein Imperium. Aber ein Kultur-Imperialist? Vgl. Olson. Er definiert Gloucester immer im Sinne des *Kraals* (südafrikanisches *Herrenvolk*), als ob es die „blutigen Kaffern" (die Portugiesen) nicht gäbe. Kulturblind. Als ob es das Delphi des athenischen Reiches wäre (jetzt ein Sklavenstaat mit Veränderungen), was es zweifellos ist – für die ältere vorindustrielle Kultur; die Stein-, Knochen- und Fischanbeter. Ich habe diesen Scheiß am College erworben, Gloucester-Verehrung (ein Gedicht über ein Orakel in einem Steinbruch, „From the Quarry" zum Beispiel war viel tiefgründiger, als es mir damals bewusst war). Aber meine akademischen Fantasietage sind vorbei ...

Dies von Bill Costley, einem revolutionär gesinnten Dichter usw., der mit mir darin übereinstimmt, dass Revolution eine sensationelle Reform ist. Er sagte, er habe zum ersten Mal von mir durch Ferrini gehört, und zwar 60, als er ihn besucht hat. Übrigens habe ich Corman geschrieben, was er von Olson hält. (Das Beste, was ich von dem, was er über die Portugiesen sagt, herauslesen kann, ist, dass er denkt, dass Olson sie romantisiert, und dass es herzlich wenige „brillante ... Besitzer" unter ihnen gibt.) Hm.

Ich las Prynnes Rezension der *Maximus Poems IV, V, VI* am Samstag in Andrew Corziers *The Park* (Sommer 69), oder vielleicht *war* es Mittwochabend. Die Zeit des Lebens und des Menschen, sowie der Platz (der letzte Teil, schätze ich, ist wohl nicht so besonders, er wurde schon früher deutlich gemacht) in der Welt, im Universum, in der Natur oder was auch immer. Flüchtige Blicke durch den hellen (oder akademischen) Vorhang. Hell und/oder akademisch, was auch immer es ist. Anwesenheit. Sie umfasst Hochrechnungen wie männlich/weiblich (menschliche Wahrnehmung davon). Wie viel? Wohin? Kleine Schritte. / Ganzes Geschäft. / Feuer bereitet sich aus. („Was ein Mensch tut, kommt aus ihm selbst, und *wie* er es tut. / Was ein Ort ist, in einer ungewöhnlichen Gemeinschaft, und *wie* er ist." – Ich sehe in einem Zitat, das Corman in dieser Rezension von *Selected Writings* anbringt, nachdem er zitiert: „Ich messe meine Kräfte ...")

bekomme einen (bei
handzettel Olsons
Tod)
offenbart

und das
ist dort blinde
keine veränderung dunkel
verzwickt, nackt

schnee fällt

heute morgen
aus der wolke

du kannst sehen, dass wind geht

die bäume zeigen ihn

sacht wo

sie stehen

gewähren

die kleinen gruppen

unterschlupf in unterschiedlicher höhe

offensichtlich

sind die fluten

nicht
zu kalt

zufälligkeit
maßstab und sogar
seine obere kante

vergangenheit imaginiert, der rücken
real

oder erinnerung oder

dies könnte
jederzeit sein auf
entfernungen

erinnerung an
erinnerung oder

wenn du es bist erinnere

und der mond oben scharf wie
so seltsam und wundervoll

arten der anwendung von O

oder nahekommen

wieso

implodiere die benzin-
leitung, reise, du
fühlst es

Kelvin
und

Larry Eigner
Ein strukturiertes Feld
Gedichte / 1970–1995

2. Juni 71 # 5 1 0

Zimmer in meinem kopf
eine uhr manchmal
noch immer eilige sonnen

21. Juni 71 # 5 2 4

ungeheure wolken
ungeheure erde im-
aginiere und
eine krähe
schnellt von
der antenne

18. Juli 71 # 5 3 9

ein strukturiertes feld ist
der geist
licht
und der blick
mit gleich welchen augen

17. Mai 74   # 8 6 0

genug zeit

also

passiert viel

um ecken herum
welche

schnittpunkte

zwischen den dingen

10. Oktober 81   # 1 2 9 1

p l a n e t e n

wie könnte jemand
die ringe sehen
außer auf eine entfernung
im geist
privilegierten
jahren

allmählich

alle diese apartment-
muscheln
fenster erhellen sich

komm (zur) nacht

und es ist hügelig

oder flach

bäume   hecke   zaun   blätter

26.–32. Juli 85 # 1 5 2 7

d i e f e n s t e r unten

die straßen, dort, im verkehr.
häuser und büros, verzweigungen,
boote, flieger, … die welt
durch landkarten,
helle namen , scharen von punkten, gedruckt
auf verschiedenen maßstäben wie
lichter, gewichte (?) – substanz (massive)
– transparenzen
nach ihrer zahl aufgereiht

um die augen zu schließen
und irgendwann zu handeln zu sehen

verlorene wirkung

unendlichkeit
der horizonte

am nächsten tag

etwas mehr von etwas anderem

wie wolken, die erde, das meer

weiter und weiter, weiter

8. September 95 # 1 7 7 5 b

Im schlaf eines tages gehen
mit vogelgesang

draußen vorm fenster

oder nachts die brise
bei leuchtenden sternen
regen, wolke

Larry Eigner, rechts, im Gespräch mit Jay McHale,
April 1973

Larry Eigner, rechts, im Gespräch mit Jay McHale,
April 1973

Die Abstände zwischen den Worten

Larry Eigner im Gespräch mit Peter Bates

Auszüge

PETER BATES: Warum sind deine Briefe so gedrängt: du nutzt jeden Zentimeter aus, sogar die Seitenränder, während deine Gedichte so sparsam, so offen sind?

LARRY EIGNER: Nun, die Briefe sind nur vollgestopft wegen meines Bemühens, Zeit zu sparen, d. h. weniger Raum zu füllen, indem ich vermeide, ein weiteres Blatt in die Schreibmaschine einzuspannen für ein paar Wörter mehr, und es bleiben hoffentlich nur die. Es gibt immer so viel zu tun. Weil ich nur den rechten Zeigefinger zum Tippen habe, konnte ich nie sehr schnell schreiben – das zu sagen, was ich sagen will, wenn ich daran denke, bevor ich's vergesse, oder wie ich es ausdrücke; manchmal sage ich zwei Dinge gleichzeitig, in zwei Spalten. Das kommt von der Unentschlossenheit oder von der Unfähigkeit, sich schnell zu entscheiden, was man als Erstes und als Nächstes sagt. Oder ein späterer Einfall könnte ebenso gut eine Einfügung sein und kommt deshalb an den Rand, vor allem, wenn man ansonsten eines oder mehrere zusätzliche Wörter brauchte, um wieder auf ein Thema zu verweisen. In der Prosa hab ich's versucht (ich tippe ziemlich schnell zurück, wenn ich mit der Tastatur genügend vertraut bin, um im Dunklen oder bei Dämmerung mit einem Finger zu arbeiten), Erzählungen oder Skizzen und solche Sachen. Ich schrieb wild drauflos aus Furcht, etwas zu vergessen, das als Nächstes gesagt werden könnte, oder wegen eines Schlusses oder beträchtlicher Länge abrupt bremsen zu müssen, ebenso aus organisatorischen Zweifeln, Zwickmühlen, wo und wie man dies oder jenes unterbringt. Obwohl beim Gedicht keine oder nur geringe Notwendigkeit besteht, eine Länge zu erreichen: Es kann aus fünf oder zehn oder weniger Wörtern bestehn [„einzelne // töne // gesungen" lautet ein vollständiges Gedicht in *Words Touching / Ground Under*]. Also hat man im Gedicht, in dem man bei jedem Wort aufhören kann, ein paar Dinge zusammengebracht und einen Versuch, während man in der Prosa dataillierter und ausführlicher sagen kann, wie die Dinge stehn. Wenn Prosa etwas bekenntnishaft oder hochgestochen ist, dann ist sie noch immer okay, und klar, man kann Gewalt und Mord und Krieg insgesamt beschreiben, Dinge, die unvorstellbar sind, die man nicht ermessen, vielleicht schlucken kann. Aber in William Carlos Williams' *Paterson* brennt ein ziemliches Feuer, und ich entfachte eins in einem Gedicht von 1 Seite. Diese größtenteils deskriptiven Stücke haben meist lange Zeilen; deskriptive kurzzeilige Gedichte wie Robert Frosts „Sanddünen" erscheinen manchmal wie Marschlieder, wie Gestelze.

Abstände zwischen den Worten sind keine unwesentlichen Elemente eines Gedichts: Pausen oder Stille. Die Interpunktion kann intrinsisch sein, wie ein Titel oder eine Überschrift, ebenso die Lücken, wenn man damit aufwarten kann, dito ein Paraskript, und selbst eine Fußnote schien zumindest früher nicht ablenkend. Ein Komma, zum Beispiel, ist ein Zeilensprung, eine Elision, auch ein Halt, ein Zwischenraum, während ein Spatium ohne Komma oder anderes bloß eine Pause ist und nicht der große Schritt, den man mit einem Punkt erhält, es lässt etwas in der Schwebe, lässt es getrennt in seinem Raum. Wenn etwas nicht intrinsisch ist, lass es lieber sein oder resümiere mit etwas anderem. Unmittelbarkeit und Kraft haben Vorrang vor Anmerkungen, die Allusionen erklären. Die Widmung „Für Soundso" scheint sich zum Beispiel nicht so störend auf einen Text auszuwirken, wie ich es vor 15 oder 20 Jahren fühlte. Damals war ich unsicherer wegen meiner Gedichte und wollte bedeutende, perfekte Gedichte schreiben.

Um die Unmittelbarkeit und Kraft zu bewahren, kamen die Einschnitte und Zwischenräume eine Zeitlang zunächst vom Überspringen der Präpositionen usw., indem ich die Spatien dort beließ, wo sie gerade standen. Doch schon bald wurden die Einschnitte vor allem ein Grund, nicht die ganze Strecke nach links zurückzugehen, zu einer vollständigen oder nicht-teilweisen Wiederaufnahme. Wenn man ein Gedicht oder eine Zeile mit einem Großbuchstaben anfängt, ist das wie der bedeutende Beginn der ganzen Sprache, nicht wie ein Stück aus Sprache.

Generell wurden die Einschnitte und andere Leerräume zu Abständen, nicht entlehnt, sondern unmittelbar realisiert. Außerdem gefällt es mir, das formale oder starre Erscheinungsbild zu vermeiden, das man erhält, wenn eine Zeile oder ein Wort direkt unter einem anderen, bündig mit ihm, beginnt. Je weniger man davon hat, desto leichter kann sich ein Gedicht über die Seite ausbreiten – die Typographie weniger zwanghaft, aufdringlich. Es ist nicht so, dass ich Einschübe immer intendiert habe; manchmal scheint der linke Seitenrand eine gute Stelle für den Beginn zu sein. Man spielt und spürt seinen Weg mittels Ohr und Auge. Aber man hat immer Rücksichten, ja Einsichten.

Einmal habe ich ein doppeltes Komma verwendet – es schien zu passen. W. C. Williams hat mehr als nur ein paar Mal einen Punkt nach einer Lücke gesetzt, und natürlich war unbekümmerte, originelle Interpunktion eine große Sache bei e. e. cummings, der der Erste war, der die Möglichkeiten der exakten Notation – Registrierung – wirklich genutzt hat, wie Olson in seinem Essay „Projektiver Vers" von 1950 schrieb. Gerard Manley Hopkins hat dasselbe versucht, aber er arbeitete handschriftlich und entfernte sich nie allzu sehr von der Metrik, was er technisch tat, stellte sich als ziemlich behäbig heraus, wie Arithmetik mit römischen Zahlen. Es war die Welt, die durch die theologische Sprache drang – römisch-katholische Zahlen statt arabischer. Man staunt, wie beweglich musikalische Notationen waren oder sein können.

BATES: Denise Levertov schreibt in ihrem Essay „Der Dichter und die Welt": „Wenn die Worte tief eindringen, verändern sie die Chemie der Seele. Wir haben nicht das Recht, den Menschen dies anzutun, ehe wir nicht die Konsequenzen teilen." Was meinst du?

EIGNER: Man muss über alles nachdenken, und alles ist ein Tropfen im Eimer. Das einzig Wahre ist, für dich selbst und für andere, wie Hillel sagte und dann erneut Martin Luther King, „in die Menschheit verstrickt" zu sein, denn „niemand ist eine Insel"[7] – die Dinge besser zu machen, damit möglichst jeder möglichst lange glücklich ist. Es macht Vergnügen, Dinge überhaupt zusammenzubringen, das muss nicht nur in der Welt der Menschen sein, man sieht einen Wald mindestens ebenso gerne wie die Bäume.

Aber heute sind die Wälder sehr groß, richtige Dschungel voll Gestrüpp, nicht nur Kiefern- oder Fichtenwälder auf zwei- bis dreitausend Quadratmeilen, und kein Mensch ist ein Kontinent. Wir haben es mit wirklich unendlichen Dingen zu tun, doch

[7] John Donne, MEDITATION XVII, in: *Devotions upon Emergent Occasions.* (*Anm. d. Übers.*)

sind weder Schriftsteller noch Leser noch Zuhörer noch Politiker noch sonstwer unbegrenzt. Kaum ein Grund, einigen Menschen mehr als anderen zu helfen, wenn man die Wahl hat. Aber da man sich sein Publikum selten aussucht (es wäre gefangen) … Auf jeden Fall muss man für sich selbst reden und schreiben, auf sich selbst zurückkommen, und erst dann auf andere.

Und keine Dichtung kann bei irgendwem die Hoffnung auf zum Beispiel ein Heilmittel wecken oder irgendeine Art Wunder. Nur „die augen erquicken / vor dem abgrund", wie ich es in einem Gedicht für Cid Corman ausgedrückt habe („wie es lesen / zeile für zeile // ein blick / gegönnt // erfrischt die augen / vor dem abgrund" – „An C. C." in *Another Time in Fragments*.) Oder wie es bei Olson auf der ersten Seite der *Maximus Poems* steht: „das, hinter dem du her bist / liegt vielleicht hinterm Rand / des Nests (… der Vogel! der Vogel! // … o / Antonius von Padua / o segne …" Bei Olson steht später auch „die Öffnung aus / meinem Land".

Wir alle werden eines Tages sterben, in der Zwischenzeit gibt es täglich das Neue und das Alte. Ich habe eine enorme Vorstellung davon, wie viele Gedichte oder anderes sich die Leute ansehen können oder meinen anzusehen. Ich stelle mir vor, dass sie sich vielleicht Tausende im Jahr, am Tag oder im Monat oder so einverleiben. Meine Vorstellung, eure Vorstellung … – ha!

Ich bin ziemlich abgeschweift vom Emotionalen oder mehr oder weniger Egoistischen bzw. dem Bekenntnishaften und irgendwie Sentimentalen – dem, was Ezra Pound vor 40 oder mehr Jahren „Schmutzwäsche" genannt hat. Fahnenschwenken ebenso. Ich versuchte damals, auf den Füßen zur Küche zu kommen, wenn auch nicht zu laufen, und wenn man durchs Leben taumelt und torkelt, versucht man, Schwierigkeiten im Kopf und auch bei der Aufregung zu minimieren; und jeder Anlass zur Wahrhaftigkeit und Korrektheit umschließt die Skepsis gegenüber der Übertreibung. „Pound, Ezra, war auf der einen Seite ein Jeremiah, doch steckte bei ihm eine Menge Gefühl sozusagen zwischen den Zeilen, und bei Olson ebenfalls – Olson war auch ein Mahner und verdammte ziemlich viele Leute. Immer steckt irgendwo das Gefühl, die Antriebskraft. Anblick und/oder Töne etc. und ein paar Überlegungen rütteln einen wach. Es gibt auch William Carlos Williams, Louis Zukofsky, Marianne Moore, Hart Crane, Wallace Stevens und etliche andere, Cid Corman, Robert Creeley, Denise Levertov und viele weitere.

Keine Gefühlsduselei hier, schleppende Gefühle, Ballast. Eindringen, keine Ramme, kein heißes, starkes, stechendes Flutlicht. Einmal notierte ich

jeder stirbt
wenige lauschen

und später dann

Ein ganzes leben
stück für stück genommen
nicht alles auf einmal
erlangst du zeit
die teile   die ganzen

BATES: Hat es dich je gestört, dass sich deine Erfahrung durch deine Behinderungen sehr stark von der Erfahrung anderer Leute unterscheidet?

EIGNER: Nein, bloß die Schwierigkeiten selbst, in den letzten Jahren vielleicht gar nichts, abgesehen von körperlichen Schwächen, so dass ich nicht mit der Menge an Post usw. zurechtkomme. Dauernd beschäftigt man sich irgendwie damit, was man als Nächstes tun muss, wie man es schaffen wird. Das ist nicht so schlimm, wenn man viel in der Gegenwart hat, wenn genug Gutes da ist, symphonische Musik im Radio zum Beispiel. Ich habe nie in den Slums gelebt und kann fast nichts gegen sie unternehmen. Irgendwie ist es falsch, die Augen zu verschließen und nicht irgendwas, oder grob gesagt, so viel wie möglich zu tun.

Aber aus Heulen und Rauchen entsteht nichts Gutes, aus Schweiß meistens auch nicht. Es gibt nach wie vor diese allgemeine Trägheit, den Widerwillen, etwas zu tun. Weil ich diese Arbeitsmoral besaß, ohne die ich wohl zu wenig oder nichts getan hätte, war ich darauf bedacht, die Dinge nicht aus zweiter Hand zu erfahren, mir gefiel die Vorstellung, wichtige, originelle Bücher zu lesen ebenso wie unmittelbare Erfahrungen zu machen. Als das „Bildungs-" (heute „öffentliche") Radio aufkam, habe ich es jahrelang zum größten Teil gemieden, außer Musik und Dichtung, denn ich versuchte, genau auszuwählen, was ich, bis zu einem gewissen Grad, natürlich heute noch tue. Es gab Bemühungen, keine Enttäuschungen, selbst wenn ich nur beiläufig beteiligt war am Lauf der Dinge. „Wenns beim ersten Mal nicht klappt, versuchs nochmal" – als Kind nahm ich alles Hoffnungsvolle, jedes wohlmeinende Motto oder Lied oder Sprüchlein ernst, umgeben von Erwachsenen, unter ihren Fittichen, bis ich zehn oder älter war und mit den andern Kindern nicht mithalten konnte, ich wollte meistens besser sein und spielte verrückt, wenn die Erwachsenen mir „halfen". Ich war eine Pollyanna, ein unverbesserlicher Optimist, aber ich lobte den Tag nicht vor dem Abend.

Ich hatte und habe nur geringe Erwartungen, wie solche bunten Mischungen und Paradoxe lauten. Die Schule beispielsweise war Ferien, eine Pause von der Physiotherapie, den härtesten Stunden meines Lebens, und den schrecklichsten, denn ich trat den Erwachsenen gegen das Schienbein. Ich fühlte mich deshalb in gewissem Maße schuldig und pervers. Davon abgesehen fielen mir die Wörter in Sekundenbruchteilen ein, ich sagte sie ganz leicht und schnell, sie hörten sich alle sehr gut an. Meine Mutter machte mich mit Henry Wadsworth Longfellow und Robert Louis Stevenson (*A Child's Garden of Verses*) bekannt, und einigen Sachen aus einer Anthologie. Mit ihrer Unterstützung bekam ich, bis ich elf oder zwölf war, ein paar Reime hin – die mir nicht leichtfielen – kindische und unbeholfene –, in den Teenagerjahren schrieb ich dann wohl nur zwei Sonette. Weil ich Cid Corman im Radio hörte, musste ich weiterschreiben und kam auf Kurs – vorher hatte ich geglaubt, weil man's mir so gesagt hat, dass der Reim für Anfänger ein Muss ist, vom Metrum ganz zu schweigen. Wir alle werden allmählich erwachsen, mehr oder weniger.

Radio und Fernsehen waren audiovisuelle Prothesen, wie eine schnelle Schiefertafel. Ballett aus dem Lincoln Center, Schauspiele von Henrik Ibsen und anderen, Konzerte, alle Arten von Dokumentationen. Bis Shakespeares Stücke im Lowell Institute Radio gespielt wurden, war das recht eindrucksvoll, aber ich bin nicht oft dazu gekommen. Shakespeare zu lesen war meist schwierig wegen der spärlichen Bühnenanweisungen – George Bernhard Shaw liest sich dagegen wie ein Romanautor –, aber ich bin ziemlich schlecht darin, mir viele Dinge klar zu machen, beim Lesen zum Beispiel hab ich fast nicht gelernt zu überspringen.

Ich habe mich auf so vieles wie möglich gestürzt, meist sorglos und plötzlich; doch oft oder sogar fast immer, nachdem ich versucht habe zu sehen, was da ist oder da sein könnte, natürlich vor allem in etwas, das man mir geschickt oder gebracht hat. Wie ich schon sagte, mich reizten vor allem schwer fassbare Dinge, die mehr oder weniger außer Sicht- und Hörweite lagen.

Als Kind wollte ich immer durch ein Haus gehen, um zu sehen, wie sich die Zimmer aneinanderreihen, wie der Grundriss war, wenn man mich zum ersten Mal in eins brachte. Ich fragte mich auch, wie Schuhe hergestellt werden, und hielt Ausschau nach praktischem Wissen aus erster Hand. Als ich mit Mitte zwanzig oder später an einer Fabrik vorbeikam, schien ich noch immer zu versuchen, durch die Wände zu sehen. Ich bin noch heute irgendwie neugierig auf die tägliche Routine von jedem Einzelnen, obwohl ich praktisch nie nach perönlichen Einzelheiten frage – die ich großenteils sowieso ziemlich schnell vergesse. Ich kann nicht umherspringen, aber die Neugier treibt mich um. Sie verlockt mich zu sehen, was als Nächstes kommt.

Ich strebe gern nach Normalität – natürlich ist es gut, unabhängig zu sein. Trotzdem ist es lang her, dass ich scharf auf einen Job, eine Arbeit war, außer wenn ich mich in eine Sache vertiefe. Abgesehen von ökologischen Problemen, für die ich zunehmend aufmerksam bin – Ermüdung des Bodens, vollgestopft mit Zusatzstoffen –, scheint es töricht zu sein, zu arbeiten, wenn man genügend und mehr hat –, und ich bin zufrieden, hatte eine Menge in meinem Leben, hatte Gutes wie Schlechtes in meinen Familienverhältnissen. Featherbedding, Beschäftigung um der Beschäftigung willen: nicht mein Ding.

Vor einigen Jahren las ich ein Buch über Pygmäen in Westzaire, damals, 1953, noch der Kongo. Immer wenn sie einen Elefanten erlegt hatten, was sehr selten geschah, verlegten die pragmatischen Pygmäen ihr Lager zum Elefanten, was leichter war, als den Elefanten zum Lager zu schleppen, und nahmen Urlaub von der täglichen Jagd, denn das Fleisch reichte eine Woche. Wenn es zu lange reichen würde, vergessen sie vielleicht, wie man jagt oder jagen als Sport oder frönen in stärkerem Maße dem Klettern auf Bäume oder dem Geschichtenerzählen oder anderen Dingen. Aber sie könnten die Arbeit jederzeit einstellen, weil sie kaum spezialisiert sind. Es müsste nicht viel im Voraus bedacht werden, deshalb begnügen sie sich und freuen sich daran, die Zeit zu verbringen.

Ernest Hemingway erschoss sich, als er glaubte, er könne nicht mehr richtig arbeiten, nachdem er in der Menninger Clinic war und später versuchte, mehr zu schaffen, als man ihm dort angeraten hatte. Der große Jäger hätte stattdessen mal besser Dr. William Carlos Williams aufgesucht. Oder Gerard Manley Hopkins, der diesen Pygmäen in vielem ähnelte. Das folgende Gedicht, beendet im Dezember 75, erinnert mich an Hopkins „The Habit of Perfection" („Erkorene Stille, / singe mir / …"), noch bevor ich zum Ende gelangte:

was

lernen beim

radio

im gewöhnlichen

licht

warum

in die stadt gehen

wenn

deine welt

dann ver

schwindet

pass auf

jetzt

wegen der laterne

hör 10

mal am tag

auf

die stille

ehe du einen fremden teil

erreichen kannst oder

mehr als einen ort

Ich habe gehört, dass die Marblehead High School einen Kurs im Zuhören anbietet, mit Kassettenrekordern, während die Schüler ihre Radios laufen haben, machen sie ihre Hausaufgaben. An wie viel von dem, was sie hören, können sie sich erinnern? Links, rechts, wow! Nun ja, die Vögel vorm Fenster halten wohl zu sehr vom Lernen ab. (…)

(*1977*)

Jürgen Brôcan /
Lena Dahlbüdding

Fenster, Mauern und die Zeit

Der Dichter Larry Eigner

Das dichterische Werk Larry Eigners liegt seit 2010 auf insgesamt über 1800 Seiten in vier ungewöhnlich großformatigen Bänden vor. Die Monumentalität dieser Ausgabe entspricht der herkulischen Leistung des Dichters, der auf Grund einer zerebralen Schädigung von Geburt an gelähmt war und ausschließlich mit Daumen und Zeigefinger seiner rechten Hand tippen konnte, so dass bereits jedes Einspannen eines neuen Blattes in die Schreibmaschine einem artistischen Kraftakt glich. Da Eigner sein Zimmer in Berkeley mit den sechs Fenstern zur Straße selten verlassen konnte, ermöglichte ihm vor allem seine Schreibmaschine, Kontakt zur Welt jenseits der Fenster aufzunehmen und eine stimmreiche Korrespondenz zu führen.

Eigner hatte sich bereits mit dreizehn das Ein-Finger-Tippen selbst beigebracht. Damit begann eine der intensivsten Erkundungen der zweidimensionalen Blattseite in der amerikanischen Literatur. Die Schreibmaschine – sie hatte e. e. cummings, Marianne Moore, Ezra Pound und William Carlos Williams in die Lage versetzt, eine selbstkontrollierte Darstellung der visuellen Effekte der Dichtung zu unternehmen, doch erst Charles Olson erklärte sie in seinem wegweisenden Essay über den *Projektiven Vers* (1950) zum idealen Instrument: Zum ersten Mal nämlich gestatte sie dem Dichter, jenseits von Reim und Metrum bestimmte Atemeinheiten, Pausen, Silbengefüge und andere die Zeile konstituierende Elemente darzustellen und zudem, eine intendierte Vortragsweise wiederholbar zu machen.

Eigners Schreibmaschinenseite kann als „composition by field" im Sinne Olsons interpretiert werden. Zwar dokumentieren die manchmal überaus kurzen und mit breiten Spatien durchsetzten Zeilen nebenher Eigners (Atem-)Schwierigkeiten beim fließenden Sprechen, doch gehen sie einen wesentlichen Schritt weiter, über die Körperlichkeit des Dichters hinaus, indem sie selbst beiläufige musikalische und visuelle Komponenten mit Bedeutung aufladen. In einem Statement aus dem Jahre 1995 erklärt Eigner dazu: „Wenn man kein regelmäßiges Metrum oder keinen Reim hat, verleiht die kleinste Pause durch Zeilen- (/) oder Strophen- (//) Bruch, der Wechsel von einem Vers zum nächsten, Betonung und Gewicht. (...) Das ist der Lauf des Denkens – anders als Prosa kann er sehr kurz oder lang sein, kann überall anhalten oder sich unerwartet fortsetzen, wie ein Brief, ein Spaziergang." Das über die gesamte Seite, zuweilen sogar buchstäblich über den Rand hinaus mäandernde Gedicht bildet demnach sowohl den Prozess als auch die Zeit der Wahrnehmung durch den Autor ab.

Ein Tagesereignis wird durch ritualisierte Mitschrift aus dem banalen Zusammenhang gelöst und zur Feier des Konkreten überhöht, zumal wenn es sich mit Lesespuren und Reflektionen verbindet. Begreift man in diesem Sinn das Gesamtwerk von rund 3080 Texten als *ein* großes Lied des Alltäglichen, das mit sämtlichen Sinnen in insistierend rastloser Bewegung wahrgenommen wird, dann stehen Destillate in syntaktisch komplexen Sätzen und mit schnellem Pinselstrich eingefangene Epiphanien, etwa: „photos von / dichtern / über seltsam / quälenden sprachen" (oder oft bloße Wortreihungen, welche den Einfluss der chinesischen Meister zeigen: „baum / telefonmast / vogel / leitung"), bruchlos nebeneinander.

Im Typoskript ist jeder noch so kleine poetische Eintrag mit einem Namenszug in krakeliger Handschrift versehen: Beobachten und Aufschreiben des Beobachteten müssen für Eigner unverzichtbare, lebensnotwendige Akte der Selbstvergewisserung gewesen sein. Denn sie übersteigen die räumlich gesetzten Grenzen des Zimmers und des Körpers und gehen, oft unbemerkt, in die Bereiche der Vorstellung und Phantasie über. Der Akt des Schreibens ist für Eigner eine notwendige Erweiterung des Gesprächs; die typographischen Einfälle, die sich unmittelbar bei der Niederschrift ergeben, sind adäquate Mittel, Gedanken und Objekte herauszuarbeiten, für die die Aufmerksamkeit der Leser geweckt werden soll.

Die vorliegende Auswahl beginnt mit dem ersten veröffentlichten Gedicht Eigners aus der ersten Schaffensphase von 1952–1960, in der die Möglichkeiten seines spezifischen Sounds ausgelotet werden. Sie erstreckt sich dann über die Jahre 1961–1970, die im Umfeld des Black Mountain College steht, und endet mit einem von Eigners letzten niedergeschriebenen Gedichten aus der Spätzeit von 1971–1995, die sich durch zunehmende Reduktion der Mittel auszeichnet.

Autoren

Charles Bernstein, geb. 1950 in New York, wo er lebt. Schriftsteller.

Buchveröffentlichungen in deutscher Übersetzung: *Gedichte und Übersetzen* (2013), *Angriff der schwierigen Gedichte* (2014).

Siehe auch Beiträge in diversen *Schreibheft*-Ausgaben. Genaueres in *Schreibheft 85*, darin Marie Luise Knotts Laudatio auf Bernstein und seine Übersetzer zum Erhalt des Preises für Internationale Poesie der Stadt Münster 2015.

Jürgen Brôcan, geb. 1965 in Göttingen, lebt in Dortmund. Schriftsteller, Literaturkritiker und Übersetzer (u. a. von René Char, Ralph Waldo Emerson, Nathaniel Hawthorne, Robinson Jeffers, Denise Levertov, Marianne Moore und Walt Whitman).

Buchveröffentlichungen, zuletzt: *Ritzelwellen* (2020), *Lesebuch Jürgen Brôcan* (2021), *Atemfrequenzen* (2022), *Gottesdeponie* (2023), *Im Sog des Nahbaren. Ausgewählte Besprechungen 2001–2021* (2023).

Josepha Conrad, geb. 1973 in Frankfurt / Main, aufgewachsen dort und in Chigaco / Illinois, lebt in Berlin. Literaturwissenschaftlerin, Musikerin und Performerin.

Veröffentlichungen: Div. Alben, zusammen mit ihrem Bandprojekt *Susie Asado*, zuletzt: *State of Undress* (2015; popup records). Mit ihrer Band *Touching Box*: *What Nothing* (2022; Reckless Yes).

Lena Dahlbüdding, geb. 1998 in Unna, lebt in Schwerte. Masterstudentin der Komparatistik an der Ruhr-Universität Bochum; Übersetzerin (u. a. von Susan Fenimore Cooper, Adelaide Crapsey und Genevieve Taggard).

Wilhelm Droste, geb. 1953 in Allendorf / Sundern, lebt in Budapest. Lehrer für deutsche Literatur, Essayist und Übersetzer (u. a. von Endre Ady und Gábor T. Szántó); Betreiber des Kulturcafés *Drei Raben* (*Három Holló*) und Redakteur der gleichnamigen Zeitschrift.

Robert Duncan, geb. 1919 in Oakland / Kalifornien, gest. 1988 in San Francisco. Schriftsteller.

Buchveröffentlichungen, u. a.: *The Opening of the Field* (1960), *Roots and Branches* (1964), *Bending the Bow* (1968). In deutscher Übersetzung: *Der Gesang des Achilleus und andere Gedichte* (1993), *Die Krümmung des Bogens. Ein Gespräch mit Michael McClure* (1996), *Monarchenfalter und weitere Passagen* (2006).

Siehe auch *Schreibheft 73*, darin „Das Eichmann-Feld“, das ihm gewidmete, von Gerd Schäfer zusammengestellte Dossier.

Lawrence Joel „Larry“ Eigner, geb. 1927 in Swampscott / Massachusetts, gest. 1996 in Berkeley / Kalifornien. Schriftsteller.

Eigner, mit einer zerebralen Lähmung geboren, war sein Leben lang auf einen Rollstuhl angewiesen. Er veröffentlichte mehr als 40 Gedichtbände, gesammelt in: *The Collected Poems of Larry Eigner, I–IV* (2010; hg. von Curtis Faville und Robert Grenier).

Mehr und Genaueres in den Beiträgen von Charles Bernstein, Jürgen Brôcan, Lena Dahlbüdding und im Gespräch mit Peter Bates.

Maximilian Gilleßen, geb. 1988 in Berlin, wo er lebt. Literaturwissenschaftler, Übersetzer (u. a. von Jean-Pierre Brisset, René Crevel, René Daumal, Gaston de Pawlowski und Raymond Roussel) und Verleger des zero sharp Verlags (zus. mit Anton Stuckardt).

Buchveröffentlichung: *R. R. Zur Poetik Raymond Roussels* (2023).

Siehe auch die von ihm zusammengestellten Dossiers über Raymond Roussel / Robert Desnos (*Schreibheft 91*), Louis Wolfson (*Schreibheft 93*) und René Daumal (*Schreibheft 98*).

Giovanni Giudici, geb. 1924 in Le Grazie, gest. 2011 in La Spezia. Schriftsteller, Journalist und Übersetzer (u. a. von Sylvia Plath, Ezra Pound und Alexander Puschkin).

Buchveröffentlichungen, u. a.: *La vita in versi* (1965), *Autobiologia* (1969), *Quanto spera di campare Giovanni* (1993), *Meridiano: I versi della vita* (2000).

István Kemény, geb. 1961 in Budapest, wo er lebt. Schriftsteller.

Buchveröffentlichungen in deutscher Übersetzung: *Nützliche Ruinen* (2007), Franz Josef Czernin / István Kemény: *Gedichte zweisprachig* (2009), *Liebe Unbekannte* (2013), *Ein guter Traum mit Tieren* (2015), *Ich übergebe das Zeitalter* (2019).

Siehe auch *Schreibheft 94*, darin „Rückspiegelsaal“, das ihm gewidmete, von Timea Tankó zusammengestellte Dossier.

Charles Olson, geb. 1910 in Worcester / Massachusetts, gest. 1970 in New York. Schriftsteller und Essayist.

Buchveröffentlichungen in deutscher Übersetzung: *Gedichte* (1965; darin „Projektiver Vers“ und drei Gedichte aus den *Maximus*-Gedichten), *West* (1969), *Nennt mich Ismael. Eine Studie über Herman Melville* (1979), *Das Postamt. Eine Erinnerung* (1997), *Ich jage zwischen Steinen* (1998).

Siehe auch Beiträge in diversen *Schreibheft*-Ausgaben. In *Schreibheft 77*: Charles Olson, „Cloucester / Massachusetts. Die Maximus-Gedichte“, zusammengestellt von Norbert Lange, Gerd Schäfer und Norbert Wehr.

Pier Paolo Pasolini, geb. 1922 in Bologna, ermordet 1975 in Ostia. Schriftsteller, Kritiker und Filmemacher.

Zahlreiche Romane und Erzählungen, kritische und politische Schriften, Drehbücher und Filme … Gedichtveröffentlichungen in deutscher Übersetzung: *Unter freiem Himmel. Ausgewählte Gedichte* (1982), *Gramsci's Asche* (1984), *Die Nachtigall der katholischen Kirche* (1989), *Who is me. Dichter der Asche* (1995), *Dunckler Enthusiasmo. Friulanische Gedichte* (2009), *Nach meinem Tod zu veröffentlichen. Späte Gedichte* (2021; hg. und übers. von Theresia Prammer).

Siehe auch *Schreibheft 73*, darin „Eine Wissenschaft vom Licht“, das ihm gewidmete, von Theresia Prammer zusammengestellte Dossier.

Theresia Prammer, geb. 1973 in Niederösterreich, aufgewachsen in Wien, lebt in Berlin. Essayistin (mit Beiträgen zur Gegenwartslyrik und zur literarischen Übersetzung) sowie Übersetzerin aus dem Französischen und Italienischen (u. a. von Ghérasim Luca, Eugenio Montale und Pier Paolo Pasolini).

Buchveröffentlichungen, zuletzt: *Fährten. Drei Texte zu Fernand Deligny* (2018; zus. mit Ann Cotten und Monika Rinck), *Der Ort des Schreibens findet statt: Begegnungen mit Oskar Pastior* (2019; Hg.); als Herausgeberin und Übersetzerin: *Pier Paolo Pasolini: Nach meinem Tod zu veröffentlichen. Späte Gedichte* (2021).

Siehe auch die *Schreibheft*-Ausgaben 67 und 73, darin die von Prammer zusammengestellten Dossiers zu Ghérasim Luca und Pier Paolo Pasolini.

Eine (umfangreichere) italienische Fassung des Essays über Amelia Rosselli erschien in *La furia dei venti contrari. Variazioni Amelia Rosselli* (2007; hg. von Andrea Cortellessa. Rom: Le Lettere).

Stefan Ripplinger, geb. 1962 in St. Ingbert / Saar, lebt in Berlin. Autor und Übersetzer; Mitarbeiter des *Schreibheft.*

Buchveröffentlichungen, zuletzt: *Kommunistische Kunst* (2019), *Mallarmés Menge* (2019), *Der Schirm. Einsamkeit als Auseinandersetzung* (2022).

Siehe auch Herausgaben und Beiträge in diversen *Schreibheft*-Ausgaben, zuletzt das George Oppen gewidmete Dossier in *Schreibheft 99.*

Amelia Rosselli, geb. 1930 in Paris, gest. 1996 durch Selbsttötung in Rom. Komponistin, Musiktheoretikerin, Schriftstellerin und Übersetzerin (u. a. von Emily Dickinson und Sylvia Plath).

Buchveröffentlichungen, u. a.: *Variazioni belliche* (1964), *Diario ottuso* (1968), *Serie ospedaliera* (1969), *Documento (1966–1973)* (1976), *Impromptu* (1981), *Appunti sparsi e persi* (1983), *La libellula* (1985), *Sleep. Poesie in inglese* (1992), *Una scrittura plurale. Saggi e interventi critici* (2004), *È vostra la vita che ho perso. Conversazioni e interviste 1964–1995* (2010).

Mehr und Genaueres in den Beiträgen von Maximilian Gilleßen, Pier Paolo Pasolini, Theresia Prammer und im Gespräch mit Giacinto Spagnoletti.

Giacinto Spagnoletti, geb. 1920 in Tarent, gest. 2003 in Rom. Schriftsteller, Übersetzer (von Georges Bernanos) und Literaturkritiker (mit Arbeiten u. a. über Charles Baudelaire, Giacomo Casanova, Aldo Palazzeschi, Pier Paolo Pasolini, Amelia Rosselli, Italo Svevo und Paul Verlaine).

Buchveröffentlichungen, u. a.: *Versi d'occasione* (1984), *La vita in sogno e altre poesie*, (1986), *Poesie raccolte* (1990).

Timea Tankó, geb. 1978 in Leipzig, Kindheit in Ungarn und Deutschland, lebt in Berlin. Übersetzerin französischer und ungarischer Literatur (u. a. Ádám Bodor, György Dragomán, Andor Endre Gelléri, István Kemény, Zsigmond Móricz, Miklós Szentkuthy und Antal Szerb).

Siehe auch *Schreibheft 94*, darin „Rückspiegelsaal", das von ihr zusammengestellte Dossier über István Kemény.

Auf der Website von TOLEDO, einem Programm des Deutschen Übersetzerfonds, www.toledo-programm.de, berichtet Tankó aus der Werkstatt beim Übersetzen der „50 + 1 literarischen Pfeiler".

Uljana Wolf, geb. 1979 in Berlin, lebt in Berlin. Schriftstellerin und Übersetzerin (u. a. von Don Mee Choi, Christian Hawkey, Erín Moure, Yoko Ono, Eugene Ostashevsky und Eugeniusz Tkaczyszyn-Dycki).

Buchveröffentlichungen, zuletzt: *SONNE FROM ORT: Ausstreichungen / Faksimiles* (2012), *meine schönste lengevitch. Gedichte* (2013), *Etymologischer Gossip. Essays und Reden* (2021).

Matvei Yankelevich, geb. 1973 in Moskau, lebt in New York. Schriftsteller, Übersetzer (u. a. von Daniil Charms und Alexander Vvedensky, letzterer zus. mit Eugene Ostashevsky); Mitbegründer der Ugly Duckling Presse, heute Lektor und Herausgeber bei World Poetry Books, einem Verlag für Lyrik in Übersetzung; Professor an der School of the Arts (Writing) der Columbia University.

Buchveröffentlichungen, u. a.: *Boris by the Sea* (2009), *Alpha Donut* (2012), *Some Worlds for Dr. Vogt* (2015), *Dead Winter* (2022).